Rosalinde Haller
HELLSEHEN
Der Weg in eine positive Zukunft

Unter Mitarbeit von
Ulrike Müller-Kaspar

tosa

Gewidmet allen Menschen,
die mir auf meinem Weg geholfen haben,
und nicht zuletzt meinen Katzen

Alle Rechte vorbehalten
Umschlag von HP-Graph unter Verwendung
eines Aquarells »Gottesauge« von
Rosalinde Haller
Innenillustrationen: Haller Hellseher-Karten
Copyright © 1999 by Tosa Verlag, Wien
Satz: Die Textwerkstatt
Druck: Ueberreuter Print

Inhalt

Statt einer Einleitung:
Was ist eine Hellseherin? 9
Vorweg ein paar Begriffe 11
Die Macht des Wünschens 14
Ein Wort zum Thema Aberglaube 17
Jenseits allen Aberglaubens 22

Kapitel 1: Hellsehen ist eine Kunst 23
... doch keine Hexerei 24
Kleine Geschichte des Hellsehens 24
*Wandler zwischen den Welten: Die
Schamanen* 25
*Die Stimmen der Götter: Ratschläge
aus der anderen Welt* 26
*Mit Lorbeerblatt und Dreifuß: Die Orakel
der alten Griechen* 28
*Vom Traum zur Fastenkur: Die Propheten
der Bibel* 32
Vom Tempelschlaf zum Inkubus 41
Sibyllen und die göttliche Raserei 45
Ein Rückblick zwischendurch 49
Arzt und Seher zugleich: Nostradamus 50
Der schlafende Prophet: Edgar Cayce 54
*Vierzehn Jahre vor der „Titanic": Morgan
Robertson und der „Titan"* 58
Die Quelle des Wissens 59
Kartenleger im Zigeunerwagen 61
Die goldenen Regeln des Hellsehens 64
Schicksal und freier Wille 74
Wer glaubt schon einer Hellseherin? 76

Kapitel 2: So fing alles an 79
Aus dem Leben einer Hellseherin 80
Brücken ins Jenseits 82
Umgeben von Schwingungen 83

Kapitel 1

Kapitel 2

Geschäftsfrau wider Willen 84
Finstere Zeiten 85
Apropos „lieber Gott..." 86
Licht ins Dunkel 91
Die ich rief, die Geister 92
Stimmen und Träume 94
Meine erste Berührung mit Karten 95
Mit den Karten zur Meisterschaft 97
Über die Karten hinaus 98
Der Auftrag: Die Palmblattlesung 99
Du wirst alles erleben, um alles zu
verstehen 101

Kapitel 3

Kapitel 3: So sehe ich 102
Mein Weg in die Trance 103
Was ist eine Trance? 106
Von Trancen, Träumen und veränderten
Bewußtseinszuständen 106
Ein kleiner Ausflug in unser Gehirn 108
Botschaften aus den alten Gehirnteilen ... 111
Durch das Gewirr der Gedanken 114
Das Problem der Zeit 117
Auf dem Weg zu einem neuen Bewußtsein 118
Zwiegespräche mit Vier- und
Sechsbeinern 118
Kleine Pannen am Rande 121
Von Spannung und Spannungen 122
Hellsehen mit allen Sinnen 125
Stimmen hören 126
Bilder sehen 127
Körperteile spüren 129
Die Tiefe der Trance 135
Das Ende der Trance 136
... und nachher unter die Dusche 136

Kapitel 4

Kapitel 4: Das können Sie auch 138
Wege zum Hellsehen 139
Gefahren des Hellsehens 140

Inhalt

Reise ohne Rückfahrkarte 140
Wenn Geister nicht mehr loslassen 142
Rückführungen 146
Mit Maß und Ziel 147
Die innere Einstellung 148
Vom Umgang mit der Angst 151
Vom Umgang mit der Krankheit 157
Vom Umgang mit der Liebe 158
*Wenn Sie immer wieder an den
Falschen geraten ...* 159
Wenn Sie nicht verzeihen können... 161
Wenn Ihr Partner Sie unglücklich macht... 161
Wenn Sie unzufrieden sind... 163
Wenn Sie dem anderen ganz gehören... ... 165
Vom Ende der Partnerschaft 166
Vom Umgang mit sich selbst 168
Wenn Sie keine Dankbarkeit ernten... ... 168
Wenn Sie keinen Fortschritt sehen 169
Vom Sehen zum Hellsehen 170
Der Weg durch die Stille 172
Der Weg durch die Dunkelheit 173
Der Weg durch die Hände 176
Der Körper hilft mit: Wege in die Trance .. 177
Fasten und Ernährung 182
Geduld 186
Tiere und Hellsehen 187

Kapitel 5: Karten, Katzen, Kaffeesatz ... ... 189 | Kapitel 5
...für jeden das richtige Hilfsmittel 190
   Karten 190
   Plakat 193
   Pendeln 194
   Katzen 195
   Kaffeesatz und anderes 196

Kapitel 6: Vorsicht, Falle! .... 197 | Kapitel 6
Die Verantwortung des Hellsehers 198
   Die Verantwortung für den Klienten 198

        Blick ins Finstere 199
        Nicht einmischen 201
        Nicht urteilen 201
        Schweigepflicht 202
    Die Verantwortung für sich selbst 202
        Vom Umgang mit der Begabung 202
    Die Grenzen der Hellseherin 204

Kapitel 7 | **Kapitel 7: Der Tod ist kein Ende** 205
Erfahrungen mit der anderen Welt 206
    Das Leben nach dem Tod 207
    Kontakte mit Toten 209
        Mitteilungen von Toten 210
        Die Ordnung im Jenseits 212
        Grenzerfahrungen 213

Kapitel 8 | **Kapitel 8: Die Zukunft der Welt** 216
Meine wichtigsten Vorhersagen 217
    Männer, Frauen und die Ehe 217
    Unsere Umwelt zur Jahrtausendwende 220
    Berufsleben und Mobilität 224
    Der drohende Weltuntergang 228
        Die Apokalypse des Johannes 228
        Geographische Reise durchs Weltgeschehen . 232
    Der „Herrscher des Schreckens" 235
    Und dennoch geht eine Welt unter 237
    Hellsehen und Wissenschaft 238
        Schlußwort 239

Weiterführende Literatur 240

Statt einer Einleitung:
Was ist eine Hellseherin?

Ein zwölfjähriger Junge beschreibt sie so: „Das ist eine Zigeunerin mit einem schönen Kopftuch, die mit ihrem Wohnwagen auf dem Jahrmarkt steht, vielleicht auch ein Zelt aufgebaut hat. Sie sitzt davor an einem Tisch, wenn sie gerade keinen Kunden hat. Dann bittet sie dich in ihr Zelt hinein – und knips, beginnt eine Kristallkugel zu leuchten, du setzt dich hin, und sie fragt dich, was du gern wissen willst, und dann sagt sie dir deine Zukunft voraus."

Was ist Ihr Bild von einer Hellseherin? Vielleicht gehört für Sie noch eine Portion Hokuspokus und geheimnisvolles Gemurmel dazu? Oder der benebelnde Duft eines Räucherstäbchens? Oder ist es für Sie eine schnurrende schwarze Katze, deren Fell Funken sprüht, wenn man sie streichelt?

Nun, ich habe tatsächlich gern meine Katze um mich, wenn ich arbeite. In einem späteren Kapitel werde ich auch erklären, warum. Doch ansonsten können Sie das meiste vergessen.

Mit langen schwarzen Haaren, dunklen Augen und einem glitzernden Kopftuch kann ich nicht dienen. Wer mich von meinen zahlreichen Fernsehauftritten her kennt, weiß, daß ich eine ganz normale Frau bin, die mit beiden Beinen fest auf dem Boden steht.

Dunkel und geheimnisvoll geht es bei mir auch nicht zu: Ich arbeite gern bei Tageslicht, und am liebsten mit dem Blick in ein Stück blauen Himmel. Dieser Blick hilft mir, meine Alltagsgedanken loszulassen und mich für das zu öffnen, was ich für denjenigen, der vor mir sitzt, sehe oder höre. Vom Rhythmus her bin ich allerdings trotzdem ein Nachtmensch.

Doch – all dies sind Äußerlichkeiten.

Zwischen Klischee und Wirklichkeit – eine Hellseherin heute

Erwachsene Frauen geben auf die Frage „Was ist eine Hellseherin?" eine ganz andere Antwort.

Eine Vierzigjährige meint spontan: „Das ist jemand mit besonders starker Intuition, mit ausgeprägtem Feingefühl, der spürt, was du eigentlich selbst schon weißt, nur noch nicht sehen kannst, und es für dich in Worte faßt." Ihre Freundin meint dagegen: „Sie sieht telepathisch ... und intuitiv – oder instinktiv? ... es ist eine Spezialbegabung. Und ihr Niveau ist ihre Grenze."

Um solche Fragen geht es in diesem Buch, um Begabung, um Intuition, um die Grenzen des Hellsehens, um die Verantwortung des Mediums und um noch vieles mehr.

Sie finden hier einen Überblick über die faszinierende Tradition des Hellsehens seit dem Altertum. Ich schildere die Techniken, mit deren Hilfe sich Menschen in Trance versetzt haben und noch versetzen. Ich beschreibe genau, worauf man achten muß und welche Gefahren und Möglichkeiten die einzelnen Methoden mit sich bringen. Dadurch wird dieses Buch zu einer praktischen Anleitung zum Hellsehen, zu einem Lehrbuch.

Auch Sie können hellsehen!

Ich bin überzeugt: Auch Sie können hellsehen. Hellsehen ist eine Kunst, doch keine Hexerei. Man kann es lernen. Manchen fällt es leichter, anderen schwerer, manche sind begabter, andere müssen härter an sich arbeiten, um diese Kunst zu lernen. Doch grundsätzlich glaube ich, hellsehen kann jeder.

Menschen, denen es schlecht geht, finden den Zugang offenbar leichter. Mir erscheint dies wie ausgleichende Gerechtigkeit: Dadurch, daß sie einen leichteren Zugang zur Erkenntnis besitzen, haben sie auch leichteren Zugang zum Wissen um eine größere Ordnung, in der sie aufgehoben sind. Und das kann sehr tröstlich sein.

Vorweg ein paar Begriffe

In diesem Buch werden immer wieder die Worte Hellsehen, außersinnliche Wahrnehmung, Halluzination, Vision, Wahrsagen, Prophezeiung und Medium verwendet. Irgendwie hängen sie alle zusammen; doch damit ganz deutlich wird, was ich jeweils meine, seien sie hier kurz erklärt.

Jemand, der hellsichtig ist, hat außersinnliche Wahrnehmungen. Dabei kann es sich um ein Bild handeln, eine Stimme oder auch um ein Gefühl. Diese außersinnlichen Wahrnehmungen heißen deshalb außersinnlich, weil wir sie nicht mit unseren gewöhnlichen Sinnen wahrnehmen, also etwa mit dem Auge oder dem Ohr. Sie erscheinen vor unserem inneren Auge, vor unserem inneren Ohr und sind, strenggenommen, Sinnestäuschungen. Die Medizin bezeichnet sie als Halluzinationen.

Optische Halluzinationen werden medizinisch als Visionen bezeichnet. Eine Vision ist eigentlich also nur ein Bild oder eine Bilderfolge, die vor unserem inneren Auge entsteht. Doch ich gehe hier über die Definition hinaus und bezeichne alle Arten außersinnlicher Wahrnehmungen als Vision. Auch akustische Halluzinationen sind für mich Visionen, ebenso wie ich auch nicht unterscheide zwischen Hellsehen und Hellhören.

Jemand, der Visionen hat, hat zwei Möglichkeiten, damit umzugehen. Er kann sie für sich behalten, oder er kann sie weitergeben. Im ersten Fall ist er hellsichtig. Im zweiten Fall wird er zum Wahrsager.

Visionen, die die Zukunft betreffen, werden als Prophezeiungen bezeichnet. Wir sind daran gewöhnt, dieses Wort in Zusammenhang mit der Bibel verwendet zu finden. Der Prophet ist in diesem Sinn ein Mensch, der von Gott die Gabe eines Wissens, einer Information, eines Bildes erhalten hat

	Außersinnliche Wahrnehmungen
	Halluzinationen
	Visionen
	Wahrsager
	Prophezeiungen

und dieses Wissen weitergibt. Die Tätigkeit eines Hellsehers, der zum Wahrsager wird, unterscheidet sich von der des Propheten kein bißchen – zumal ich überzeugt bin, daß Hellseher ihre Informationen, Bilder und Antworten aus der göttlichen Wahrheit beziehen. – Ursprünglich war die Tätigkeit des Propheten übrigens nicht mit einem Blick in die Zukunft verbunden. Er war der „Künder" oder „Verkünder" einer göttlichen Botschaft, ein Vermittler zwischen Gott und den Menschen.

Medium

Haller Hellseher-Karten

Botschaft

Medium bedeutet einfach das Mittlere, im übertragenen Sinn der Mittler oder Vermittler zwischen Informationen aus dem Jenseits und unserer Welt. Das Medium ist der hellsichtige Mensch, der zum Sprachrohr einer höheren Wahrheit wird. Er stellt sich zur Verfügung, erfindet jedoch nichts und fügt nichts hinzu. Er ist nichts als ein Kanal, durch den Information von der jenseitigen in unsere Welt fließen kann. Und wie ein Kanal weiß er oft nicht, was durch ihn fließt, nimmt keine Wertung vor, und meist bleibt auch nichts hängen. Es ist eine Erfahrungstatsache, daß ich mich nur in ganz seltenen Fällen an das erinnern kann, was ich für jemanden gesehen oder gehört habe.

Ich selbst bezeichne mich als Medium, und da meine Visionen meist nicht als Bilder kommen, sondern als Sätze, bin ich genaugenommen ein hellhöriges Medium. Da „hellhörig" aber zumeist im Sinne von „aufmerksam" verstanden wird, verwende ich dieses Wort nur selten.

Hexe

Man bezeichnet mich auch als weiße Hexe (mein Autokennzeichen lautet AM – HEXE 1). Das sollte ich ebenfalls kurz erklären. Im Unterschied zum Medium ist die Hexe nicht nur Kanal, sondern wird aktiv. Die Hexe kann die Seele heilen, dient als Spiegel, kann auch ab und zu die Hand auflegen, um der Seele Kraft zu geben. Und wenn die Seele gesund ist, ist das auch der Körper. Das *Mens sana in corpore sano* der alten Römer *(Ein gesunder Geist in einem gesunden Körper)* bekommt hier wieder seinen eigentlichen Sinn.

Die wenigsten Menschen wissen, daß die Hexe ursprünglich eine „über den Zaun Schauende" ist. Mit „über den Zaun" ist gemeint: in die Zukunft und ins Jenseits schauen. Diese Kunst haben die meisten von uns verlernt. Wir können sie aber wieder lernen. Auch Hexen sind ganz gewöhnliche Menschen.

> Der Blick über den Zaun

In letzter Zeit wird viel Wert auf die Unterscheidung zwischen weiß und schwarz gelegt, wenn es um Hexen geht. (Und fast jede Hexe legt Wert darauf, als „weiß" zu gelten.) Der Unterschied liegt in der Art des Handelns. Weiße Hexen betätigen sich nur helfend und heilend, mit Bedacht darauf, daß niemandem durch ihr Tun Unrecht geschieht. Schwarze Hexen arbeiten auch mit dem Mittel des Verwünschens, und sie scheuen nicht davor zurück, den Willen eines anderen zu brechen. Ein beliebtes Anwendungsgebiet ist die Partnerzusammenführung mit Zauberformeln gegen den Willen eines der Betroffenen. Wo dies womöglich gegen die Bezahlung eines Erfolgshonorars angeboten wird, ist Schwarze Magie im Spiel, und das ist in meinen Augen abzulehnen.

> Weiße Magie contra Schwarze Magie

Um es deutlich zu sagen: Wenn jemand für eine Beratung ein Stundenhonorar verlangt, wie das auch jeder Sänger, Installateur oder Arzt verrechnet, ist das ganz in Ordnung.

> Stundenhonorare: kein Problem

Wenn aber ein „Kaufpreis" verlangt wird, zum Beispiel für den Traumpartner, ist etwas faul. Ein Arzt sagt ja auch nicht: „Ich mache Sie gesund, wenn Sie mir eine bestimmte Summe zahlen." Wenn jemand ein Honorar für ein bestimmtes gewünschtes Ergebnis verlangt, das noch dazu den Willen eines anderen bricht, kann ich nur raten: Hände weg! Ein solches Angebot kommt höchstwahrscheinlich von der schwarzen Seite. Besonders verwerflich ist die

> Kaufpreis für das Glück: Hände weg!

Das Gesetz der Freiheit

Drohung: „Wenn du mich bezahlst, wirst du glücklich, wenn nicht, wirst du unglücklich." Hier kann ich wieder nur raten: Hände weg.

Wer den Willen eines anderen bricht, begibt sich in höchste Gefahr. Besonders eindringlich formuliert fand ich dies in einem sehr schönen Zitat:

„Vergeßt nicht, daß Magie dort sehr kompliziert wird, wo das Gesetz der Freiheit das erste Gesetz ist. Deshalb müßt ihr euch an dieses Gesetz der Freiheit auf jeder Stufe eurer Existenz erinnern, in allen Verbindungen mit Menschen oder jedem anderen Leben. Auf jeder Stufe ist Freiheit das erste Gesetz. Und wenn ihr euch an das Gesetz der Freiheit erinnert, werdet ihr nicht versuchen, einen anderen zu manipulieren oder über jemanden die Macht ergreifen zu wollen. Denn jede, die dieses Gesetz kennt, fällt auch unter dieses Gesetz. Wer sich darüber hinwegsetzt, dessen Freiheit wird als erste eingeschränkt."

(Mello Rye)

Wer also mit magischen Kräften zu einem Liebespartner kommen will, sei nachdrücklich gewarnt. Man selbst wird am meisten leiden. Die geringste Gefahr ist, daß man geistig vom anderen abhängig wird und sich nicht mehr von ihm lösen kann.

Die Macht des Wünschens

Mit besten Wünschen …

Menschen, die einem anderen etwas Böses gewünscht haben, sind davon oft selbst betroffen. Das Wünschen ist also eine gefährliche Sache.

Nun ist es aber an der Tagesordnung, daß wir einander etwas wünschen. „Alles Gute zum Geburtstag", „Eine gute Genesung", „Langes Leben und reicher Kindersegen", „Einen schönen Tag noch" – Sie kennen das. „Mit den besten Wünschen" verbinden wir sehr vieles, und das ganz ohne nachzudenken.

Die Macht des Wünschens

Natürlich darf man sich oder einem anderen Gutes wünschen. Dahinter sollte aber immer der Nachsatz folgen: „... wenn es erlaubt ist." Wenn Sie ihn nicht aussprechen mögen, denken Sie ihn dazu. „Wenn es erlaubt ist", das heißt, wenn niemandes Willen dadurch gebrochen wird. Nur das schützt einen vor den unabsehbaren Folgen der eigenen vermeintlich guten Wünsche.

„... wenn es erlaubt ist!"

Ein Beispiel: Eine Klientin von mir hatte einen schwerkranken Mann, den sie sehr liebte. Durchaus mit besten Absichten betete sie inbrünstig, ihr Mann möge weiterleben. Ich bat sie darum, innerlich diesen Nachsatz hinzuzufügen, doch sie konnte dessen Sinn nicht erkennen und ließ ihn weg. Die Folge war: Ihr Mann erlebte noch drei weitere Jahre des Siechtums, und sie kam während der Pflege an die absolute Grenze ihrer Belastbarkeit. Daher rate ich zur Vorsicht, auch bei vermeintlich gut gemeinten Wünschen.

Ein weiterer Rat ist: Wünschen Sie sich niemals Geld, wünschen Sie sich das, was Sie davon kaufen wollen. Der Preis für Geld ist manchmal sehr hoch. Nehmen wir einmal an, Sie brauchen dringend ein neues Auto. Wenn Sie sich das Geld dafür wünschen, kann es sein, daß das Geld zwar kommt, daß Sie daran aber keine Freude haben werden, weil es die Erbschaft Ihrer Lieblingstante ist und Sie davon deren Begräbnis bezahlen müssen oder möchten.

Wünschen Sie sich niemals Geld

Geld ist reine Energie. Und wichtig ist, wie Sie diese Energie anwenden. So wie man mit Feuer kochen, ein Haus wärmen oder anzünden kann, genauso wie wir Wasser zum Leben brauchen, im Hochwasser aber untergehen können, können Sie mit Geld auch Unheil oder Gutes stiften. Lassen Sie es fließen. Nur wenn Sie Geld lieben und es loslassen, kann es wieder nachfließen und zu Ihnen zurückkommen.

Geld ist Energie

Wünschen Sie sich lieber Ihr neues Auto. Stellen Sie es sich vor, wie es aussieht, wie es sich anfühlt, darin zu sitzen, und wie Sie das Fahrgefühl darin

Wünschen Sie sich, was Sie brauchen

Ein Bild,
ein Gefühl,
ein Wort

Ihrer besten Freundin beschreiben würden. Dann haben Sie alles, was Sie brauchen: Ein Bild, ein Gefühl und ein Wort. – Geben Sie dem Schicksal aber auch eine Chance. Wünschen Sie sich nicht einen englischen Luxuswagen in einer ausgefallenen Farbe mit einer ganz bestimmten Sonderausstattung zum Preis eines Kleinwagens. Und, wie gesagt, hängen Sie den Nachsatz „… wenn es erlaubt ist" an.

Als ich noch sehr jung war und von all diesen Zusammenhängen natürlich noch nichts wußte, war ich einmal nahe daran, einen fürchterlichen Fehler zu begehen und jemanden zu verwünschen. Es handelte sich um meinen eigenen Bruder, und zum Glück ist die Geschichte gut ausgegangen. Sie ist nie auf mich zurückgefallen. Und das kam so:

Als ich ein Teenager war, schikanierte mich einer meiner älteren Brüder immer wieder. Er machte das sehr geschickt unter dem Deckmäntelchen des „Aufpassens auf die kleine Schwester". Er verhinderte zum Beispiel systematisch, daß ich auf dem sonntäglichen Weg zur Kirche mit irgend jemandem sprach, indem er mit dem Auto im Schrittempo hinter mir herfuhr. Einsteigen ließ er mich allerdings nicht. – Meine ersten Briefe, die ich erhielt, als ich 18 war, riß er auf, las sie der ganzen Familie laut vor und machte sich darüber lustig.

Glück im Unglück:
eine Verwünschung

Eines schönen Tages reichte es mir, und ich habe ihn verwünscht. Zum Glück war ich dabei offenbar sehr zurückhaltend: Ich sagte ihm, daß ich ihm wünschte, daß er drei Töchter bekommen sollte, keinen Sohn, daß die Mädchen ausgesprochen hübsch sein sollten, daß sie ständig in ganz verschiedene Richtungen auseinanderfliegen sollten, so daß er sie nicht so kontrollieren und bewachen könne, wie er das bei mir tat, und daß sie alle drei Männer heiraten sollten, mit denen er nicht einverstanden sein würde.

Im Jahre darauf kam bereits seine erste Tochter zur Welt, nach Ablauf von fünf Jahren hatte er drei

Töchter. Erst beim dritten Mädchen kam mir der Verdacht, dies könnte etwas mit meiner Verwünschung zu tun haben ... Als ich so weit war, habe ich den lieben Gott gebeten, er möge „für diese Mädchen eine gute Zukunft bereithalten ... wenn es erlaubt ist". Daß die Älteste den Sohn des evangelischen Pfar-rers unseres Ortes geheiratet hat, war für meinen bigotten Bruder und die benachbarte Klosterschule, die alle Mädchen besuchten, eine Katastrophe. Daß sie ihn noch dazu gemäß katholischem Ritus heiraten wollte, obgleich er mit Rücksicht auf seinen Vater nicht konvertieren konnte und wollte, hatte wohl nichts mit meiner Verwünschung zu tun. Gerade diese Nichte ist heute zu mir wie eine zweite Tochter. – Wenn mein Bruder aber seinen Betrieb einem Familienangehörigen übergeben will, muß er warten, bis einer seiner Enkelsöhne alt genug ist.

Ich selbst beschränke mich meist auf meine mediale Begabung und greife nur sehr selten aktiv ein. Getreu dem Motto „Schuster bleib bei deinen Leisten" glaube ich, daß ich auch mit Hellsehen (oder Hellhören) vielen Menschen helfen kann. Allein diese Fähigkeit eröffnet eine Fülle von Einsatzmöglichkeiten. Wenn Sie mehr wissen wollen, besuchen Sie mich doch im Internet.

| Hellsehen als Weg zum Helfen

| http:www.art.at/ hellsehen

Ein Wort zum Thema Aberglaube

Immer wieder werde ich gefragt, ob ich eigentlich abergläubisch bin. Die klare Antwort lautet: Nein. Sehr zum Entsetzen einer Freundin schenke ich selbst bei alkoholischen Getränken im Glas nach. Sie ist davon überzeugt, daß ich mir damit sieben Jahre ohne Liebschaft einhandele. Doch ich kann Sie beruhigen, daß dieser Aberglaube bei mir noch nie eingetroffen ist – und ich muß es schließlich wissen.

Zugegeben: Ich klopfe manchmal auf Holz. Und ich habe nicht nur eine schwarze, sondern auch eine

Haller Hellseher-Karten

Kind

Magie und Aberglaube

Von der Magie zu Erster Hilfe

Geister und die Gretchenfrage

weiße Katze – sicher ist sicher. Und um ganz sicherzugehen, auch eine dreifarbige Glückskatze. Doch halt – ganz so einfach ist das nicht mit dem Aberglauben.

Stellen Sie sich vor, Ihr Kind hat sich gestoßen und kommt mit seiner schmerzenden Beule zu Ihnen. Was tun Sie? Sie geben vorsichtig etwas Spucke auf die Beule und blasen darüber. Dem Kind erzählen Sie, daß Sie damit den Schmerz wegblasen. Bannen mit Spucke und Wegblasen sind alte magische Handlungen. Und das gesamte Wissen um unsere magischen Traditionen ist nun einmal unter einem Oberbegriff zusammengefaßt: Aberglaube.

Bei der Geschichte mit der Beule kommt allerdings noch ein anderer Aspekt dazu: Durch das Aufbringen von Feuchtigkeit und das Blasen erzeugen Sie Verdunstungskälte, und diese wiederum narkotisiert die Nervenenden im betroffenen Bereich, und dadurch blasen Sie tatsächlich den Schmerz weg – für eine Weile.

Für diesen Aberglauben gibt es eine medizinische Erklärung. Und also ist er, strenggenommen, nicht mehr ein magischer Akt, nicht mehr Aberglaube, sondern eine sinnvolle Maßnahme der Ersten Hilfe.

Ähnlich verhält es sich mit ganz anderen Ebenen des Aberglaubens. Ich denke an die Möglichkeit der Kontaktaufnahme mit Geistern von Toten, an außersinnliche Wahrnehmungen. Alle möglichen derartigen Phänomene fallen strenggenommen unter „Aberglaube", zumindest so lange, bis für sie eine plausible wissenschaftliche Erklärung gefunden ist.

Die Frage, ob ich an Geister glaube, müßte ich mit „nein" beantworten. Denn für mich, die ich sie tagtäglich erlebe, sind Geister nicht eine Frage des Glaubens oder Nicht-Glaubens – auch nicht des Aberglaubens –, sondern Wirklichkeit in einer anderen Dimension. Natürlich haben sie auch mit den Spukgestalten aus Horrorfilmen nichts gemeinsam.

Ein Wort zum Thema Aberglaube

1997 erlebte ich im Januar eine Situation, in der die Präsenz meiner Schutzgeister auf das schönste belegt wurde.

Schutzgeister

Die Werkstatt, die mir meine Winterreifen montiert hatte, hatte vergessen, die Bolzen an einem der Räder meines Wagens festzuziehen. Ich fuhr auf der Autobahn Richtung Wien mit Höchstgeschwindigkeit, als ich auf einmal von meinen Wesen die Mitteilung bekam:

„Du kommst nicht gut an."

Meine Gegenfrage: „Passiert mir etwas?" wurde mit einem klaren Nein beantwortet. Auf meine irritierte Rückfrage: „Mir nicht?" folgte die Antwort: „Aber dem Auto."

Es dauerte keine Sekunde, bis ich ein lautes Klacken vernahm. Instinktiv hatte ich bereits bei der Warnung meiner Lieben den Fuß vom Gas genommen und war nur noch mit etwa 100 Stundenkilometern unterwegs, als es plötzlich knallte und mein Wagen ohne linkes Hinterrad über die Fahrbahn rutschte. Vor dem Achsbruch gelang es mir noch, die Vorderräder schräg zu stellen. Dadurch wurde ich nicht auf die Gegenfahrbahn katapultiert, sondern kam in eine Drehbewegung und kreiselte zwischen allen anderen Fahrzeugen auf der überfüllten Autobahn hindurch.

Karussellfahrt mit 100 km/h

Meine Geschwindigkeit ging dabei weiter zurück, so daß ich mitsamt meinem Auto schließlich sanft kreiselnd in eine leicht ansteigende Böschung rutschte, wo netterweise auch noch ein Schneehaufen abgeladen war, der mich weich auffing. Es war, so wurde mir hinterher bewußt, wahrscheinlich die einzige Strecke zwischen Amstetten und Wien, an der weder Leitschienen noch steile Abhänge die Fahrbahn begrenzten.

Mein Urvertrauen kommt vielleicht am deutlichsten in dem Satz zum Ausdruck, der mir während meiner wilden Karussellfahrt durch den Kopf schoß:

„Sch ... – das wird teuer!" Hinterher zeigte sich natürlich, daß der Unfallschaden durch die Haftpflichtversicherung der Werkstatt voll gedeckt war. – Doch um mich selbst hatte ich mir nie die geringsten Sorgen gemacht. So sehr konnte ich mich auf die Auskunft meiner Schutzgeister verlassen.

Noch ein wenig Aberglaube gefällig? Es war die Fahrt zur Einweihung meines Wiener Büros gewesen, und ich hatte Champagner und Kaviar im Kofferraum. Den Kofferraumdeckel konnte man nicht mehr öffnen – doch das war auch gar nicht nötig. Er war so aufgebogen, daß ich die unversehrten Flaschen und den Kaviar mühelos entnehmen konnte. Durch den Unfall startete die Einweihungsfeier meines Büros nicht wie geplant am 12., sondern erst um Mitternacht am 13. Januar.

Die böse, großartige Dreizehn

Seither hat der 13. für mich noch viel stärker als zuvor die Bedeutung von Neubeginn. Mit der Eröffnung des Büros in Wien begann für mich ein neues Leben und eine neue Beziehung, die sich auch auf meinen Beruf und meine Intuition sehr positiv ausgewirkt hat.

Immer wieder hört man, daß der 13. doch so ein Unglückstag sei, besonders wenn er auf einen Freitag fällt. Die dreizehnte Fee bringt Dornröschen Böses, der dreizehnte Apostel verriet Jesus (auch wenn er laut Bibel zum Zeitpunkt des Verrats einer von Zwölfen war ...). Das Unbehagen um die Zahl 13 prägt auch unser tägliches Leben – oder haben Sie zu Hause ein Service oder ein Besteck für 13 Personen? Der dreizehnte Gast mußte schon immer von einem neuen Service essen.

Zwölf empfinden wir als harmonisch, abgeschlossen und rund. Zwölf Stunden hat die Uhr, zwölf Monate hat das Jahr, doch Dreizehn hat etwas von Zuviel, von einer „übersteigerten Vollkommenheit".

Die dreizehnte Tarotkarte

Im Tarot ist die 13. Karte der Tod. Und hier kommen wir schon langsam an den Hintergrund der

Ein Wort zum Thema Aberglaube

bösen 13 heran. Wenn ich den Tod als absolutes Ende betrachte, ist er schwarz und zum Fürchten. Wenn ich mir aber das tausendfache Beispiel der Natur ansehe, ist der Tod nie nur ein Ende, sondern birgt stets auch einen Neubeginn. Überlebtes wird losgelassen, ein neuer Kreislauf fängt an, auf der Uhr, im Jahr oder in unserer Entwicklung.

Diese Deutung der Dreizehn als Zahl für den Neubeginn ist für Menschen, die mit Tarotkarten arbeiten, ganz selbstverständlich.

Die negative Besetzung der Dreizehn im Christentum stammt aus der Zeit der Bekämpfung der heidnischen Religionen und führt in die Geschichte der Kalender. Die Antike hatte unendlich viele Kalendersysteme nebeneinander, von den Jahreskalendern anläßlich der Nilüberschwemmung der Ägypter über die Olympiaden der Griechen und die Amtsperioden der römischen Konsuln. Nebeneinander existierten Mond- und Sonnenmonate, und im Grunde kannten sich nur die gelehrten Astronomen und Astrologen aus. Im Mondkalender bestand das Jahr aus dreizehn Monden oder Monaten. Der Sonnenkalender war in zwölf Monate gegliedert, und er war es, den das Römische Reich seit Julius Cäsars Kalenderreform favorisierte, er war es, den das Christentum übernahm.

Bei den Kelten und Germanen richtete man sich aber auch noch nach der Kalenderreform Julius Cäsars nach dem Mond, der immerhin sichtbar am Himmel stand. Jeder Monat begann und endete mit dem Neumond. Zwei Tage vor Vollmond war der dreizehnte Tag des Monats, und er war der Göttin Freya geweiht. Freya hat es in sich. Man kann sie sich vorstellen als großartige Mischung aus der römischen Liebesgöttin Venus (der in Italien und Frankreich bis heute der Freyatag als Venerdì und Vendredi geweiht ist), der unheilbringenden Percht und der Windsbraut. Eine ausgewachsene Liebes- und Fruchtbar-

Der Tod ist kein Ende

Dreizehn steht für Neubeginn

Mond- und Sonnenmonate

Der dreizehnte Tag des Mondmonats

keitsgöttin also, die so manchen Mann das Fürchten lehren konnte.

Zwei Tage vor Vollmond, am Tag der Freya, macht sich aber bereits die Wirkung des Vollmondes auf empfindsame Geister bemerkbar. Die Menschen sind besonders aufgewühlt, die Kinder schlafen unruhig.

Tag des Gerichts und der Liebe

Bei den Kelten galt der Freyatag, zwei Tage vor Vollmond, als besonders guter Gerichtstag, als idealer Tag für die Liebe und für Eheschließungen. Von einem klassischen Unglückstag kann also keine Rede sein. Erst als der Einfluß der heidnischen Göttin Freya – und mit ihm zugleich auch körperliche Liebe, starke Frauen und der aufwühlende Einfluß des Mondes – bekämpft wurde, wurde Freitag der Dreizehnte zum Unglückstag schlechthin.

Haller Hellseher-Karten

Liebe

Zwei Tage vor Vollmond

Im Sonnenkalender fällt Freitag der Dreizehnte nur ganz selten auf den dreizehnten Tag des Mondmonats. Wenn Sie nachfühlen wollen, was die Kelten und Germanen mit dem Tag der Freya, dem 13. Tag des Mondes, verbanden, dann beobachten Sie doch sich selbst jeweils zwei Tage vor Vollmond sehr genau. Vielleicht verstehen Sie nach einiger Zeit, warum Freya und das, wofür sie steht, von der Kirche ausgerottet werden mußte.

Jenseits allen Aberglaubens

Die wissenschaftliche Beschäftigung mit außersinnlichen Wahrnehmungen und anderen paranormalen Phänomenen begrüße ich sehr.

Je mehr dieser Phänomene wissenschaftlich erforscht werden, desto weniger werden Menschen, die dazu einen Zugang haben, von ihrer Umgebung für verrückt erklärt. Und desto ernster nimmt man dann vielleicht einmal Aussagen, die auf dieser Ebene gewonnen wurden.

Kapitel 1

Hellsehen ist eine Kunst ...

... doch keine Hexerei

Hellsehen am Ende des 20. Jahrhunderts? Zweihundert Jahre nach der Aufklärung?

Was in den 60er Jahren noch völlig unmöglich schien, ist inzwischen gar nicht mehr so ungewöhnlich. Astrologen, Numerologen und Hellseher treten in Fernsehshows auf oder haben regelmäßig eigene Sendungen.

Die Ungewißheit über das eigene Schicksal

Nach all dem Rationalismus des aufgeklärten 18. Jahrhunderts und der Folgezeit haben die Menschen heute wieder ihre Sehnsucht nach irrationalen Welten entdeckt. Aller Vernunft zum Trotz besteht eine starke Sehnsucht danach, etwas über sich selbst zu erfahren – über das eigene Schicksal, über den Beruf, über die Liebe, über die Gesundheit.

Das Orakel der Gummibärchen

Alle Arten von Medien und Methoden stehen dem Fragenden zur Verfügung, und man kann manchmal nur staunen, was da alles zum Hellsehen herangezogen wird. Selbst Gummibärchen können dazu herhalten – mit einem durchaus ernstzunehmenden Ansatz: Die traditionelle Symbolik der Farben Weiß, Gelb, Orange, Rot und Grün wird mit der Bedeutung verbunden, die die Zahlen Eins bis Fünf in der Tradition der Zahlenkabbala besitzen. Wer blind aus einer vollen Tüte fünf Gummibärchen gezogen hat, erhält Aufschluß über seinen aktuellen Seelenzustand.

Kleine Geschichte des Hellsehens

Die Tradition des Hellsehens ist in unserer Kultur sehr alt, war aber lange Zeit verfemt und wurde unterdrückt. Hellsehen war Aufgabe von Menschen, die gewohnt waren, über den Zaun zu schauen. Diese

Menschen hatten es gelernt, zwischen den Welten hin und her zu wandern. Sie konnten (und können, denn es gibt sie noch und wieder) in die andere Wirklichkeit eintauchen, sich dort Informationen holen, dort aber auch eingreifen und zum Beispiel heilend wirksam werden. Diese Menschen heißen Schamanen.

Wandler zwischen den Welten: Die Schamanen

In Europa waren die letzten Schamanen meist Frauen. Die Reste des Schamanismus, die in Gestalt der Hexenkünste des Mittelalters bestanden, wurden mit Beginn der Neuzeit ausgerottet. Ihr Wissen hat sich bis heute, gut versteckt und teilweise bis zur Unkenntlichkeit entstellt, in unserem Aberglauben gehalten, in unseren Märchen und Sagen.

Schamanismus in Europa

In anderen Kulturen sind schamanische Traditionen lebendig. Die Tungusen, die als Rentierhirten am Baikalsee in Sibirien leben, gaben der Tradition den Namen, die schamanische Kultur der Indianer Nord- und Mittelamerikas ist bis heute lebendig. Schamane bedeutet soviel wie Seher, Wissender.

Diese schamanischen Traditionen werden in jüngster Zeit wiederentdeckt.

Wiederentdeckung des Schamanismus

Der „Sohn des Medicus" trägt den bezeichnenden Namen „Shaman" und lernt seine Heilkunst von einer Indianerin. In „Schaman"-Seminaren kann man das Gespräch mit dem Feuer, Bäumen und Steinen lernen. Eine Trommeltrance gehört fast schon zum „normalen" Repertoire eines Esoterik-Seminars. In Alpbach in Tirol finden internationale Schamanentreffen statt. Die Liste ließe sich beliebig verlängern.

Was die Kulturen der Indianer und Sibiriens von unserer Welt unterscheidet, ist die Pflege der Traditionen. In einem geistigen Klima, in dem außersinnliche Wahrnehmungen an der Tagesordnung sind, wird jemand, der solche hat, nicht für verrückt er-

Pflege der Tradition

klärt. Ganz im Gegenteil, dort gilt das Ausbleiben solcher Wahrnehmungen als bedrohliches Zeichen und wird zum Anlaß für Besorgnis.

Der Umgang mit der anderen Wirklichkeit

Wo seherische Fähigkeiten lebendig sind, gibt es auch vielfältige Methoden, sie zu erlernen, den Umgang mit ihnen zu steuern und sie gezielt auszuüben. Das hat natürlich auch etwas mit Üben zu tun. Eine Fülle an einfachen Mitteln erleichterte Sehern und Propheten den „Blick über den Zaun". Auf diese reiche Tradition greifen wir heute wieder zurück. Hierüber mehr im Kapitel „Das können Sie auch …".

Wo hellseherische Fähigkeiten nicht gepflegt werden, verkümmern sie. Als erstes geht das Wissen verloren, wie man eine angeborene Begabung weiterentwickelt, pflegt und zur Meisterschaft bringt. Doch da die Kunst des Hellsehens ebenso wie jede andere Kunst, wie das Malen, Tanzen, Klavierspielen oder Komponieren, auch etwas mit Begabung zu tun hat, gab es zu allen Zeiten hellseherisch hochbegabte Menschen, wahre Genies auf diesem Gebiet, die sich durchgesetzt haben und ihren Weg gemacht haben. Auch von ihnen wird im folgenden die Rede sein.

Zwischen Übung und Begabung

Die Stimmen der Götter: Ratschläge aus der anderen Welt

Propheten, so die eigentliche Bedeutung des Wortes, verkünden an einem Orakelplatz den Menschen das Wort des Gottes. Thema ist zunächst nicht speziell die Zukunft. Propheten erheben den Anspruch, daß sie den Gott offiziell wiedergeben. Sie hören ihn in außersinnlichen Wahrnehmungen, und sie (hell-)hören oder (hell-)sehen nach einem festgelegten Ritual.

Götterstimmen ohne Propheten

Doch es hat nicht immer Propheten gegeben, die zwischen Göttern und Menschen vermittelten. Es gab eine Zeit, in der die Menschen direkt die Stimmen der Götter hören konnten.

Ja, im Altertum erfuhren die Griechen und ihre Nachbarn das Wort der Götter zunächst noch ganz direkt und individuell. Das wissen wir aus Homers Ilias. In rhythmischen Reimen ist hier die Geschichte des Kampfes der Griechen um die Stadt Troja geschildert. Den Helden der Ilias erschienen in Streßsituationen ihre persönlichen Schutzgötter, für alle anderen unsichtbar, und sagten ihnen, was sie zu tun hatten. Die Helden der Ilias vernahmen deren Reden und Befehle ganz deutlich. Ein Beispiel:

Schutzgötter als persönliche Berater

Als Agamemnon, der Anführer der Griechen vor Troja, dem Achill seine schöne Gefangene Briseis wegnahm – diese Episode ist bekanntlich der Anlaß für den

„... *Zorn des Peleiaden Achilleus,*
der im Kampfe entbrannt, den Achäern unnennbaren Jammer erregte",

wie es gleich zu Beginn der Ilias heißt –, wurde dieser wütend und zog im Zorn sein Schwert. Er war sich jedoch nicht ganz sicher, wie er reagieren sollte.

Da kam vom Himmel die Göttin Athene, zeigte sich ihm allein und ermahnte ihn, das Schwert nicht zu zücken: „Magst du mit Worten ihn doch beleidigen, wie es dir einfällt." Und das tat Achill. Er steckte das Schwert weg und beschimpfte Agamemnon mit den herrlichen Worten: „Trunkenbold, mit dem hündischen Blick und dem Mute des Hirsches! ..." – Ist das nicht großartig?

Haller Hellseher-Karten

Verdruß

Individuelle Halluzination

Als die schöne Gefangene abgeholt wird, geht er weinend ans Meeresufer und läßt sich von seiner Mutter, einer Göttin, trösten. Götter treiben Helden an, bringen Krankheiten, stiften Zwietracht, lenken Geschosse um und vernebeln den Helden das Gesichtsfeld. Götter flößen Helena Sehnsucht nach der Heimat ein, unterrichten Hektor oder nehmen Achill das Versprechen ab, nicht mehr am Kampf teilzunehmen.

Götterstimmen, Halluzinationen und Hellsehen

Heute würde ein Arzt das, was den Helden der Ilias da widerfuhr, als Halluzinationen bezeichnen. Ich nenne es etwas anders: Sie konnten hellsehen. Sie hatten Kontakt zu einer anderen Wirklichkeit. Sie hörten die Stimmen ihrer geistigen Führer, die ihnen sagten, was sie zu tun hatten – wie gesagt: in Streßsituationen.

Hilfe in Streßsituationen

Eine Situation wird auch dann zur Streßsituation, wenn die Frage, um die es geht, für Sie sehr wichtig ist. Unter dem höheren Druck bekommen Sie oft überraschend genaue Eingebungen.

Haller Hellseher-Karten
Eifersucht

Ein Beispiel: Sie sind von ihrem letzten Partner ständig betrogen worden, und nun sind Sie frisch verliebt. Ihr neuer Freund meldet sich abends zwischen neun und zehn Uhr mit einem telefonischen Gutenachtkuß von Ihnen ab. Eines Abends bleibt dieser Anruf aus. Alle Alarmglocken in Ihnen beginnen zu schrillen. Die Wunden aus der alten Beziehung brechen auf, Sie befürchten das Schlimmste.

In dieser Situation erhielt ich einmal medial sehr klar als Kurzinformation die Worte: „Arbeit – Reden – keine Weiber!" – und endlich konnte ich beruhigt schlafen. Am nächsten Morgen erfuhr ich von einer Sitzung, die bis spät in die Nacht gedauert hatte, und von einem leeren Handy-Akku ...

Mit Lorbeerblatt und Dreifuß:
Die Orakel der alten Griechen

Das Ende der Götterstimmen

Wohl im zweiten Jahrtausend v. Chr. begann der Zusammenbruch dieser Welt, in der die Menschen ihre Götter hörten.

Es war die Zeit der großen Wanderungsbewegungen der Antike, im Zuge derer die halbe Bevölkerung des östlichen Mittelmeerraumes auf Wanderschaft ging. Anlaß für diese Bewegungen waren geologische Katastrophen unvorstellbaren Ausmaßes, die zum großen Ausbruch des Vulkans Thera führten. Wer heute nach Santorin kommt, erlebt eine Insel ohne Mitte. Diese flog in einem gigantischen Vulkan-ausbruch in die Luft. Seine Wirkung übertrifft alle Vulkanausbrüche, die wir seither erlebt haben, um ein Vielfaches. In seiner Folge kam es zu einschneidenden Klimaveränderungen, ganze Kulturen wurden zerstört, Welten gingen unter und mit ihnen die Götter.

Eine Folge ist, daß die Menschen in dieser Zeit ein individuelles Bewußtsein ausbildeten – Julian Jaynes hat das in einem lesenswerten Buch genau geschildert. Dieses Bewußtsein war ideal für die veränderte Welt, doch es hatte eine eigenartige Nebenwirkung: Die Menschen konnten nicht mehr so leicht mit den Göttern Kontakt aufnehmen. Entstehung des menschlichen Bewußtseins

An die Stelle der Götter, deren Stimmen man im eigenen Kopf hören konnte, trat ein begrenztes Orakel. Zunächst war es auf eindrucksvolle Orte beschränkt. Heute würden wir diese Orte vielleicht als Kraftplätze bezeichnen, als Plätze mit besonders starker Strahlung, die eine gute Energie haben. An diesen Orten konnte die Gottheit zunächst noch von allen Menschen gehört werden, die guten Willens waren. Orakel- und Kraftplätze

Im Laufe der Zeit verlernten immer mehr Menschen ihre Fähigkeiten des Hellhörens oder des Hellsehens. Bald waren nur noch wenige Menschen in der Lage, die Stimme des Gottes zu hören, und diese wurden zu offiziellen Propheten. Sie verkündeten das Wort des Gottes an der Orakelstätte und wurden so zu einem Mittler zwischen dem Menschen und Gott. Propheten als Sprachrohr der Gottheit

Unter den Bauernmädchen der Umgebung des Orakels in Delphi wurden hellseherisch begabte Mädchen gesucht und gezielt als Priesterin ausgebildet. Im Laufe der Zeit wurde das individuelle Bewußtsein auch dieser Mädchen immer stärker, und die Anstrengungen, die sie unternehmen mußten, Hellsichtige Begabungen um die Stimme des Gottes hören zu können, wurden immer umfangreicher.

Schließlich mußten auch diese geschulten Orakel erst in eine Trance eintreten, um die Stimmen zu hören. Dadurch wurden ihre Äußerungen immer unklarer, und es bedurfte eigener Interpreten, die sie dem Fragesteller deuteten. Die Distanz zwischen Mensch und Gottheit war unüberbrückbar geworden.

Trance mit Dämpfen und Lorbeerblatt

Von der orakelnden Priesterin des Apollonheiligtums in Delphi, der Pythia, weiß man, wie sie sich in Trance versetzte: Sie atmete benebelnde Dämpfe ein und kaute vor der Sitzung ein frisches Lorbeerblatt. Damit hatte sie ein wichtiges Problem gelöst, das mir selbst anfangs so zu schaffen gemacht hatte: das Ein- und besonders das Ausschalten der Stimmen. Sobald sie die Dämpfe roch und das Lorbeerblatt kaute, schaltete sie um in die Welt jenseits des Zauns, und sobald sie an die frische Luft kam, war sie wieder im Hier und Jetzt. Was für mich ein großes Pergament werden sollte, waren für die Apollonpriesterin in Delphi Dämpfe und Lorbeerblatt: der Telefonhörer in die andere Wirklichkeit.

Vogelflug und Blätterrauschen

Das Heiligtum mit dem Orakel in Dodona war lange nichts anderes als eine heilige Eiche, in deren Blättern und Zweigen die Gottheit lebendig war, mit Tauben, aus deren Flug und Verhalten die Antwort auf die eigenen Fragen abgeleitet werden konnte. Neben der Deutung aus dem Vogelflug und dem Rauschen der Eiche wurden die Orakel auch mit Hilfe von Wasser, mit Losen oder mit einem Gong gestellt.

Im kleinasiatischen Didyma spielte das Wasser ebenfalls eine Rolle beim Wahrsagen: Angeblich saß die Priesterin des Apollon beim Prophezeien auf einem Pfeiler oder hielt in der Hand eine Rute, die von einer Gottheit stammt, und benetzte ihre Füße oder den Saum ihres Gewandes mit Wasser ... und so prophezeite sie.

Wie genau man sich das vorzustellen hat, ist nicht sicher. Aus verstreuten antiken Texten wissen wir, daß manche Medien das Bild des Gottes im Wasser sahen. Dies setzt allerdings zumindest eine leichte Trance voraus.

In Klaros, einem Apollonheiligtum in der Nähe von Ephesos, tranken die Priester vor dem Orakeln jeweils ganz besonderes Wasser, das sie wohl auch in Trance versetzte. Wer heute nach Klaros kommt, erlebt ein idyllisch gelegenes Heiligtum inmitten sanfter, im Sommer trockener Hügel. Das Besondere: Im Heiligtum selbst regieren heute die Frösche; die antiken Reste stehen im Wasser.

Diese antiken Orakel hatten eines gemeinsam: Hier saß tatsächlich ein Priester, eine Priesterin in Trance, die die Stimme des Gottes hörten.

In diesen und anderen antiken Heiligtümern verwendeten die Priester aber auch noch andere Methoden, um auf ihre Fragen Antworten zu erhalten. Aus dem Zustand der Eingeweide eines Opfertieres konnte ebenso geweissagt werden wie aus dem Flug der Vögel oder aus Mehl, das beim Opfer verstreut wird. Diese Form des Orakels beantwortete zumindest die Frage, ob die Götter das Opfer günstig angenommen hatten.

Diese zweite Orakelform ist im Grunde nichts anderes als das Gänseblümchen-Orakel oder die Sache mit den Güterzügen. An meiner Schule führte ein Bahngleis vorbei, auf dem häufig Güterzüge verkehrten. In der ersten Klasse gaben die abgezählten Waggons Antworten auf Ja/Nein-Fragen. In der dritten Klasse ging das Orakel bereits um die Frage: „Er liebt mich ... er liebt mich nicht ... er liebt mich ..." Später hieß es dann „Arbeitsplatz ... kein Arbeitsplatz ...".

Sie können ein derartiges Orakel aus allem und jedem erhalten. Sie brauchen bloß eine Verbindung herzustellen zwischen Ihrer Frage und dem Ausgang

	Geister im Wasser
	Berauschendes Wasser
	Priester hörten die Stimmen der Götter
	Von Gänseblümchen und Güterzügen

eines bestimmten Ereignisses, auf den Sie keinen oder nur begrenzten Einfluß haben. Ob das die Kartenpatience ist oder das Aufflattern einer Taube, ist im Grunde Geschmackssache. Mit außersinnlichen Wahrnehmungen und der Trance des Propheten, der in einem veränderten Bewußtseinszustand die Stimme des Gottes klar und deutlich in seinem Kopf hört, hat dies nichts zu tun.

Verkehrte Logik der Orakel

Bei diesen Gänseblümchenorakeln hatte sich die Logik längst verkehrt. Aus der Verknüpfung: „Wenn die Taube aufffliegt, ist die Antwort Nein", war längst eine Wirkung geworden: „Weil die Taube auffliegt, ist die Antwort Nein", geradeso als bewirke das Aufflattern der Taube das Nein.

Wir kennen Reste dieses Denkens. In guter Tradition der babylonischen „Chaldäer" – das waren die Astrologen – sprechen moderne Astrologiebücher immer wieder von der Wirkung der Sterne oder von der „Kraft des Mondes". Seien Sie versichert: Die Sterne wirken nicht. Sie zeigen uns aber eine Analogie zu unserer Frage. Etwa: So wie die Sterne zueinander stehen, verhalten sich die einzelnen Teile meines Problems zueinander.

Die Sterne wirken nicht

Auch der Mond bewirkt nichts außer Ebbe und Flut. Jedenfalls ist er nicht die Ursache dafür, daß Ihr Haupthaar besser wächst, wenn er im Löwen steht und Sie an so einem Tag zum Friseur gehen. Aber: Dann, wenn der Mond im Löwen steht, wächst Ihr Haar nach einem Schnitt besser nach. Was die dahinterstehende wirkende Ursache ist, wissen wir (noch) nicht.

Haarschnitt an einem Löwetag

Vom Traum zur Fastenkur:
Die Propheten der Bibel

Im Alten Testament der Bibel ist von Prophezeiungen die Rede, vom Erscheinen Gottes im Traum, von außersinnlichen Wahrnehmungen und Visionen aller

Art. Spannend ist die Reihenfolge. In der Bibel läßt sich nämlich etwas ganz Ähnliches ablesen wie in der Ilias:

Anfangs hörten die Menschen die Stimme Gottes, ebenso direkt und unvermittelt wie in der Ilias. Abraham ist hierfür ein gutes Beispiel, mehr noch: Er spricht und argumentiert mit Gott. Und am Ende des Alten Testaments mußte der Prophet Daniel bereits tagelang fasten, um eine Vision zu erlangen. Dazwischen liegt – im wahrsten Sinne des Wortes geistesgeschichtlich – ein weiter Weg.

Gottes Stimme von Abraham bis Daniel

In der Genesis, dem 1. Buch Mose, hören wir in der Geschichte Abrahams immer wieder, daß Gott mit Abraham spricht. Anders als in der Ilias erfahren wir hier aber genauer, wie wir uns dieses Sprechen vorzustellen haben: Dieses Ereignis wird manchmal als Vision bezeichnet, und einmal heißt es, daß Abraham in tiefen Schlaf fiel, ehe Gott zu ihm sprach. Das Wort „Traum" kommt hier zwar nicht vor, doch geht aus dem Zusammenhang hervor, daß ein Traum oder ein traumähnlicher Zustand gemeint ist.

Gott spricht zu Abraham

Dabei ist es gar nicht wesentlich, ob es sich um einen Traum handelt, der während des Schlafens „passiert", oder um einen Tagtraum. Viele Menschen haben auf der Grenze zwischen Schlaf und Wachen Träume und Visionen, und bei vielen hellsichtig begabten Menschen ist dieser Zustand der Beginn ihrer Hellsichtigkeit.

In den folgenden Erzählungen der Bibel zeigt sich, wie dieser unmittelbare Kontakt der Menschen mit Gott allmählich verlorengegangen ist. Erstes Beispiel hierfür ist Abrahams Schwiegertochter Rebekka. Sie ist endlich schwanger, spürt jedoch, daß diese Schwangerschaft ungewöhnlich ist, denn „die Söhne stießen einander im Mutterleib". Das machte ihr Sorgen, „und sie ging, um den Herrn zu befragen. Der Herr gab diese Antwort: Zwei Völker sind in dei-

Rebekka befragt ein Orakel

nem Leib, zwei Stämme trennen sich schon in deinem Schoß. Ein Stamm ist dem andern überlegen. Der Ältere muß dem Jüngeren dienen".

Die Symbolsprache des Orakels

Rebekka war zu einem Orakel gegangen, denn sie selbst konnte die Stimme des Herrn nicht mehr hören. Und die Antwort, die sie erhielt, klingt ein wenig verschlüsselt, ist jedoch völlig klar, wenn man die weitere Geschichte kennt. Sie gebar bekanntlich die Zwillinge Jakob und Esau, und Jakob, der Jüngere, kaufte dem älteren Bruder das Erstgeburtsrecht um ein Linsengericht ab.

Haller Hellseher-Karten

Geschenk

Diesem Jakob erschien Gott zwar persönlich im Traum, doch liegt hier bereits eine gehörige Distanz zwischen ihm und dem Träumer: Engel stiegen als Vermittler auf einer Leiter auf und nieder, die bis zum Himmel reicht, und an ihrem oberen Ende stand Gott, der sich Jakob erst einmal vorstellte: „Ich bin der Herr, der Gott deines Vaters Abraham und der Gott Isaaks; das Land, auf dem du liegst, will ich dir und deinen Nachkommen geben …"

Die Jakobsleiter als Brücke und Grenze

Die Leiter war zwar eine Brücke, doch zeigte sie zugleich den großen Abstand zwischen dem Träumer und seinem Gott. Ein anderes Indiz verstärkt diesen Abstand noch: Der Träumer war nur passiver Empfänger einer Botschaft. Er sprach nicht mit Gott, und er argumentierte nicht mit ihm. Die Nähe des Zwiegesprächs, die noch Abraham hatte, war für seine Nachfolger bereits verloren.

Hellseher überschreiten die Brücke

Ein Hellseher, der die Stimme Gottes oder eines anderen geistigen Führers hört, hat einen neuen, näheren Zugang zu Gott gefunden, oder, wenn Ihnen das besser gefällt: zur Wahrheit, zum universalen Wissen: Er muß nicht auf einen Wahrtraum warten.

Im weiteren Verlauf der biblischen Geschichte zeigt sich, daß Träume und Orakel etwas gemeinsam haben: Sie sprechen oft eine symbolhafte Sprache.

Jakobs Sohn Joseph, eben der, der nach Ägypten verkauft wurde und den Traum des Pharaos mit den sieben fetten und den sieben mageren Jahren richtig deutete und dadurch ganz Ägypten vor einer Hungersnot bewahrte, hatte selbst auch Symbolträume, die ihm seine Zukunft vorhersagten – oder, um es mit den Worten der Bibel auszudrücken: offenbarten. Denn einige Jahre später war klar: Josephs Träume waren Wahrträume.

Joseph träumte zunächst, er band mit seinen Brüdern Garben auf dem Feld, und seine eigene Garbe richtete sich auf und blieb auch stehen. Die Garben der Brüder umringten sie und neigten sich tief vor seiner Garbe. Sein zweiter Traum enthielt im Grunde die gleiche Aussage wie der erste: Joseph träumte, Sonne und Mond und elf Sterne verneigten sich tief vor ihm.

Josephs Brüdern, denen er die Träume erzählte, war ihre Aussage völlig klar. Sie selbst, und dem zweiten Traum zufolge auch ihre Eltern, würden sich vor Joseph verneigen. Er wolle, so folgerten sie, sich über sie erheben. Joseph selbst konnte seine Träume nicht deuten. Ihm lag jeder Gedanke an ein derartiges Tun völlig fern, und er sah auch nicht, wie es jemals eintreten sollte.

Und so kam es, daß die Brüder den ersten Schritt unternahmen, der nötig war, damit diese geoffenbarte Zukunft wahr werden konnte. Sie steckten ihn in einen Brunnen und verkauften ihn nach Ägypten.

Für das Verhältnis der Menschen zu Gott in dieser Phase heißt das jedoch: Wer Gottes Wort hört, den Wahrtraum erlebt, erfährt ihn als symbolreiches Bild und kann dieses Bild selbst nicht ohne Hilfe deuten. Andere hingegen waren dazu in der Lage.

Die „Stimmen der Götter" der Ilias hatten sich zu dieser Zeit bereits gewandelt. Sie waren nicht mehr Ratgeber in Streßsituationen, sondern vermittelten direkter einen Blick in die Zukunft. Und daran hat sich bis heute nicht viel geändert. Wer zu einer Hellseherin geht, braucht von ihr nur selten einen

Josephs Wahrträume

Traumdeutung durch andere

Vom Ratgeber bei Streß zum Blick in die Zukunft

guten Rat in einer aktuellen Konfliktsituation. Die meisten meiner Klienten wollen etwas über ihre Zukunft erfahren.

Bleiben wir noch ein wenig bei Joseph. Seine Brüder verkauften ihn bekanntlich als Sklaven nach Ägypten. Er hatte Glück im Unglück: Er kam in das Haus des Potiphar, des Obristen der Leibwache des Pharaos. Dort hatte er zunächst die Vertrauensstellung eines Verwalters inne. Doch brachte ihn die dumme Geschichte mit der Frau des Potiphar in ärgste Be-drängnis, und er landete im Gefängnis.

Im tiefsten Kerker

Im Kerker, am absoluten Tiefpunkt seines Lebens, sollte Joseph aber eine Fähigkeit entwickeln, die ihn beim Pharao zu Ruhm und Ehren aufsteigen ließ: Er lernte, Träume zu deuten. Das wäre nichts Besonderes, denn schließlich konnten es seine Brüder ja auch.

Träume und Traumdeutungen sind Sache Gottes

Doch Joseph deutete nicht einfach, sondern er sagte zweimal ausdrücklich, das Deuten der Träume sei Sache Gottes. Natürlich sind für Joseph bereits die Träume selbst Botschaften Gottes. Wenn er nun sagt, das Deuten sei Sache Gottes, so klingt das widersinnig. Wie ist das also zu verstehen?

Joseph war davon überzeugt, daß Gott in diesen Träumen zum Pharao gesprochen hatte. Die Sprache, derer Er sich bedient hatte, war eine Symbolsprache, Gott sprach in Bildern. Damit die Träume gedeutet werden konnten, verlieh Gott Joseph die Fähigkeit, diese Bilder zu entziffern. Dazu mußte Joseph „nur" die Sprache Gottes besser verstehen als der Pharao. Joseph war demnach von Gott befähigt, Seine Stimme zu hören und das Gehörte anderen zu „verdeutschen".

Traumdeuter als Sprachrohr Gottes

Eines verbindet Joseph mit den heidnischen Propheten an einer Orakelstätte: Er betrachtet sich selbst nicht als Privatperson, die Träume zu deuten imstande ist, sondern als Sprachrohr Gottes.

Die gleiche Rolle spielte wenig später Moses – nicht ganz ohne Verständigungsprobleme, wie im einzelnen im 4. Kapitel des Buches Exodus nachzulesen ist.

Hier stellt sich jedoch eine spannende Frage, die uns später in diesem Buch noch einmal beschäftigen wird: Woher kamen diese Träume wirklich? Sind sie das Produkt des Unterbewußtseins des Träumers? Oder liegt ihre Quelle außerhalb ihrer Persönlichkeit?

Die Quelle der Träume

Wir können die Träume Josephs und des Pharaos damit erklären, daß sie Ausdruck ihres eigenen intuitiven Wissens sind. Joseph mag unbewußt seine Talente gespürt haben und darauf aufbauend seine kommenden Erfolge vorhergesehen haben. Der Pharao könnte unbewußt klimatische Veränderungen wahrgenommen haben, die zu sieben sehr fruchtbaren Jahren und danach zu sieben Hungerjahren führten.

Ist Ihnen das zu unwahrscheinlich? Dann müssen Sie sich damit abfinden, daß Wahrträume aus einer Informationsquelle außerhalb der Person ihres Träumers stammten. – Zu dieser Informationsquelle haben wir theoretisch alle Zugang, jede Nacht.

Um diesen Zugang zu bekommen, müssen wir uns „nur" unsere Träume merken. Doch das ist leichter gesagt als getan. Nicht erst uns modernen Menschen fällt das schwer. Ein berühmtes Beispiel findet sich ebenfalls in der Bibel, und zwar im Buch Daniel. Es ereignete sich im Jahre 602 v. Chr.

Die Erinnerung an eigene Träume

Nebukadnezar, eben jener mit der babylonischen Gefangenschaft des Volkes Israel, der von Verdi als Nabucco so wundervoll vertont wurde, dieser Nebukadnezar also hatte eines Nachts einen Traum, der ihn sehr beunruhigte. Doch als er erwachte, konnte er sich nicht mehr an den Traum erinnern.

Nebukadnezars Traumbild

Das kennen wir alle. – Für das, was nun folgt, mußte man aber schon ein babylonischer Gewaltherrscher sein: Nebukadnezar ließ daraufhin „die Zeichendeuter und Wahrsager, die Beschwörer und Chaldäer" zusammenrufen. Sie sollten ihm „Aufschluß geben über seinen Traum". Sie waren auch gleich bereit dazu und forderten den König auf, ihnen seinen Traum zu erzählen, damit sie ihn deuten konnten.

Genau dazu war Nebukadnezar aber nicht in der Lage. Anstatt das zuzugeben, stellte er die Fachleute scheinbar auf die Probe und drohte ihnen: „Das ist mein unwiderruflicher Entschluß: Wenn ihr mir nicht den Traum und seine Deutung sagen könnt, dann werdet ihr in Stücke gerissen, und eure Schultern werden in Schutthaufen verwandelt. Sagt ihr mir aber den Traum und seine Deutung, dann empfangt ihr von mir Geschenke, Gaben und hohe Ehren. Gebt mir also den Traum und seine Deutung an!"

Die Zeichendeuter, Wahrsager usw. baten ihn wieder und wieder, ihnen doch den Traum zu erzählen. Schließlich gaben sie auf und erklärten: „Es gibt keinen Menschen auf der Welt, der sagen könnte, was der König verlangt ... Was der König verlangt, ist zu schwierig. Es gibt auch sonst keinen Menschen, der es dem König sagen könnte, außer den Göttern; doch diese wohnen nicht bei den Sterblichen."

> Die Götter wohnen nicht bei den Sterblichen

„Die Götter wohnen nicht bei den Sterblichen" – ein aufschlußreicher Satz. Vom Dialog mit den Göttern wie bei Abraham oder den Helden der Ilias ist hier wahrlich kaum noch etwas übriggeblieben. Die Wahrsager und Zeichendeuter lebten nicht mehr als Sprachrohr eines Gottes, dessen Stimme sie als Halluzination hörten, sondern sie betrieben samt und sonders Gänseblümchenorakel.

Doch es gab Menschen, die einen etwas besseren „Draht" zu „den Göttern" hatten als die babylonischen Wahrsager und Zeichendeuter. Und einige davon lebten am Hofe Nebukadnezars.

Der jüdische Glaube an einen einzigen Gott hatte zwei hier interessierende Folgen: Dieser Gott wurde intensiver erlebt und konnte durch ein inbrünstiges Gebet offenbar leichter erreicht werden als ein ganzer

Olymp von Göttern, von denen jeder seine eigene Aufgabe erfüllte. Für einen Gott und seine Mitteilungen ließ sich das innere Ohr offenbar leichter offenhalten. Die zweite Folge: Diese Form des Gebets, der Versenkung, der Öffnung für Gottes Wort wurde in der jüdischen Kultur gepflegt und war daher weit verbreitet. Das zeigte sich nun in der Geschichte mit Nebukadnezar.

Das offene Ohr für den einen Gott

An seinem Hof befanden sich einige jüdische Geiseln, junge Männer aus gutem Hause, die durch die babylonische Kultur „umerzogen" werden sollten. Sie hießen Daniel, Hananja, Mischael und Asarja (die drei Jünglinge im Feuerofen). Von ihnen heißt es: „Daniel verstand sich auch auf Wortoffenbarungen und die Deutung von Träumen aller Art."

Träume und Visionen aller Art

Daniel bat nun Nebukadnezar um eine Frist, um ihm seinen Traum zu deuten, und tat dann etwas Erstaunliches: Er bat seine Freunde, mit ihm zu beten, „den Gott des Himmels um Erbarmen zu bitten, damit nicht Daniel und seine Gefährten samt den anderen Weisen Babels umkämen. Darauf wurde ihm das Geheimnis in einer nächtlichen Vision enthüllt".

Mit heutigen Worten ausgedrückt, diente das gemeinsame Gebet der jungen Männer dazu, ein starkes Energiefeld aufzubauen, das einem von ihnen zu einer außersinnlichen Wahrnehmung verhalf.

Gemeinsame Energie für eine Vision

Dieses Phänomen können Sie bis heute in einer Meditationsgruppe erleben. Bei einer gemeinsamen Meditation mehrerer Menschen entsteht im Raum eine ganz besondere Energie. Diese hilft auch den unerfahreneren Teilnehmern dabei, den Alltag loszulassen und sich tief zu versenken. Die Energie der anderen wirkt auf jeden einzelnen im wahrsten Sinne des Wortes mitreißend. – Das gleiche Phänomen liegt natürlich auch Massensuggestionen zugrunde.

Aus meiner Arbeit ist mir dieses Phänomen ebenfalls vertraut. Die Energiefelder der anwesenden Personen können mir helfen oder mich behindern, je

Die Energie der Anwesenden beim Hellsehen

nach der Einstellung des Fragenden. Ist er positiv eingestellt, so ist mir viel mehr möglich. Steht er meiner Arbeit negativ oder skeptisch gegenüber, so kann es durchaus zu gewissen Verlusten der Aussagebreite kommen.

Kehren wir noch einmal in das Babylon des Jahres 602 v. Chr. zurück. Als Daniel die gewünschte Vision hat, hebt er ein Dankgebet an mit den Worten: „Der Name Gottes sei gepriesen von Ewigkeit zu Ewigkeit ...". Von der vertrauten Nähe zu Gott, wie sie Abraham kannte, ist auch bei Daniel nichts mehr zu spüren – Gott ist für Daniel ebenso weit weg wie für die meisten von uns heute. Auch als Daniels Freunde in den Feuerofen geworfen werden, ist Gott weit weg. Er schickt einen Engel zu ihrem Schutz in die Flammen. Der Zugang zur anderen Welt, zu außersinnlichen Wahrnehmungen, zu Träumen, zu Visionen, zu Wortoffenbarungen, zur universellen Wahrheit oder schlicht zu Gott ist damals nur noch wenigen Menschen möglich, und auch diese haben einige Mühe, diesen Zugang zu erhalten – sei es, daß mehrere gemeinsam ein starkes Energiefeld aufbauen müssen, sei es, daß Daniel selbst vor einer Vision drei Wochen fastet, wie am Ende des Buches Daniel in der Bibel nachzulesen ist.

Eine weitere Gemeinsamkeit zwischen Joseph in Ägypten und Daniel in Babylon fällt auf: Beide sind Angehörige eines Hirtenvolkes, beide leben in einer antiken Hochkultur. Deren Vertreter haben den Zugang zu außersinnlichen Wahrnehmungen verloren. Nebukadnezars Seher erhielten ihre Erkenntnis und Einsicht „nur noch" aus Schrift und Weisheit.

Wie war das doch gleich in Delphi? Bei den Bauern der Umgebung wurden hellseherisch begabte Mädchen gesucht und diese zur Tätigkeit als weissagende Priesterinnen ausgebildet.

Naturverbunden lebende, eher einfache Menschen haben offenbar einen leichteren Zugang zu diesen

Dingen. Hochintellektuelle Menschen, die noch dazu im hektischen Lärm einer Großstadt leben und nur schwer zur inneren Ruhe finden können, werden sich hierbei wahrscheinlich schwerer tun. Was dem Altertum die Hirten des Volkes Israel oder die Bauernmädchen rings um Delphi, sind der Gegenwart die Zigeuner. Keine andere Bevölkerungsgruppe lebt so naturnah wie das fahrende Volk, und keine steht so sehr in dem Ruf, Zugang zur Wahrsagerei und zum Hellsehen zu haben. Auf ihre Arbeit als Hellseher werde ich weiter unten zurückkommen.

Vom Tempelschlaf zum Inkubus

Nicht nur für den Juden Daniel, auch für Angehörige anderer heidnischer Religionen war in der Antike ein Traum eine Botschaft aus der Welt der Götter. Heilgötter wirkten besonders häufig in dieser Weise.

Geträumte Botschaften des Gottes

Menschen, die den Gott um Rat fragten, kamen in das Heiligtum, das natürlich voll mit den Dankesgeschenken Geheilter an den Gott war, führten die vorgeschriebenen rituellen Opfer durch und verbrachten dann die Nacht im Heiligtum. Ein antiker Autor schildert das folgendermaßen:

„Die Priester löschten die Lichter, ermahnten die Patienten zur Ruhe und ließen sie dann allein. Irgendwann fielen sie, den Kopf noch voll mit all dem, was sie seit Betreten des Heiligtums erlebt hatten, in den Schlaf und träumten. Die Kranken schliefen ein oder versanken in einen tranceähnlichen Zustand zwischen Wachen und Schlafen."

Und im Schlaf heilte sie der Gott. Asklepios erschien mit Gehilfen, einem Hund und der Äskulapnatter, heilte durch eine Berührung, durch eine Operation oder gab demjenigen Anweisungen für den nächsten Tag.

Heilung oder Rezepturen

Viele Patienten erlebten in der Nacht eine

Spontanheilung. Manche berichteten, daß der Hund des Gottes oder die Schlange die kranken Glieder beleckt hätten, woraufhin sie geheilt waren. Andere träumten von bestimmten Bädern oder Medikamenten, die ihnen der Gott im Schlaf verordnet habe.

Viele Kranke berichteten in einer Inschrift, die sie im Asklepiosheiligtum in Epidauros aufstellten, wie sich ihre Heilung abgespielt hatte:

„Euhippos trug eine Lanzenspitze sechs Jahre im Kiefer. Als er im Heilraum schlief, nahm ihm der Gott die Lanzenspitze heraus und gab sie ihm in die Hände. Als es Tag geworden, ging er gesund heraus mit der Lanzenspitze in den Händen."

Ein Blinder wurde im Traum geheilt, indem ihm der Gott mit den Fingern die Augen öffnete.

Ein Knabe bot dem Gott zehn Murmeln an, wenn er ihn gesund machte, woraufhin der Gott lachte und versprach, er werde ihn von seinem Steinleiden erlösen. Besonders eindrucksvoll ist folgendes Zeugnis:

„Ein Mann mit einem Geschwür innerhalb des Bauches sah im Heilraum einen Traum. Es träumte ihm, der Gott befehle den Gehilfen in seinem Gefolge, ihn zu ergreifen und festzuhalten, um ihm den Bauch zu schneiden; da sei er geflohen, sie hätten ihn aber ergriffen und an einen Türring gebunden. Hierauf habe Asklepios den Bauch aufgeschlitzt, das Geschwür herausgeschnitten und ihn wieder zugenäht, und er sei aus den Fesseln gelöst worden; und daraufhin kam er gesund heraus, der Fußboden im Heilraum aber war voll mit Blut."

Spontanheilung und Psychosomatik

Diese Beispiele sind besonders drastisch, aber eher untypisch. Die meisten Krankenberichte lassen erkennen, daß die organischen Beschwerden psychosomatische Ursachen hatten. Der Tempelschlaf führte oft zu einem Heilprozeß auf der seelischen Ebene, und die Kranken wurden tatsächlich geheilt.

Auch das Christentum glaubte noch bis zum Mittelalter an die Möglichkeit, durch das Schlafen an einem besonders heiligen Ort zu Offenbarungen im Traum zu kommen, seien es nun Weissagungen oder Heilungen.

Der Ausspruch „Den Seinen gibt's der Herr im Schlaf" ist hier auf schöne Weise illustriert. Die Seinen, das sind die Menschen, die von Gottvertrauen oder dem Gefühl des Geborgenseins in der Schöpfung getragen werden. Wie wichtig dieses Bewußtsein ist, werde ich im Kapitel „Das können Sie auch" erklären.

Den Seinen gibt's der Herr im Schlaf

Die Verkehrung des Tempelschlafs oder, wie er lateinisch heißt, der Inkubation, in ihr gefürchtetes Gegenteil, den Inkubus, ist ebenfalls ein Produkt des körperfeindlichen Christentums.

Inkubation und Inkubus

Wir kennen den Inkubus und sein weibliches Gegenstück, den Sukkubus, heute als Alp, als dämonisches Wesen, das den Arglosen im Schlaf heimsucht und sich ihm unsittlich nähert. Diese Näherung, so stellte man sich vor, war nicht auf die Ebene des Traumes beschränkt. Merlin, der große Zauberer der Artussage, war angeblich der Sohn eines Inkubus.

Der Inkubus verführte, so die besonders teuflische Variante der Inquisition, in Gestalt eines Teufel nur bestimmte Frauen, die dies nämlich zuließen. Sie wurden als Hexen diffamiert.

Diese Geschichte klingt zwar sehr abenteuerlich, hat aber ganz handfeste Hintergründe und verdient daher eine Erklärung. In Heiligtümern von Fruchtbarkeitsgöttinnen im Vorderen Orient gab es das Phänomen der Tempelprostitution. Es dehnte sich im Laufe der Zeit bis nach Griechenland aus.

Tempelprostitution in der Antike

Mädchen, die eine gewisse Zeit lang im Dienst der Göttin leben mußten, gaben sich bei religiösen Festen dem Beischlaf mit Männern hin. Sie mehrten dadurch den Tempelschatz und verdienten sich ihre Aussteuer.

Spirituelle Komponente des Beischlafs

Die sexuelle Vereinigung im Tempelbereich mit einer Dienerin der Göttin erhielt für die beteiligten Männer natürlich eine besondere spirituelle Ebene, die über einen reinen Fruchtbarkeitsritus hinausgeht.

Auch bei den Kelten galt die Priesterin als „Gefäß, in das Kraft und Macht einfließt" (nach der Ächtung der Druiden unter Claudius übernahmen immer mehr Frauen bei ihnen das Priesteramt).

Mein eigener Weg zu diesem neuen weiblichen Bewußtsein war mit harten Steinen gepflastert. Ich war während meiner 21jährigen Ehe absolut frigid, weil ich Körper und Bewußtsein damals noch nicht richtig verbinden konnte. Umso freudiger war ich danach, als ich durch meinen erweiterten Bewußtseinszustand erlebte, daß man durch eine seelische **Sternengeburten in der Tiefe des Kosmos** Verschmelzung mit seinem Partner Höhepunkte erleben kann, bei denen man Sternengeburten sieht und in die Tiefen des Kosmos eintaucht.

Je hellsichtiger ich wurde, desto mehr verstand ich mich auch in dieser Hinsicht als Priesterin, in einer Rolle, die Mann und Frau Wege zu einem erfüllten Leben zeigen kann.

Sexuelle Probleme entstehen meist aus einem Ungleichgewicht des Austauschs auf seelischer Ebene. Die Energien passen nicht zusammen, einer nimmt vom anderen mehr, als er ihm gibt. Achten Sie in **Ausgeglichene Energiebilanz** Ihrer Beziehung hierauf. In einer ausgewogenen Beziehung ist auch die Energiebilanz ausgewogen.

Sollten Sie sexuelle Probleme mit Ihrem Partner haben, suchen Sie den Weg zur Lösung eher im geistig-seelischen Bereich als in körperlichen Ursachen.

Eigenliebe und Selbstannahme Der beste Weg ist Eigenliebe und Selbstannahme. Sie ist der Ausgangspunkt für eine Verschmelzung mit dem Partner. Das Bewußtsein einer modernen Priesterin läßt Sie stark werden für die neuen starken Frauengeschlechter dieser Welt.

Sibyllen und die göttliche Raserei

Wenn Sie nach Rom fahren, werden Sie irgendwann die Sixtinische Kapelle besuchen. Michelangelo Buonarotti malte die großartigen Fresken des Jüngsten Gerichts an der Kopfwand und die Erschaffung der Welt an der Decke. Wenn Sie sich die Decke etwas genauer ansehen und auch auf die Randfiguren an den Fenstern achten, so finden Sie hier zwölf Propheten und ihnen gegenübergestellt zwölf Frauen, die zwölf Sibyllen.

Sibyllen waren weise heidnische Frauen, die über die Gabe des Weissagens verfügten.

Schüler kennen aus dem Lateinunterricht meist die Sibylle von Cumae. Sie bot dem römischen König Tarquinius Superbus für einen ungeheuren Preis einige Bücher zum Kauf an, die Sibyllinischen Bücher. Sie enthielten nach Archäologenansicht jedoch keine Weissagungen, sondern etwas viel Wertvolleres: Anweisungen zum Umgang mit den Göttern.

Doch Tarquinius Superbus konnte den Wert dieser Bücher nicht erkennen und lehnte ihren Ankauf ab. Erst nachdem zwei Drittel der Bände verbrannt waren, erwarb der König den Rest zum vollen Preis. Sie wurden im Tempel der kapitolinischen Trias aufbewahrt, mit dem sie im Jahre 83 v. Chr. verbrannten. Ihr Inhalt wurde stets geheimgehalten.

Der älteste Bericht über eine Sibylle stammt allerdings nicht aus der römischen Welt, sondern aus Kleinasien. Ein gewisser Heraklit von Ephesos schildert sie so: „Die Sibylle spricht mit rasendem Mund, ohne Lachen, ohne Schminke und ohne Myrrhen und dringt vermöge göttlicher Hilfe durch Jahrtausende."

Mehr über die Sibylle von Cumae und ihre Art zu prophezeien erfahren wir aus Vergils Aeneis. Virgil schildert darin, wie Aeneas aus dem untergehenden Troja flieht und sich in Italien niederläßt. Auf Aeneas

Sibyllen in der Sixtinischen Kapelle

Die Sibyllinischen Bücher

Weissagungen durch Jahrtausende

Aeneas bei der Sibylle von Cumae

führte bekanntlich der Kaiser Augustus seine göttliche Abkunft zurück.

Aeneas also landete in Cumae und wurde dort von der Sibylle empfangen. Sie forderte ihn auf, die vorgeschriebenen Opfer zu bringen, und rief ihn dann zum Tempel. Sie selbst zog sich in ihre Grotte zurück, aus der heraus sie weissagte.

„An die Schwelle gelangt, rief sie: ‚Fordert die Sprüche, schnell. Der Gott, o schauet, der Gott!‘ Und wie sie dies am Eingang rief, da wechselt sie plötzlich Miene und Farbe, und es löst sich ihr Haar, schwer keucht ihr Busen, und wilder Wahnsinn schwellt ihr Herz, sie scheint zu wachsen. Die Stimme hat nichts Menschliches mehr, der Hauch der begeisternden Gottheit dringt schon näher heran."

Doch ehe sie prophezeien konnte, mußte Aeneas selbst inbrünstig beten und den Bau von Tempeln und die Aufbewahrung der Sibyllinischen Sprüche geloben.

„Aber noch nicht von Phoebus bewältigt, durchraste die Seherin wild die Grotte, als ob sie den mächtigen Gott aus dem Busen schütteln könne; doch plagt er nur umso stärker des Mundes Schäumen, bezwingt ihr Herz und preßt sie und macht sie gefügig. Und nun öffnen sich weit des Hauses einige hundert Spalten von selbst und entsenden den Lüften der Seherin Antwort."

Die Antwort selbst ist rätselhaft und dunkel, enthält Sätze wie diesen: „Den Weg zu endlicher Rettung, was du am wenigsten wähnst, wird eine Griechenstadt weisen."

„So stachelt Phoebus Apollo der Verzückten das Herz und treibt sie mit peitschenden Zügeln", heißt es weiter bei Vergil. Die Sibylle war also im wahrsten Sinne des Wortes vom Gott besessen.

Soweit Vergils Schilderung einer seherischen Trance. Was die Trance im einzelnen auslöste, geht aus seinem Text nicht hervor. Ihrem veränderten Bewußtseinszustand ging das Opfer von sieben Stierkälbern und sieben Schafen voraus. Darauf zog sich die Sibylle in ihre unterirdischen Gänge zurück, bei deren Betreten sie den Gott bereits spürte. Vielleicht gab es auch hier wie in Delphi einen Erdspalt, dem benebelnde Dämpfe entstiegen, vielleicht spielte auch der Blutgeruch der Opfertiere eine Rolle.

Eine ruhige Trance war diese Raserei jedenfalls nicht. Die Art der Besessenheit aber war kein Kunstgriff Vergils, sondern charakteristisch für alle Sibyllen der Antike. Ein wenig mogelte Vergil hier aber doch: Von den anderen Sibyllen wissen wir nicht nur, daß sie in gottbegeisterter Ekstase rasten, sondern auch, daß sie keine konkreten Fragen beantworteten und sich oft nicht einmal an einer bestimmten Stelle aufhielten. Im Laufe der Zeit wurde „Sibylle" eine allgemeine Berufsbezeichnung für weissagende Frauen.

Gottbesessene Raserei der Sibyllen

An die Decke der Sixtinischen Kapelle gelangten die Sibyllen übrigens ebenfalls dank Vergil: Er ließ sie einen kommenden König des Friedens prophezeien. Das deuteten die Christen als Verkündigung der Geburt Christi. So wurden die heidnischen Sibyllen zu Verkünderinnen des Messias und somit ebenso salonfähig wie die Propheten.

Weibliche Gegenstücke der Propheten

Die meisten Sibyllen verkündeten kommende schreckliche Ereignisse. Im Laufe der Zeit wurden die Sibyllenweissagungen gesammelt. Diese Orakelsammlungen erfuhren spannende Erweiterungen durch das Judentum, später durch christliche Autoren. Schließlich umfaßten die Sibyllinen 15 Bücher. Das zentrale Thema wurde immer mehr die Apokalypse, das Ende der Welt.

Entstanden in den Jahrhunderten um Christi Geburt, systematisch zusammengetragen im 6. Jahrhundert, wurden die Weissagungen der Sibyllen erst in der Renaissance wiederentdeckt und mit den damals aktuellen Endzeitvisionen verbunden.

Die folgenden Abschnitte stammen beide aus dem dritten Buch der Sibyllinischen Weissagungen. Im ersten erfährt man, wie die Sibylle selbst ihr Sehen beschreibt, der zweite erklärt, warum diese Bücher seit jeher so großes Interesse gefunden haben:

„Als aber mein Geist aufhörte mit dem gottbegeisterten Liede, da kam mir wieder die Rede des großen Gottes ins Herz und hieß mich weissagen auf der Erde."

„Freue dich, Jungfrau, und gebärde dich froh: denn dir hat gegeben die Freude in Ewigkeit der Schöpfer des Himmels und der Erde. In deiner Mitte wird er wohnen: du wirst unsterbliches Licht haben. Und Wölfe und Lämmer werden auf den Bergen zusammen Gras essen ..."

Daß dies wirklich eine heidnische Prophezeiung sein sollte, ist kaum noch zu spüren.

Nicht nur die Sibyllen erlebten ihre außersinnlichen Wahrnehmungen in einem Zustand der Raserei. In der Bibel gibt es ein ähnliches Phänomen:

Im Buch Samuel ist von „einer Schar Propheten die Rede, die von der Kulthöhe herabkommen, und vor ihnen wird Harfe, Pauke, Flöte und Zither gespielt. Sie selbst sind in prophetischer Verzückung". Zu diesen Propheten schickt Samuel den glücklosen König Saul mit den Worten:

„Dann wird der Geist des Herrn über dich kommen, und du wirst wie sie in Verzückung geraten und in einen anderen Menschen verwandelt werden."

Diese Form der religiösen Raserei wurde später verteufelt und erlebt erst in jüngster Zeit wieder eine Renaissance. So knüpfen zum Beispiel amerikanische

Laienprediger, die sich beim Sprechen in eine Art Trance steigern, an diese Tradition an.

Dem Propheten Samuel hingegen hatte Gott „das Ohr für eine Offenbarung geöffnet". Hiermit ist natürlich nicht das äußere Ohr gemeint. Vielmehr mußte Gott nachhelfen, damit auch das innere Ohr geöffnet wurde, jenes Ohr, das für Mitteilungen aus der anderen Wirklichkeit, für Gottes Wort, für Halluzinationen empfänglich ist. Samuel ist der erste ausgebildete Prophet der Bibel.

Das für eine Offenbarung geöffnete Ohr

Ein Rückblick zwischendurch

Die Geschichte zeigt uns also eine ganze Bandbreite an möglichen Bezeichnungen für Wege, auf denen man zu einer Vision, zu einer Mitteilung aus dem Jenseits, zu einer Prophezeiung kommen kann:

Wege in außersinnliche Wahrnehmungen

> *Halluzinationen unter Streß*
> *Trancezustände ohne Drogenunterstützung*
> *Trancezustände mit Drogenunterstützung*
> *Träume*
> *Deutungen von Träumen*
> *Gemeinsame Meditation/Gebet*
> *Fasten*
> *Offenbarungen durch ein eigens geöffnetes Ohr*
> *Prophetische Verzückung*
> *Besessenheit*

Sie können spontan erfolgen oder indem man darum bittet. In der Bibel heißt das „den Herrn befragen" oder zu ihm beten.

All diese Erscheinungsformen des Hellsehens sind historisch belegt. Die Fähigkeit zur Halluzination unter Streß war einmal allgemein verbreitet; sie ging durch die Entwicklung des modernen menschlichen Bewußtseins den meisten Menschen verloren. Seither ist sie als Mittel zur Kontaktaufnahme mit der anderen Wirklichkeit auf entsprechend begabte Menschen beschränkt. Diese Begabung kann durch Übung gefördert werden. Wie beim Klavierspielen gibt es hier allerdings auch eine Grenze.

Auf alle anderen Formen der veränderten Bewußtseinszustände komme ich im einzelnen noch zu sprechen.

In historischer Zeit pflegen alle Religionen die eine oder andere Form des Einstiegs in Trancezustände. Eine lebendige Tradition, die die Begabung zu außersinnlichen Wahrnehmungen fördern würde, gibt es jedoch nicht mehr.

Kein Bedarf an Prophezeiungen

„Auf Knopfdruck" wurden Ratschläge oder Auskünfte von der anderen Seite des Zaunes, aus dem Jenseits, von höheren geistigen Wesen oder wie immer Sie es nennen wollen, seit dem Ende der heidnischen Kulte, seit dem Aussterben der Sibyllen in unserer Kultur nicht mehr benötigt. Gottes Wort war in der Bibel festgeschrieben, und es bedurfte keiner weiteren Offenbarungen.

Daher gab es seither nur noch vereinzelt auftauchende große hellseherische Begabungen.

Arzt und Seher zugleich:
Nostradamus

Der Seher von Salon

1555 erschien in Frankreich ein kleines Büchlein mit dem Titel „Les propheties de M. Michel Nostradamus". Es wurde rasch zu einem Bestseller und erregte die Aufmerksamkeit der höchsten Kreise.

Die Königin von Frankreich, Katharina de' Medici, las das Büchlein und forderte den Verfasser daraufhin auf, nach Paris zu kommen. Sie glaubte, daß einige Prophezeiungen die Königsfamilie betrafen, und wollte von ihm dazu Genaueres hören. – In der Praxis hieß das, er sollte nachweisen, daß er kein Attentat auf den König plante. Wie schwer das war, davon konnte bereits ein italienischer Astrologe in Paris ein Liedlein singen. Er war gefoltert worden, als

Gefährliches Leben für Hellseher

er den frühen Tod Heinrichs II. vorhergesagt hatte. Der Autor dieses Büchleins war ein Landarzt in Salon in der Provence, ein gewisser Michel de Notredame, lateinisch Nostradamus.

Was uns heute stark verwirrt, machte der Königin offenbar wenig aus: Die Sprache der Centurien ist fast völlig unverständlich. Nicht nur daß sie Französisch mit griechischen, lateinischen, italienischen und provencalischen Brocken vermischt, nein, der Text selbst ergibt keinen klaren Sinn. Die Sprache ist reich an Bildern, die entschlüsselt werden wollen. Doch zumindest Katharina von Medici war dazu offenbar in der Lage.

> *„Der junge Löwe wird den alten besiegen*
> *im einzigartigen Kampf auf einem Kriegsfeld.*
> *Seine Augen, in goldenem Käfig, werden bersten.*
> *Zwei Wunden eine, zum Sterben eines grausamen Todes."*
> *(1. Centurie, 35. Vierzeiler)*

Hieraus las sie eine Bedrohung für das Leben ihres Gatten ab. Und sie sollte recht behalten. 1559 veranstaltete Heinrich II. anläßlich der Unterzeichnung eines Friedensvertrags mit Spanien und der Verlobung seiner Tochter Elisabeth mit dem spanischen König ein Turnier. Sein eigenes Wappentier war der Löwe.

Und tatsächlich wurde er durch eine geborstene Lanze tödlich verwundet. Ein Lanzensplitter drang unter sein goldenes Visier und durchbohrte ein Auge. Sein von ihm selbst ausgewählter Gegner, der Hauptmann seiner Leibgarde, hatte ebenfalls als Wappentier den Löwen.

Seit 1559 erlebten die Prophezeiungen von Nostradamus immer neue Deutungen. Jede Zeit entdeckte neuen verborgenen Sinn hinter dem, was er in seinen Texten vorhergesagt hatte – doch nicht selten erst im nachhinein.

Seitennotiz: Die unverständliche Sprache der Centurien

Seitennotiz: Tod Heinrichs II.

Nostradamus im Zweiten Weltkrieg

Im Zweiten Weltkrieg wurden Vierzeiler von Nostradamus sogar als Propagandamittel eingesetzt: Mit Interpretationen gespickt, die die Kriegsniederlage des Empfängers verkündeten, wurden sie hinter den feindlichen Linien abgeworfen – von den Deutschen in Frankreich, von den Engländern in Deutschland.

Wie sah Nostradamus?

Nostradamus ist für uns nicht nur wegen seiner Prophezeiungen interessant. Er hinterließ einige Aussagen über die Kunst des Sehens, wie er sie praktizierte. Die erste Centurie beginnt mit den folgenden Vierzeilern:

*„Sitzend des Nachts bei geheimen Studien,
allein; ruhend auf dem Sitz von Erz?
Winzige Flamme, aus der Einsamkeit hervorkommend,
bringt hervor, was nicht vergeblich ist zu glauben.*

*Die Rute in der Hand, in die Mitte der Gabel gelegt,
von der Welle benetzt auch den Rand und den Fuß,
Angst und Stimme erzittern durch die Griffe,
göttlicher Glanz, der Wahrsager nahe sich setzt."*

Die Rolle des Wassers

Hier klingen einige Elemente an, die wir bereits kennen: Die Verwendung von Wasser, das mit einer Rute geschlagen wird, kennen wir vom Orakel in Didyma. Der Sitz von Erz? Könnte eine Anspielung auf das Orakel in Delphi sein.

Die Flamme, aus der Einsamkeit kommend, ist eine sinnvolle Metapher für die Erkenntnis, die innere Ruhe und Einsamkeit im besten Sinne voraussetzt. Wir verwenden dieses Bild, wenn wir sagen, uns geht ein Licht auf. Meist ist das nicht im hektischen Trubel des Tages der Fall, sondern wenn man sich in Ruhe und ohne Störung durch andere mit einer Frage beschäftigt.

Nostradamus' Erleuchtung ist für ihn eine Gabe Gottes.

An seinen Sohn César schrieb Nostradamus im Begleittext zu seinen Centurien:

„Durch die verborgene Quelle göttlichen Lichts, das sich auf zwei grundlegende Arten zeigt, erfährt der Prophet seine Eingebungen. Eine Art ist die Intuition, die die Vision in demjenigen klärt, der aus den Sternen weissagt. Die andere Art ist die Prophetie durch inspirierte Offenbarung, die praktisch eine Teilnahme an der göttlichen Ewigkeit ist. Hierbei hängt das Urteil des Propheten von seinem Anteil an göttlichem Geist ab, den er durch Einstimmung auf Gott den Schöpfer erhalten hat und auch durch angeborenes Talent."

Je tiefer sich der Prophet also auf Gott einstimmt, desto genauer, desto mehr kann er sehen. Die Grenze des Hellsehers ist für Nostradamus das Maß seiner Hingabe an den göttlichen Geist.

Einstimmung des Sehers auf Gott

„Die vollständige Wirksamkeit der Erleuchtung und der dünnen Flamme besteht darin, anzuerkennen, daß das Vorhergesagte wahr und himmlischen Ursprungs ist. Denn dieses Licht der Prophezeiung kommt von oben, nicht anders als das Tageslicht."

Hier weist Nostradamus auf eine Tatsache hin, die bis heute unverändert Gültigkeit besitzt:

Der Prophet ist nur Sprachrohr. Wenn er anfängt, an dem zu zweifeln, was er sieht, wenn er anfängt, sich kritisch mit dem Inhalt seiner Vision auseinanderzusetzen, ist es vorbei mit der Erleuchtung.

Will er wirklich sehen, so muß er sich rückhaltlos und ohne Vorbehalt als Kanal öffnen und einfach hinnehmen, aufzeichnen oder wiedergeben, was er erfährt.

Bei welchen Gelegenheiten Nostradamus seine Visionen hatte, beschrieb er ebenfalls genauer in der

Prophet als reines Sprachrohr

an seinen Sohn gerichteten Einleitung zu seinen Centurien:

Prophetische Stimmung bei süß duftenden nächtlichen Studien

„... *indem mich bisweilen eine prophetische Stimmung inmitten einer längeren Berechnung überraschte, während ich süß duftenden nächtlichen Studien nachging, habe ich Bücher mit Prophezeiungen zusammengestellt ...*"

Inmitten einer längeren Berechnung, also in einem Zustand körperlicher Ruhe und tiefer Konzentration, hatte Nostradamus seine Visionen. Das Tagesgeschäft war weit weg, vermutlich hatte er Raum und Zeit vergessen und war tief in seine Berechnung versunken.

Wege in die Trance

Körperliche Ruhe und geistige Sammlung stellen bis heute bewährte Voraussetzungen für den Weg in die seherische Trance dar.

Auf einige der beunruhigenden Prophezeiungen von Nostradamus, in denen er vermutlich einen Weltuntergang vorhersagt, komme ich am Schluß dieses Buches zurück.

Der schlafende Prophet: Edgar Cayce

Schon einmal ging es uns um die Frage, ob die Informationen, die in einer Prophezeiung enthalten sind, aus dem persönlichen Unterbewußtsein des Propheten stammen oder ob sie aus einem größeren, universalen Wissen geschöpft werden. Das Beispiel des folgenden Mannes ist geeignet, die Antwort hierauf auf bessere Grundlagen zu stellen.

Die Quellen der Prophezeiungen

Edgar Cayce hatte eine ganz außergewöhnliche seherische Begabung. Er wurde 1877 auf einer Farm in Kentucky geboren, las in seiner Kindheit gern die Bibel und hatte dabei seine erste Vision:

Vision beim Lesen der Bibel

Er saß allein in einem Versteck und las in der Bibel die Geschichte von Simson, als ein Summen ertönte

und ein heller Schein die Lichtung vor seinem Versteck erfüllte. Darin erkannte er eine weiße Gestalt und hörte eine Stimme: „Deine Gebete sind erhört worden. Was willst du, das ich dir geben soll?"
Der Knabe Edgar war keineswegs überrascht, auch nicht, als etwas aus ihm heraus antwortete und für ihn sprach: „Einfach, daß ich anderen nützlich sein kann – vor allem Kindern, die krank sind. Und daß ich meine Mitmenschen lieben kann."

Bald darauf wurde er von einem Baseball verletzt; er lag im Bett und sagte seinen Eltern, sie sollten ihn mit einem Breiumschlag auf die Schädelbasis behandeln. Hinterher konnte er sich an nichts dergleichen erinnern, aber die Behandlung half.

Heilverfahren aus dem Schlaf

In der Schule war er kein großes Licht, und so wußte er nicht, was er für einen Beruf ergreifen sollte. Eine besonders leise, wie krächzend flüsternde Stimme verhinderte seine Karriere als Verkäufer, und bald machte sie ihm so sehr zu schaffen, daß er ihretwegen auch einen verhinderten Heilkundigen aufsuchte, der Erfahrungen mit Hypnose besaß. Dieser Mann hypnotisierte ihn und suggerierte ihm:

Hypnose und Trance

„Ihr Unterbewußtsein schaut in Ihren Körper ... es wird uns sagen, was mit Ihrem Hals nicht stimmt und was getan werden kann, um das Leiden zu heilen."

Plötzlich antwortete der hypnotisierte Cayce mit klarer Stimme: „Ja, wir können den Körper sehen. Das Leiden, das wir jetzt erkennen, ist eine teilweise Lähmung der Stimmbänder infolge Nervenanspannung ..." Und es folgte die Anweisung an den Hypnotiseur, was er ihm selbst suggerieren müsse, damit die Stimmbänder geheilt werden konnten.

Als Cayce erwachte, war er voller Freude, daß er normal sprechen konnte, war jedoch völlig überrascht zu erfahren, daß er wie ein Arzt gesprochen habe, der einen Patienten untersucht. Schließlich hatte er keinerlei medizinische Vorbildung.

Suggestion

Der Hypnotiseur bat ihn, einen ähnlichen Versuch mit ihm selbst zu unternehmen – er litt seit langem an einer unerkannten Krankheit. Cayce willigte ein.

Einige Tage später fand das Experiment statt. Cayce ließ sich hypnotisieren und erhielt dann die Suggestion: „Sie haben in diesem Zimmer den Körper von Al Layne vor sich. Sie werden diesen Körper gründlich untersuchen, und besonders auf etwaige Leiden achten. Sie werden die Ursache der Leiden nennen und Behandlungen vorschlagen, die zur Heilung führen. Und Sie werden klar und verständlich sprechen."

Diagnose und Heilverfahren

Cayce begann nach einer Weile zu sprechen: „Ja, wir haben den Körper gründlich untersucht ...", und was nun folgte, hielt der Hypnotiseur auf zahlreichen Bögen Papier rasch fest. Als Cayce erwachte, fragte er, ob er etwas herausgefunden habe. Beim Blick auf die beschriebenen Blätter war er verblüfft. Die vielen Fachausdrücke, die er im Wachzustand noch nicht einmal richtig aussprechen konnte, verwirrten ihn.

Verblüffende Fachkenntnisse

Doch der Hypnotiseur versicherte ihm, daß das, was er in der Trance gesagt hatte, durchaus sinnvoll war. Als er die von Cayce in der Trance verschriebene Behandlung befolgte, besserte sich sein Gesundheitszustand von Tag zu Tag, doch Cayce war weiterhin verwirrt und skeptisch.

Nur mühsam ließ er sich dazu überreden, mit Al Layne zusammenzuarbeiten, seiner Bestimmung folgend zu wirken. Es dauerte noch Jahre, ehe er auch Geld für seine Trance-Diagnosen annahm.

Medialer Diagnostiker

Cayce lernte, sich selbst gezielt in Trance zu versetzen. Später arbeitete er eng mit einem Arzt zusammen, der ihn in seiner Praxis als medialen Diagnostiker einsetzte. Noch später erweiterte er seine Diagnosen auf Fragen nach dem Vorleben und auf zukünftige Fragen des Welt- und Wirtschaftsgeschehens.

Das Vorgehen war immer das gleiche: Cayce legte sich hin, versetzte sich in Trance, eine Assistenzperson, meist seine Frau Gertrude, suggerierte ihm, worum es in dieser Trance gehen sollte, und er gab Auskunft über Dinge, von denen er im bewußten Zustand keinerlei Ahnung haben konnte. Seine Frau oder seine Sekretärin schrieb die Äußerungen auf.

Protokollierte Botschaften eines Mediums

Die Trancemeldungen enthielten manchmal Heilmittel, die schon längst nicht mehr in Verwendung waren. Manchmal nannte er aber auch Mittel, die gerade erst entwickelt worden waren und in der Firma erst ganz kurz vor der Trance ihren Namen erhalten hatten. Manchmal nannte er auch den Namen eines Arztes, der dem Patienten helfen konnte – das war dann für den Patienten nicht immer einfach, besonders wenn es sich um einen blutjungen Arzt in einer Großstadt handelte, der noch keine eigene Praxis besaß und völlig unbekannt war.

Neueste Heilmittel und Ärzte

Seine Sprache als Medium war verständlich, wenngleich reich an Symbolen und Bildern. Sie besaß Anklänge an die Sprache der Bibel, wenn er einer Frau, die wissen wollte, wie sie ein gottgefälliges Leben führen solle, in Trance sagte: „Deuten Sie das Gesagte. Es ist viel erreicht worden, aber es muß noch viel erreicht werden. Übereilen Sie Ihre Wahl nicht, sondern denken Sie daran, durch Gewalt wird nichts, nur durch völliges Vertrauen in den Herrn."

Symbol- und Bildersprache

Wenn es um frühere Leben eines Menschen ging, sprach er auch in fremden Sprachen, die er selbst nie gelernt hatte – homerisches Griechisch oder romanische Sprachen waren für ihn kein Problem.

Nach einiger Zeit fand Cayce heraus, daß er auch Menschen beraten konnte, die gar nicht in seiner Nähe waren. Es reichte aus, daß seine Frau ihm den Namen und die vollständige Adresse nannte, wenn sie ihm den „Auftrag" für die Trance suggerierte.

Ferndiagnosen

Es war also nicht irgendeine Art von Schwingung des Patienten selbst, die er auffing, wenn er in Trance war. Es konnten auch keine Informationen sein, die in seinem eigenen Unterbewußtsein gespeichert waren, die er abrief. Edgar Cayces Trancereisen führten ihn zu Informationen außerhalb seiner selbst.

Informationen von außen

Um verstehen zu können, wie das gehen konnte, müssen wir etwas ausholen. Vorher jedoch noch zu einem zweiten ganz berühmten Fall, in dem ein Mensch Zugriff zu Informationen bekam, die er auf normalem Wege gar nicht erhalten konnte.

Vierzehn Jahre vor der „Titanic":
Morgan Robertson und der „Titan"

Morgan Robertson war ein ehemaliger Seemann, der sein New Yorker Appartement wie eine Schiffskajüte eingerichtet hatte. 1898 lag er eines Abends dösend auf seinem Bett und hatte eine Vision.

Dampfer im Nebel

Ein riesiger Luxusdampfer irgendwo im Atlantik kam aus einer dichten Nebelbank hervor. Er war etwa 300 m lang, drei Schrauben sorgten für die damals unvorstellbare Geschwindigkeit von 23 Knoten. Die Decks waren voller sorgloser Passagiere – es waren mindestens 2000, mehr als jedes Schiff seiner Zeit fassen konnte. Robertson zählte die Rettungsboote, während das Schiff an ihm vorüberglitt. Es waren 24 – längst nicht genug für alle Passagiere. Eine Stimme erklärte das Schiff für unsinkbar. Da sah Robertson auch den Namen, der ihm auf dem Bug in großen Lettern entgegenragte: „Titan."

Vierzehn Jahre vor der Titanic

Robertson war verwirrt, stand aber auf und hielt seine Vision schriftlich fest. Und so entstand sein Roman *Futility*, der 1898 erschien. Vierzehn Jahre später sank das unsinkbare Superschiff Titanic auf seiner Jungfernfahrt.

Ein besonderer Traum

Was war geschehen? Die naheliegende Antwort lautet: Robertson hatte geträumt. Das taten viele andere Autoren auch, und aufgeschriebenen Träumen verdanken wir so manchen Roman von Robert Louis Stevenson und anderen Autoren. Doch hatte sein Traum zwei Besonderheiten:

Er wurde 14 Jahre später wahr, war also ein Wahrtraum. Und: Morgan Robertson konnte im Wachzustand keine zwei Sätze zusammenhängend formulieren. Er war ein einfacher, eher ungebildeter Mann. Dennoch verfaßte er insgesamt über 200 Kurzgeschichten und Romane. Er behauptete, sein Körper und Geist werde von einem „Geistwesen mit literarischen Fähigkeiten" kommandiert. Seine Geschichten seien ihm diktiert worden – druckreif.

<small>Geistwesen mit literarischen Fähigkeiten</small>

Sein Traum von der Titanic war also eine Vision, die ihm in einer Trance offenbart wurde.

Verblüffend bleibt die ungeheuer große Zahl der Übereinstimmungen mit dem Bau der Titanic, der erst 14 Jahre später abgeschlossen sein sollte – sie reichen bis hin zum Namen des Schiffes.

Diese Informationen konnte Robertson nicht aus seinem eigenen Bewußtsein gewinnen, sondern nur aus einer Informationsquelle außerhalb seiner selbst – genauso wie Edgar Cayce seine medizinischen Diagnosen und Heilverfahren.

Die Quelle des Wissens

Wir könnten diese Quelle des Wissens, zu der seherisch begabte Menschen Zugang haben, als mystische Quelle bezeichnen und im Bereich des Rätselhaften belassen. Doch das ist gar nicht nötig. Es gibt einige wissenschaftliche Ansätze, die erklären können, wie wir sie uns vorstellen dürfen.

<small>Mystische Quelle – wissenschaftlich erforscht</small>

Einen ersten Ansatz zur Erklärung liefert die Psychologie.

In der ersten Hälfte des 20. Jahrhunderts (Cayce starb 1945) befreite sich die Psychologie aus den Kinderschuhen und machte Siebenmeilenschritte. Sie untersuchte unser Bewußtsein, unser Unterbewußtsein – und dann kam C. G. Jung und postulierte, es müsse etwas Drittes geben, aus dem wir Traumbilder schöpften. Diese speziellen Traumbilder, die er bei

<small>C. G. Jung und die Welt der Archetypen</small>

sehr vielen Menschen erkannt hatte, waren uralt und auch in Märchen als Motive verkörpert. Und: sie waren der gesamten Menschheit vertraut. Diese Traumbilder nannte er Archetypen.

Speicher für uraltes Wissen

Die Instanz, die diese bewahrten und an die wir im Traum andockten, nannte er das kollektive Unbewußte.

Jung war damit der erste, der in moderner Zeit einen Wissensspeicher außerhalb unseres individuellen Geistes annahm, zu dem wir – auf rein geistiger Ebene – Zugang haben. Bestimmt durch das Thema seiner Fragestellungen rückte zunächst der rückwärtsgewandte Charakter des kollektiven Unbewußten in den Vordergrund. Ich verstand es immer wie eine Art Speicher, in dem unser uraltes Wissen, von allen individuellen Ausprägungen bereinigt, aufbewahrt war.

Wissenszuwachs ohne Lehrer

Dann zeigte sich, daß dieses kollektive Unbewußte als Wissensspeicher keineswegs auf Menschen beschränkt war. Es tauchte plötzlich folgende nette Geschichte auf: Auf einer Südseeinsel lebten Affen. Von ihnen kam einer auf die Idee, von Süßkartoffeln erst die Erde abzuwaschen und sie dann zu essen. Diese Entdeckung überzeugte die anderen Affen auf seiner Insel, und sie machten es ihm nach. Nun lebten auf der Nachbarinsel ebenfalls Affen, ohne daß es jedoch Sichtkontakt oder gar einen Austausch zwischen den Inseln gegeben hätte. Diese Nachbaraffen fingen ebenfalls plötzlich an, ihre Süßkartoffeln vor dem Verzehr zu waschen.

Woher hatten sie diese Information? Zufall? Wohl kaum. Wahrscheinlicher ist, daß sie Zugang zum kollektiven Wissensspeicher bekamen und dieses Wissen sich ihnen auf rein geistiger Ebene übertrug.

Noch ein Beispiel: In London fanden die Schwalben heraus, wie man die Deckel von Milchflaschen mit dem Schnabel öffnen und an den leckeren Rahm direkt darunter gelangen konnte. Die Information breitete sich viel schneller unter der Schwalbenpopulation aus, als das möglich gewesen wäre, wenn sie nur von Eltern auf ihre Kinder weitergegeben worden wäre und durch Nachahmung anderer Schwalben gelernt worden wäre.

Solche Informationen verbreiten sich über diesen kollektiven Wissensspeicher, den Jung als kollektives Unbewußtes bezeichnet hat. Ähnlich soll es übrigens auch mit der Geschwindigkeit bestellt sein, in der wir heute eine Schreibmaschine bedienen lernen. Wir brauchen zum Erlernen der Lage der Buchstaben heute angeblich eine viel kürzere Zeit als die Menschen zu der Zeit, als Schreibmaschinen aufkamen, weil inzwischen die Fertigkeit, dies rasch zu lernen, zum unbewußten menschlichen Repertoire gehört.

Aktuelles Wissen im kollektiven Unbewußten

Nicht nur Archetypen, auch aktuelles Wissen wird demnach also offensichtlich im kollektiven Unbewußten gespeichert. Und aus diesem Wissen schöpften Robertson und Cayce und viele andere, wenn sie aus einer Trance, aus einem Traum oder einer Halluzination eine Information mitbrachten, die sie vorher nicht haben konnten und im Wachzustand selbst auch gar nicht verstanden.

Informationsquelle für Medien und Propheten

Kartenleger im Zigeunerwagen

Zigeuner waren und sind bei vielen Menschen gefürchtet, weil sie häufig schwarzmagisch aktiv wurden. Sie sprachen Verwünschungen aus oder versuchten mit Drohungen auf magischer Ebene Geld zu erpressen. Das hat viel dazu beigetragen, daß sie in Verruf gerieten. Dabei läßt sich vieles von ihren Verwünschungen mit ihrem feurigen Temperament erklären, das mit einer für uns kaum nachvollziehbaren Heftigkeit ausbrechen kann.

Verwünschungen und Schwarze Magie

Die Vorhersagen von Zigeunern werden von vielen Menschen noch aus einem anderen Grund gefürchtet: Sie sind die einzigen, die ihrem Klienten auch den Zeitpunkt seines Todes vorhersagen. Für sie selbst hat der Tod keinen Schrecken und ist ein ganz normaler, natürlicher Bestandteil des Lebens.

Gerade das Hellsehen mit Hilfe von Karten ist eng mit dem Leben des fahrenden Volkes verbunden. Der Zigeunerwagen als typischer Arbeitsort des Kartenlegers ist tief im Bewußtsein der Menschen verankert. Sergius Golowin berichtet von einer französischen Kartenlegerin, die ein elegantes Wohnhaus mitten in Paris besaß, aber ihre Klienten erfolgreich in ihren Wohnwagen bat, der weit draußen und recht versteckt am Stadtrand stand und überdies schwer zu erreichen war.

Ein Zigeunerwagen ist in jeder Hinsicht etwas Besonderes. Anders als die uns vertrauten Häuser ist er eine Welt auf Rädern, ohne Verbindung zum Erdboden, ohne erdende Wasserleitungen. Seine Einrichtung ist reich an Symbolen, an fremdländischen, meist orientalischen Stoffen, an optischen Täuschungen, Spiegeln und Kerzen, Gerüchen und Klängen, die von indischer Tempelmusik bis zu ungarischen Zigeunergeigen reichen können. Der Eintretende verliert rasch jeden Bezug zu seiner eigenen Alltagswelt und befindet sich in einer Welt außerhalb der Zeit.

Der Fragende sitzt meist im Süden, der Wahrsagende im Norden. Denn aus dem Norden kommen die Ratschlüsse der Götter, kam schon bei den Griechen der Lichtgott Apoll, der Norden steht für das Wissen und die Weisheit des Alters. Im Süden dagegen sitzt das ungestüme, jugendliche Leben, das die Fragen stellt, das Feuer. Der typische Wasserkrug auf dem Tisch hat ebenso seine symbolträchtige Bedeutung als Verkörperung des Elements Wasser wie der Dolch, Brieföffner oder das Messer, das für das Element Luft steht.

In der klassischen hohen Kunst der Weissagung werden die Karten oft im Kreis ausgelegt, dem Symbol der Ewigkeit. Der Lauf durch die Karten symbolisiert einen Durchlauf durch das Rad des Lebens.

Der Kartenlegende beginnt beim aktuellen Leben des Fragenden im Süden, legt dann weiter im Uhrzeigersinn in den Westen, die Richtung des Herbstes, der eine Phase der Ernte ist, aber auch eine Phase des Loslassens und der Trennung (von schlechten Gewohnheiten, von Vorstellungen, die man nicht mehr braucht).

Es folgt der Norden, die Richtung des Winters, aus der das Wissen, die Weisheit und der Neubeginn, das keimende Leben kommt (mit dem Wissen, wie das Problem zu lösen sein wird, und neuem Lebensmut).

Schließlich werden die Karten im Osten aufgelegt, der Jahreszeit des Frühlings und des frischen Windes, des neuen Lebens und der Hoffnung (hier zeigt sich, wie die guten Vorsätze umgesetzt werden können).

Der Kreis schließt sich im Süden, bei der Person des Fragenden, mit der Antwort.

Die Karten, mit denen hier gearbeitet wird, sind in der Regel Tarotkarten. Die Decks der Karten veränderten sich im Laufe der Zeit, ganz nach dem Geschmack der Benutzer. Das gilt natürlich in erster Linie für die Bilder, doch auch für die Benennungen.

So sind im Zigeunertarot von Walter Wegmüller die kleinen Arkana mit Zahl und Farbe (also zum Beispiel „Fünf Kelche") betitelt, während im Raider-Waite-Tarot außer der Zahl keine einzige Benennung auf den Karten auftaucht und im Crowley-Tarot jede Karte zusätzlich mit einem Begriff (in diesem Fall „Enttäuschung") und einer astrologischen Analogie (in diesem Falle „Mars im Skorpion") verbunden ist.

Ebenso wie die Bilder unterschiedlich kompliziert und mystisch gestaltet sind, bringt jedes Deck eine andere Ebene in den Menschen zum Schwingen.

Auch ich selbst habe eine Zeitlang mit Tarotkarten gearbeitet, sie haben sich für die Fragen, mit denen meine Klienten zu mir kamen, jedoch als zu „abge-

Tarotkarten

Bilder, Zahlen und Symbole

Antworten auf verschiedenen Ebenen

hoben" erwiesen, als zu stark auf der spirituellen Ebene angesiedelt.

Wahrsagekarten

Anstelle von Tarotkarten sind vielfach auch reine Wahrsagekarten im Einsatz. Diese Karten zeigen jeweils ein Bild und den dazugehörigen Begriff. Die Begriffe stammen aus der Alltagswelt und entstammen den Themenbereichen, die die Menschen bewegen, wenn sie zum Wahrsager kommen.

Hellsehen mit Spielkarten

Selbst mit den „normalen" Spielkarten, wie Sie sie von Canasta oder Doppelkopf kennen, wird mitunter geweissagt. Da bei diesen Karten nur die Trümpfe bebildert sind, stellen sie extrem hohe Anforderungen an die bildhafte Vorstellungskraft des Kartenlegers.

Jeder Kartenleger hat „sein Deck", mit dem er am liebsten arbeitet und das seinen Bedürfnissen am besten gerecht wird. Diese Karten sprechen in einer unmittelbaren Weise direkt zu ihm, und er könnte mit jeder Karte einen ganzen Roman füllen.

Die meisten Kartenleger geben „ihr" Deck nicht aus der Hand und überlassen es keinem anderen Menschen zum Arbeiten. Die Begründungen dafür sind sehr unterschiedlich. Manche berufen sich auf eine „alte Tradition", für andere gehören Karten einfach in die gleiche Kategorie wie Füller, Frauen und Fahrräder, die man einfach nicht verleiht.

Auch ich selbst verwende immer ein Deck, mit dem ich arbeite, bis es völlig zerschlissen ist, und gebe diese Karten dann auch nicht aus der Hand.

Die goldenen Regeln des Hellsehens

Der Amerikaner Peter Lemesurier hat sich die Mühe gemacht und systematisch Prophezeiungen aller Art und aller Zeiten zusammengetragen und auf ihre Treffsicherheit geprüft. Als Ergebnis seiner Arbeit entwickelte er sieben goldene Regeln der Wahrsagerei. Ich finde manche von ihnen immer wieder bestätigt und stelle sie hier daher vor:

Die goldenen Regeln des Hellsehens　　65

1. Regel: Am wahrscheinlichsten trifft von mehreren möglichen Ereignissen jenes ein, mit dem niemand gerechnet hat

Am liebsten ist es mir bei meiner Arbeit, wenn jemand, der zu mir kommt, nichts Vorgefaßtes mitbringt, sondern mich völlig unvoreingenommen sein Leben betrachten läßt, denn ich habe festgestellt, daß ich über die Ereignisse, die ich ungefragt sehe und die der Betroffene noch nicht in seinem Bewußtsein trägt, oft die genauesten Aussagen treffen kann.

Ein klassisches Beispiel, das sich immer wieder abspielt: Jemand lebt seiner eigenen Überzeugung zufolge in einer guten Ehe. Ich sehe aber in fünf Jahren die Trennung dieser Ehe auf ihn zukommen. Der Klient ist völlig überrascht und betont immer wieder, wie glücklich er verheiratet sei.

Überraschungen beim Blick in die Zukunft

Die Trennung ist für ihn also ein Ereignis, das er sich nicht vorstellen kann. Wenn ich es aber völlig unvoreingenommen gesehen habe, trifft es höchstwahrscheinlich auch ein.

2. Regel: Die offenkundigste Deutung einer Prophezeiung durch eine Person von geringerem Talent als der Prophet ist wahrscheinlich falsch

Das bedeutet umgekehrt: Um die Visionen z. B. eines Nostradamus richtig zu deuten, muß man möglichst dicht an seiner Welt, an seinem Wissen und an seiner Denkweise anknüpfen, am besten auch an seinem Sinn für Humor und Wortspiele – für einen Menschen unserer Zeit ein fast unmögliches Unterfangen.

Wer kann Nostradamus deuten?

Das berühmteste Beispiel für diese Regel ist wohl der Fall des Lyderkönigs Kroisos:
Er hatte sich mit der Frage an das Orakel von Delphi gewandt, ob er gegen die Perser ziehen solle. Das Orakel hatte ihm geantwortet, wenn er über den Halys gehe, werde er ein großes Reich zerstören. Mit

Kroisos und das Delphische Orakel

dieser doppeldeutigen Antwort war die Pythia in Delphi aus dem Schneider. Kroisos jedoch hatte nicht genau genug hingehört. Ihm war sein eigenes Reich offenbar nicht besonders groß erschienen. Er überschritt den Grenzfluß, erlebte eine vernichtende Niederlage, und das reiche und mächtige Lyderreich war zerstört.

Aufmerksam zuhören

Wenn Sie also eine Vision haben oder Ihnen jemand etwas weissagt, achten Sie sehr genau auf jedes Wort. Vielleicht steckt darin ein Sinn, der Ihnen nicht sofort auffällt. Hinterher, wenn Ihr Schicksal Sie ereilt hat, werden Sie klüger sein.

3. Regel: Vorgefaßte Meinungen beeinträchtigen die Klarsicht des Wahrsagers

Religiöse Überzeugungen und politische Theorien sind gleichermaßen geeignet, die Wahrnehmungsfähigkeit des Mediums einzuschränken. Sobald Prophezeiungen unter das vorgefertigte Raster einer Ideologie oder des religiösen Fanatismus gelegt werden, geht viel von ihnen verloren.

Die Scheuklappen der Überzeugungen

Ein Beispiel für eine Wahrsagerin, die sich durch ihre fixen Vorstellungen selbst im Wege stand, ist die Amerikanerin Jeane Dixon. Sie wurde 1963 schlagartig dadurch bekannt, daß sie die Ermordung des amerikanischen Präsidenten John F. Kennedy vorhergesehen hatte. Sie hatte 1952 beim Gebet in der Kirche plötzlich die Vision des späteren Präsidenten Kennedy vor dem Weißen Haus und hörte medial, daß 1960 ein Demokrat zum Präsidenten gewählt und im Amt ermordet werden würde. In der Folgezeit wurde sie zur Prophetin der High-Society.

Die Prophetin der High-Society

Jeane Dixon glaubte fest an die Wiederkehr Christi und sein tausendjähriges Reich, wie es in der Bibel prophezeit zu sein scheint – so fest, daß sie eine große Vision, die sie erlebte, ausschließlich auf dieses Thema hin deutete.

Die goldenen Regeln des Hellsehens

Am 5. Februar 1962, einen Tag nach einer Sonnenfinsternis und der Konjunktion von sieben Planeten im Wassermann, erwachte sie im Morgengrauen und sah aus dem Fenster. Doch anstelle der Straßen Washingtons sah sie die Wüste im goldenen Licht der Morgensonne, und darin ein Paar, in dem sie Echnaton und Nofretete erkannte. Nofretete wiegte ein neugeborenes Kind in den Armen, das in Lumpen gewickelt war und dann einer Menschenmenge übergeben wurde. Nofretete wurde, als sie anschließend aus einem Krug Wasser trank, von einem unsichtbaren Attentäter ermordet, das Kind erschien Jeane Dixon gleich danach als erwachsener Mann im Kreise von anbetenden Gläubigen.

Zunächst erklärte Jeane Dixon, sie habe ein ungeheures Glücksgefühl von vollkommenem Frieden verspürt, als sie diesen Mann sah, und deutete ihn als den neuen Messias, der in Ägypten als Nachfahre des Pharaonenpaares geboren worden sei. 1999 werde er erscheinen und sich offenbaren.

Der neue Messias

Später, nach einer zweiten Vision, revidierte sie ihre Deutung: Nun war es nur noch eine Pseudoreligion, die er lehrte, und über ein gigantisches Mediennetz führte er bereits Mitte der 90er Jahre seine Anhänger in die Irre, ehe er sich 1999 als Antichrist offenbaren würde. Soweit Jeane Dixon.

Messias oder Antichrist?

Eine naheliegende Deutung der Vision auf Moses und die Entstehung der monotheistischen Religionen unter dem Pharao Echnaton (= Amenophis IV.) im Ägypten des 14. Jahrhunderts v. Chr. kam für Jeane Dixon nicht in Frage, so durchdrungen war sie von der vorgefaßten Idee einer Wiederkehr Christi zur Jahrtausendwende.

Analog zu der Weisheit: „Man ist, was man ißt", gilt für Seher: „Man sieht, was man sieht." Um wirklich alle Teile der Wahrheit zu sehen, die einem offenbart wird, ist es also ganz wichtig, sich um eine offene, vorurteilsfreie Grundhaltung zu bemühen.

Man sieht, was man sieht

Betriebsblindheit bei der eigenen Familie

Nicht nur eine vorgefaßte Überzeugung, auch die Angst um die eigene Familie kann einen Hellseher „betriebsblind" machen. Wenn man daher für die eigene Familie in die Zukunft sieht, heißt es noch mehr als sonst, innerlich offen zu sein und möglichst unvoreingenommen zu bleiben.

Die Folgen mütterlicher Besorgnis ließen mich bei meinen eigenen Kindern ziemlich danebensehen:

Haller Hellseher-Karten

Junge Frau

Meine Tochter habe ich bereits sehr früh in Visionen im Halbschlaf gesehen, wie sie mit einem Kind, jedoch ohne dessen Vater, spazierenging. Alarmiert befragte ich die Karten und hatte mehrmals die Antwort „Schock" und „Ende". Daraus war mir klar, sie würde einmal ein Kind haben, doch keinen Vater dazu.

Ich habe nun versucht, dafür zu sorgen, daß sie nicht zu früh mit Männern anbandelte und außerdem die Pille nahm. Als sie 22 Jahre alt war, lebte sie mit einem sehr netten, sensiblen Mann zusammen, wurde von ihm schwanger und heiratete ihn. Bei der Hochzeit sagte sie lächelnd zu mir: „Na siehst du, Mama, was du immer siehst." Auch ich war erleichtert, wenngleich noch immer leicht verwirrt. Eineinhalb Jahre später war sie Witwe.

Den Tod meines Schwiegersohnes hatte ich immer als Tod eines Sohnes gesehen. Diese Beispiele lehren sehr nachdrücklich: Vorsicht vor Überängstlichkeit! Die eigene Betroffenheit macht fehlsichtig.

4. Regel: Viele Prophezeiungen erfüllen sich selbst

Selbsterfüllende Prophezeiungen

Dieses Prinzip der *self-fulfilling prophecies* kennen Sie auch: Wenn Sie vor einer Prüfung geweissagt bekommen, daß Sie durchfallen werden, dann sind Ihre Chancen, die Prüfung zu bestehen, sehr gering. Erfahren Sie aber, daß Sie ruhig und konzentriert sein werden und daher alle Fragen korrekt beantworten werden, so wird genau dies eintreten.

Auch im täglichen Leben spielt sich dieses Prinzip ständig ab. Wenn Sie mit der Erwartungshaltung aufwachen, heute wird ein schöner Tag, dann machen Ihnen viele widrige Kleinigkeiten nichts aus. Dieselben Kleinigkeiten werden für Sie jedoch zum Stolperstein, wenn Sie den Tag mit der Überzeugung beginnen, er sei nicht Ihr Tag.

„Heute ist nicht mein Tag ..."

Ein besonders eindrucksvolles Beispiel für die selbsterfüllende Kraft der Prophezeiung erlebte ich einmal durch eine adelige Klientin, eine Ärztin, zu der sich im Laufe der Zeit eine Herzensbindung und Du-Freundschaft entwickelte. Ich hatte ihr prophezeit, daß sie sich in ihrem Leben ein großes Stück weiterentwickeln würde und großartige Erfahrungen machen würde, daß dies aber über ein Schockerlebnis erfolgen werde.

Haller Hellseher-Karten

Vergeistigung

Mehr als ein Jahr später hatte sie einen Skiunfall und war zunächst querschnittgelähmt. Da sie nicht einmal die Hände bewegen konnte, ließ sie mich ins Krankenhaus rufen. Dort sagte sie mir, daß sie in der Sekunde, in der sie am Boden lag, zum Himmel aufsah und sofort an meine erste Prophezeiung dachte. Als Ärztin hatte sie ihre Querschnittlähmung sofort erkannt. Ihre Studienkollegen und behandelnden Ärzte machten ihr zu diesem Zeitpunkt keinerlei Hoffnung, daß sie jemals wieder gehen würde.

Ich hörte es medial anders und prophezeite ihr nun ganz ruhig: „Ich garantiere dir, daß du in zwei Jahren gehen wirst. Doch bis dahin erlebst du den Weg der Erkenntnis, den ich dir vorhergesagt habe." – Die zwei Jahre sind vorüber, sie geht wieder.

Sie schrieb ein Buch über ihren Heilungs- und Entwicklungsprozeß. Als sie es mir mit einer persönlichen Widmung überreichte, erkundigte ich mich beiläufig, wo meine zweite Prophezeiung erwähnt sei. Da wurde sie sehr verlegen und bat mich um Verständnis: Mit Rücksicht auf ihre Arztkollegen hatte sie sich nicht getraut, diesen Teil hineinzunehmen.

Die Angst vor den Leuten

Nun, auch Politiker und andere Prominente kommen oft mit tiefgezogenem Hut zu mir, und ich kann in meinem Beruf inzwischen damit sehr locker umgehen. Und das ist gut so.

5. Regel: Die Genauigkeit der Vorhersage sinkt mit dem Quadrat der Zeit bis zu ihrem Eintreffen

Auch das kennen Sie sicher: Wenn jetzt, in diesem Moment das Telefon klingelt, wissen Sie oft ganz genau, wer der Anrufer ist, ehe Sie abheben – auch ohne daß Sie seine Nummer auf dem Display einer ISDN-Telefonanlage sehen. Sollten Sie aber jetzt vorhersagen wollen, wer morgen mittag anrufen wird, so ist die Gewißheit weitaus geringer.

Ungenauigkeit langfristiger Vorhersagen

Die Regel besagt, daß eine Prophezeiung dramatisch ungenauer wird, je weiter sie in die Zukunft vorausweist. Ist der vorhergesagte Zeitpunkt drei Tage oder Jahre weit entfernt, ist sie bereits nur noch ein Neuntel so genau wie eine Vorhersage für einen Zeitpunkt, der einen Tag oder ein Jahr entfernt ist. Bei einem Abstand von 4 Tagen oder Jahren ist sie nur noch ein Sechzehntel so genau.

Diese Quadratregel stammt eigentlich aus der Physik, genauer: aus der Optik: Die Helligkeit eines Sterns sinkt mit dem Quadrat seiner Entfernung. Auf Weissagungen übertragen, ist das ein hübsches Bild. Je weiter weg der Lichtpunkt der Wahrheit ist, desto schwieriger wird es, Details zu erkennen.

Prophezeiungen über längere Zeiträume können daher notgedrungen nicht so detailliert sein wie solche für die unmittelbar bevorstehende Zukunft. Sie werden sich auf große Linien beschränken.

Das erklärt auch, warum sehr viele Menschen, die sich nur mit Karten beschäftigen, nicht sehr weit in die Zukunft hinausblicken können. Ihre Grenze liegt oft bei höchstens einem Jahr. Manche schaffen es bis zu einer Grenze von drei Jahren, und nur wenige

Die goldenen Regeln des Hellsehens 71

sehen über eine Spanne von bis zu zehn Jahren in die Zukunft. Mit Karten allein ist dies nicht mehr möglich, dazu muß der Seher wirklich hellsichtig oder medial begabt sein. Wahrnehmungen, die sehr weit in die Zukunft gehen, kommen nur von sehr wenigen Menschen; einer davon war Nostradamus.

Das Fernrohr in die Zukunft hat Grenzen

6. Regel: *Vorhersagen verkürzen die Zukunft*

Diese Regel ist scheinbar leicht erklärt:

Stellen Sie sich vor, Sie sind frisch verliebt, Sie legen sich die Karten, und zwischen Ihnen und Ihrem neuen Partner erscheint der Dieb. Das ist deutlich und steht für Trennung.

Das Wissen um den Ausgang einer Beziehung erleichtert eine Trennung

Sie werden an einer solchen Beziehung nicht übermäßig lange festhalten, wenn es Schwierigkeiten gibt, denn Sie wissen ja aus den Karten, die Beziehung wird ohnedies mit einer Trennung enden. – Dies wird Ihnen umso leichter fallen, wenn in Ihren Karten auch schon ein weiterer Partner zu sehen war, mit dem Sie glücklich sein werden.

Haller Hellseher-Karten

Dieb

Ihre Zukunft wird durch diese Weissagung also verkürzt oder sagen wir abgekürzt.

Strenggenommen spricht diese Regel die Frage an: Ist unser Schicksal vorgezeichnet, oder können wir es frei gestalten? Dazu mehr im folgenden Abschnitt.

Auf einen Teilaspekt dieser Regel möchte ich hier jedoch noch eigens hinweisen: Es geht um den Zeitfaktor. Sie haben sicher bereits erlebt, wie subjektiv unser Zeitempfinden manchmal ist. Verliebten vergeht die Zeit wie im Fluge, beim Warten zieht sie sich wie Strudelteig, und manchmal sind wir ehrlich überrascht, was wir an einem Vormittag alles erledigen können, wie angenehm langsam die Zeit manchmal verrinnt.

Zeit ist subjektiv

Seit Albert Einstein wissen wir: Zeit ist Energie, und Energie ist Zeit. Aufgrund einer Vorhersage kann ein Mensch die Zeit beeinflussen, und zwar im

Zeit ist Energie, Energie ist Zeit

Die Zeit abkürzen

Haller Hellseher-Karten

Zeit

Der Zeitrahmen liegt in Ihrer Hand

Sie sind Herr über Ihre Zeit

guten wie im schlechten Sinne. Stellen Sie sich dazu Ihr Leben wie eine Strecke vor: Sie beginnen am Start, am Ende liegt Ihr Ziel, und das Schicksal gibt Ihnen ein Fahrrad in die Hand. Wenn Sie fester in die Speichen treten, gelangen Sie schneller zum Ziel, wenn Sie langsamer fahren, benötigen Sie zwar weniger Energie, dafür aber auch mehr Zeit.

Nun haben Sie die Möglichkeit, die Zeit abzukürzen. Wenn Sie in einer Vision von einer negativen Erfahrung hören, können Sie darauf hinsteuern, diese Erfahrung bald zu machen und so die Zeit abzukürzen. Sie können ihr auch auszuweichen versuchen – dann wird die Zeit sich ziehen und dehnen, und Sie werden in ständiger Angst vor dem bevorstehenden negativen Ereignis leben.

Ein Beispiel: Eines Tages erhielt ich von einem Klienten einen Brief. Darin schrieb er sinngemäß:

„Ich war vor einem Jahr bei Ihnen, und ich muß Ihnen sagen, ich bin bitter enttäuscht. Sie haben mir beste Geschäftserfolge prophezeit, doch nichts davon ist eingetreten."

An seiner Schrift sah ich sofort, daß er zum Zeitpunkt des Schreibens sehr lax und umständlich agierte. Ich nahm mir also trotz großen Termindrucks die Zeit, ihm zu antworten:

„Ich habe nochmals kurz in Ihre Zukunft gesehen und bleibe bei meiner Aussage. Daß Sie beste Geschäfte machen werden, ist klar zu sehen. Daneben sehe ich aber auch, daß Sie derzeit viel zu mangelhaft an Ihrem Erfolg arbeiten. Es steht jedoch nur in Ihrer eigenen Macht, das zu ändern. Das Ziel wird der Erfolg sein. Wie lange Sie brauchen, um den richtigen Weg zu finden, liegt allein in Ihrer Hand."

Machen Sie den Hellseher bitte nicht für Ihre Zeit verantwortlich – Herr über Ihre Zeit sind allein Sie selbst.

Es ist daher auch absolut unsinnig, jede Frage in Form eines Terminplans zu stellen: „Habe ich in drei

Die goldenen Regeln des Hellsehens

Monaten den neuen Job?" – „Wann kommt der Mann meines Lebens?" – Dies sind häufige Fragen, doch genau so geht es nicht.

Über die Zukunft erhalten Sie nur relative Richtzeiten. Es liegt in Ihrer Energie, diese zu verkürzen oder auszudehnen. Gerade beim Zeitfaktor sind nur Schätzwerte möglich.

Oft sehe ich eine symbolische Zahl. Die kann aber drei Tage, drei Monate, drei Jahre oder auch den dritten Monat bedeuten. Der Rest liegt nicht in meiner Macht. Ein köstliches Beispiel hierzu ist vor einigen Jahren passiert:

Eine Dame kam zu mir, und ich sah bei ihr einen materiellen Schaden in Verbindung mit einer Reise. Dazu sah ich symbolisch die Zahl 5. Da jeder Hinweis auf Krankheit oder Gefährdung ihrer Person fehlte, kam ich zu dem Schluß, daß es sich um einen Blechschaden an ihrem Auto handeln müsse. Sicherheitshalber sah ich auch noch in die Karten, und wieder lag dieses Ereignis in der fünften Reihe. Die Dame ging und war zehn Minuten nachdem sie mein Haus verlassen hatte, am Telefon:

„Frau Haller, Sie werden es nicht glauben, aber vor fünf Minuten hatte ich meinen Blechschaden, gleich an der ersten Kreuzung, als ich von ihnen wegfuhr."

Dies war die rascheste Erfüllung einer Prophezeiung, die ich je erlebt habe. Ich muß gestehen, daß ich anfing schallend zu lachen.

Immerhin brachte ich noch die Worte heraus: „Seien Sie froh, so haben Sie es wenigstens hinter sich!" Nach kurzem Zögern stimmte die Dame befreit in mein Lachen ein.

Soviel zum Thema Zeit.

7. Regel: Nichts ist unmöglich

Wenn etwas eintreffen kann, wird es das auch. Das Schicksal sucht sich manchmal merkwürdige Wege.

Kein genauer Terminplan für die Zukunft

Drei Tage?
Drei Monate?
Drei Jahre?
Der dritte...?

Schicksal auf verschlungenen Pfaden

Glauben Sie nicht, daß nur deshalb, weil Sie sich ein prophezeites Ereignis beim besten Willen nicht vorstellen können, es auch ausbleiben wird. Denken Sie etwa an die Geschichte von Joseph und seinen Brüdern: Wäre Joseph zu Hause geblieben, wäre es ganz unmöglich gewesen, daß seine Brüder und selbst seine Eltern sich vor ihm verneigt hätten. Und auch als sie ihn nach Ägypten verkauft hatten, dachten sie noch, die Erfüllung seiner Träume wäre ganz und gar unmöglich. Wie die Geschichte lehrt, täuschten sie sich jedoch gründlich.

Schicksal und freier Wille

Die Frage, ob unser Schicksal vorherbestimmt ist oder ob wir einen freien Willen haben, beschäftigt die Philosophen seit dem Altertum.

Schließen freier Wille und Hellsehen einander aus?

Der Glaube an den freien Willen wird oft als Argument dafür ins Feld geführt, daß am Wahrsagen nichts „dran" sein könne. Jemand, der überzeugt ist, selbst Herr über seine Entscheidungen zu sein, könne nicht ernsthaft glauben, daß man die Zukunft vorhersagen könne.

Der Widerspruch ist jedoch gar nicht so unlösbar, wie er zunächst erscheint. Ich möchte das anhand eines einfachen Beispiels erläutern.

Nehmen wir einmal mein Plakat. Bei der Arbeit fahre ich mit den Händen darüber und „schaue" mit den Fingern, wo ich etwas spüre.

Im Rahmen der Grenzen des Schicksals

Das Plakat ist groß, aber nicht unendlich groß. Es ist mir möglich, innerhalb des Plakats mit den Händen Kurven zu beschreiben. Über die Grenzen des Blattes hinaus kann ich nicht sinnvoll fahren, außerhalb des Randes macht das keinen Sinn. Innerhalb dieses Rahmens, den mir mein Plakat vorgibt, kann ich mich allerdings frei bewegen.

Genauso ist das mit den Willensentscheidungen. Die Grenzen bildet unser Schicksal. Die Möglich-

Schicksal und freier Wille

keiten, wie wir mit diesem Schicksal umgehen, spielen sich innerhalb dieser Grenzen ab.

Nehmen wir einmal an, ich erkenne bei einem Menschen einen Konflikt aus eigenem Willen und Zwang, wie er sich astrologisch in einer Sonne-Saturn-Konjunktion spiegeln könnte. Dieser Mensch stößt immer wieder auf Sachzwänge, Grenzen oder Gesetze, die ihn bei der Entfaltung seines freien Willens scheinbar oder tatsächlich behindern.

Erkennbares Konfliktthema

Er hat die unterschiedlichsten Möglichkeiten, damit umzugehen: Er kann die Zwänge ignorieren, sich über Gesetze hinwegsetzen und wird eines Tages vor dem architektonischen Zusammenbruch seines Hauses (Grenzen des Materials), vor gesundheitlichen Zusammenbruch seines Körpers (biologische Grenzen) oder vor dem Richter (Gesetze) stehen. Er kann aber auch sein Schicksal bewußt annehmen und Statiker, Arzt oder Richter werden. Sein Wollen in Einklang mit dem gegebenen äußeren Rahmen zu bringen, wird ihm nie leicht fallen.

Richter

Dieser Mensch hat die Wahl, sich gegen dieses Thema aufzulehnen oder sich damit gezielt auseinanderzusetzen und vielleicht sogar zu erkennen, daß er selbst sich immer wieder im Wege steht. Was ich hier erkenne, ist, daß ihm dieses Thema zu schaffen macht. Wie er sich genau entscheidet, kann ich nicht immer sehen. Daher mache ich häufig Aussagen von der Art: „Mit 60 Prozent Wahrscheinlichkeit wird es Probleme geben." Oder: „Ihr Körper ist zu 80 Prozent gesund, also nichts Beunruhigendes."

Wahrscheinlichkeit des Eintreffens

Ich glaube, Schopenhauer war es, der einmal gesagt hat: „Der Wille ist frei, aber nicht das Wollen."

„Der Wille ist frei, aber nicht das Wollen"

Dieser Satz gefällt mir gut und geht mir immer wieder durch den Kopf, wenn ich in einer Beratung jemandem etwas sage, was er überhaupt nicht glauben kann. Häufig ist das der Fall, wenn ich eine Trennung nach einigen Jahren sehe, mein Klient sich aber glücklich verheiratet weiß und sich beim besten

Willen keine Trennung vorstellen kann. Dann frage ich oft: „Woher wirssen Sie, daß Sie diesen Partner in drei Jahren noch wollen?"

Blick von einer höheren Warte aus

Mein Blickwinkel ist in diesem Fall vergleichbar dem eines Hubschrauberpiloten. Ich sehe von oben, aus einer anderen zeitlichen Dimension und unter einem anderen Winkel das, was vor meinem Gegenüber liegt.

Ich vergleiche das Leben meiner Klienten gern mit einem Zug. Je nachdem, wie er sich an der nächsten Weiche entscheidet, fährt er unbehelligt weiter auf seinem Weg, oder er kracht mit einem anderen zusammen. Meine Warnung kann für ihn die Situation entschärfen; die richtige Entscheidung an der nächsten Weiche kann ein Problem umschiffen helfen.

Warnungen sind durchaus sinnvoll. Weil sich die Energie der Zeit verändert, bekommen die Menschen immer wieder die Chance, ihre Umstände zu verbessern.

Die Bereitschaft zum Hinsehen

Die Voraussetzung dafür, daß sie sie hören, ist allerdings, daß sie bereit sind, ihr Bewußtsein für Botschaften aus der anderen Welt, aus einer Welt außerhalb von Zeit und Raum, zu öffnen. Wer das kann, erhält die Chance, Unheil zu umgehen.

Wer glaubt schon einer Hellseherin?

Vor 25 Jahren, als ich mit meiner Tätigkeit begann, war es undenkbar, daß sich Konzerne an mich gewandt hätten. Man war schlichtweg nicht bereit, an derlei Dinge zu glauben. Langsam, aber sicher hat sich diese Einstellung geändert. Mittlerweile haben belegbare Erfolge in Rundfunk und Fernsehen dazu beigetragen, daß man immer mehr an meine Aussagen glaubt.

Ich sehe es so, daß die Menschen, die noch immer an nichts glauben, was sie nicht auch in die Hand nehmen können, von ihrem Schicksal her noch nicht reif sind, Hilfeleistungen aus dieser Energiequelle zu bekommen. War es noch bei der trojanischen Seherin Kassandra ihr Schicksal, daß sie zwar alles sah, die Menschen ihr jedoch nicht glaubten, so scheidet sich heute meine Umgebung in solche, die mich hören und mir glauben, und andere, die die Informationsmöglichkeit, die das Hellsehen bietet, generell ablehnen, weil sie es aus meiner Sicht nicht richtig verstehen.

Kassandras Rufe verhallten ungehört

Das ist wie ein Reifeprozeß: Schüler der Volksschule sind auch bei bestem Willen nicht in der Lage, Aufgaben oder Bücher zu verstehen, für die ihnen die Voraussetzungen fehlen – seien es sachliche Informationen, sei es die nötige Reife. Doch nur deshalb, weil sie diese Dinge noch nicht erkennen können, heißt das noch lange nicht, daß es sie deshalb auch nicht gibt.

Weil nicht sein kann, was nicht sein darf ...

Ein tragisches Beispiel für den nach wie vor tief verwurzelten Unglauben der Öffentlichkeit ist meine Vorhersage eines großen Lawinenunglücks im Februar 1999 während einer Live-Sendung im Fernsehen: Die Moderatorin fragte mich angesichts des vielen Schnees in Westösterreich nach möglichen Gefahren, die z. B. durch Lawinen drohten. Meine sehr klare Antwort lautete: „Ich sehe eine große Gefahr, speziell für das Paznauntal: Man sollte es evakuieren. Man wird leider nicht auf die Warnung hören, und es wird Tote geben."

Die Jahrhundertlawine im Paznauntal

Es war mein innigster Wunsch, Unheil zu verhindern. Leider konnte ich den Lauf der Dinge nicht ändern. Fünf Tage später ging die „Jahrhundertlawine" im Paznauntal nieder, die Menschen waren nicht evakuiert worden, die traurige Bilanz betrug 38 Tote.

Ich hatte vor laufender Kamera Geologen und andere Fachleute aufgerufen, sich mit mir in Verbindung zu setzen. Kein einziger derartiger Fachmann hat sich bei mir gerührt, denn wer glaubt schon einer Hellseherin?

Aufforderung zur Zusammenarbeit

Angebotene Gespräche mit Verstorbenen

Ähnlich tiefen Unglauben erlebte ich auch, als ich einer Redakteurin anbot, in einer Sendung mit den verstorbenen Lieben von Anrufern aus dem Publikum in Kontakt zu treten. Sie ging auf diesen Vorschlag überhaupt nicht ein. Ganz offensichtlich steckte dahinter ihre Überzeugung, dies könne nicht funktionieren. Dabei ist für mich ein Kontakt mit Toten nichts wesentlich anderes, als wenn ich in die Zukunft eines Lebenden sehe. Die Grenze, die medial zu überschreiten ist, ist die gleiche.

Kapitel 2

So fing alles an

Aus dem Leben einer Hellseherin

Als ich geboren wurde, war Krieg. Die letzten zwei Wochen des Krieges sorgten für extreme Zustände, auch in meinem Heimatort. Kurz ehe ich auf die Welt kam, stürzten noch brennende Bomber vom Himmel, die brennenden Wracks flogen übers Haus, die SS erschoß die letzten flüchtenden Soldaten – und das alles im Blickfeld meiner Mutter, die kurz vor der Entbindung stand.

Geburt in den letzen Kriegstagen

Dann kam ich zur Welt. Die Hebamme hätte den Weg fast nicht geschafft, da es keine Fahrzeuge gab. Mein Vater, der krankheitsbedingt vorzeitig aus der Armee entlassen worden war, holte sie schließlich mit dem Motorrad.

Taufe mit Hindernissen

Nach 14 Tagen versuchte meine Familie, mich zu taufen. Da es kein Auto gab, wurden irgendwoher Pferde organisiert und eingespannt, und so wollten wir zur Kirche fahren. Prompt kamen die Russen und spannten die Pferde aus, die wir nie wiedersahen. Also war meine Taufe fürs erste verzögert.

Der Tauftorte sollte es ähnlich gehen: Aus sparsamsten Mitteln gebacken, hatte sie zwar mit dem Rezept kaum noch etwas gemeinsam, doch sah sie recht ansehnlich aus. Woraufhin prompt die Russen kamen, die Torte zwischen den Fingern zerquetschten und schließlich aufaßen – keine Pferde, keine Torte.

Meine Taufe wurde schließlich trotz aller Hindernisse doch noch erfolgreich abgewickelt. Das Taufessen bestand zu guter Letzt aus einem gewilderten Reh, das mein Vater nachts aus dem Wald geholt und durch den Bach nach Hause geschleift hatte, der dicht an dem Haus vorüberfloß. Damals wäre man auch dafür erschossen worden. Doch das ganze Haus freute sich über diesen Festschmaus!

Als ich zwei Wochen alt war, geschah etwas Schreckliches. Ein naher Verwandter wurde von den Russen erschossen. Sie hatten ihn auf offener Straße mit der Aufforderung angerufen, stehenzubleiben. In einer panikartigen Kurzschlußhandlung drehte er sich um und rannte davon. Er wurde in den Rücken geschossen und starb. Dieser Verwandte wurde später einer meiner geistigen Führer, eines jener Wesen, mit denen ich „drüben" Kontakt habe. Da er selbst kinderlos war, hatte er mich als geistiger Vater aus dem Jenseits adoptiert und unter seine Fittiche genommen. Zwischen ihm und mir besteht bis heute eine große Zuneigung, ich fühle mich von ihm stets beschützt.

Geistiger Vater im Jenseits

Als ich drei Wochen alt war, scheine ich schon unbewußt meine helfenden Fähigkeiten ausgeübt zu haben. Meine Familie wohnte damals im ersten Stock im Haus des Bürgermeisters, mit dem meine Eltern befreundet waren. Das war auch der Grund, aus dem wir ständig die Russen im Haus hatten: Sie dachten offenbar, mein Vater sei der Bürgermeister. Immer wieder kamen sie zu Razzien in den ersten Stock des Bürgermeisterhauses gestürmt, weil sie dort den Bürgermeister suchten. Für die Frauen wurde eigens ein Versteck im Dachboden geschaffen. Damals wurden immer wieder Frauen vergewaltigt. Nur meine Mutter blieb verschont, als man mich an ihrer Brust sah. Man hat dann zwar meine Windel aufgewickelt, mich nackt betrachtet und nach Geld und Wertgegenständen in meiner Windel gesucht. Doch war leider keines vorhanden – meine Werte lagen schon damals auf geistiger Ebene.

Auf der Suche nach meinen Werten

Bei der nächsten Razzia wurde mein Vater entdeckt und, das Gewehr am Hals, befragt, warum er bereits zu Hause sei. Meine Mutter kam voller Angst hinzugelaufen, natürlich mit mir auf dem Arm. Die Soldaten sahen mich, setzten das Gewehr ab und zogen ab. Heute bin ich überzeugt, daß ich und meine

Schutz aus dem Jenseits

Haller Hellseher-Karten

Unverhoffte Freude

Tierseele und Kinderseele

Der erste Blick ins Jenseits

Familie bereits damals aus dem Jenseits beschützt worden sind und daß mein Kraftkanal, meine Verbindung „über den Zaun", bereits damals funktioniert hat.

Brücken ins Jenseits

Als ich drei Jahre alt war, brachte mein Vater einmal ein verletztes Reh mit nach Hause. Es wurde von uns gepflegt, bis es wieder gesund war. Es war nicht eingesperrt, sondern konnte sich frei bewegen.

Bald wurde es mein ständiger Begleiter, und wenn ich durch die Wiesen zog, folgte es mir auf Schritt und Tritt. Das ging so weit, daß es, wann immer ich einen Apfel bekam, ihn mir wegfraß. Damals habe ich deswegen oft geweint, gerade so, als hätte mir ein menschlicher Freund mein Spielzeug weggenommen. Heute weiß ich, daß diese enge Beziehung bereits das intuitive Verstehen der Tierseele war.

Als ich knapp vier Jahre alt war, führte der Bach in der Nähe des Hauses gewaltiges Hochwasser. Meine Brüder, die acht und neun Jahre älter waren als ich, wußten nichts Besseres zu tun, als mit dem Waschtrog Boot zu fahren. Da sie aber auf mich aufpassen sollten, haben sie mich einfach mitgenommen.

Es kam, wie es kommen mußte. Der Waschtrog kenterte, und das mit mir darin. Natürlich konnte ich damals weder schwimmen noch tauchen. Meine Brüder retteten sich ans nahe Ufer. Dort fiel ihnen auf, daß ich nicht mit von der Partie war. Ich hing unter dem umgestürzten Trog im Wasser und versuchte verzweifelt, den Bach auszutrinken. Sie drehten den Trog um und zogen mich darunter hervor – bewußtlos. Ich bin überzeugt, dies war mein erster kleiner Blick ins Jenseits.

Meine Brüder drohten mir heftige Schläge an, falls ich zu Hause etwas über diesen Vorfall erzählen würde. – Woran man sieht, daß die Brücke ins

Jenseits manchmal nur mühsam durch das normale Leben zu schlagen ist.

Auch in Situationen, in denen ich mit dem ungebremst bergab rollenden Leiterwagen gegen die Hauswand knallte, während meine Brüder rechtzeitig absprangen, festigte sich bei mir das Bewußtsein, beschützt zu sein. Bis heute hat mich dieses Urvertrauen, daß mir nichts Schlimmes passieren kann, nicht mehr verlassen.

Das Gefühl, geschützt zu sein

Umgeben von Schwingungen

Im allgemeinen war ich ein ruhiges, zurückhaltendes Kind, das stundenlang still auf der Wiese sitzen konnte und Kränze aus Gänseblümchen flocht.

Auch heute brauche ich um mich immer grüne Pflanzen, ohne sie kann ich nicht sein. Ich spüre es auch sehr stark, wenn eine Pflanze leidet. So habe ich schon in so manchem Restaurant, wenn ich neben einer durstenden Pflanze zu sitzen kam, den Kellner damit verblüfft, daß ich zunächst um ein Glas Wasser bat, um sie zu gießen. Andernfalls hätte mir das Essen nicht geschmeckt – so intensiv höre ich die Stimme der durstenden Pflanze.

Pflanzenseele und Kinderseele

Müßig zu sagen, daß meine Zimmerpflanzen ganz prachtvoll gedeihen, so prachtvoll, daß mir einmal ein Biologe auf keinen Fall glauben wollte, daß eine bestimmte Grünpflanze wirklich echt sei. Erst als sie endlich das erste Blatt verlor, war er nicht mehr davon überzeugt, daß mir der Gärtner eine Plastikpflanze eingetopft hatte.

In der Schule war ich immer eher mittelmäßig, vor allem die Mathematik war nie meine Stärke gewesen. Unverständlicherweise ging es mir auch mit Geographie eine Zeitlang so, was ich heute nicht mehr nachvollziehen kann. Heute gehört es ganz im Gegenteil zu meinen Stärken, mich überall sehr gut orientieren zu können, Dinge und Richtungen zu spüren und

Ausgeprägter Orientierungssinn

aufzufinden. Dieser Orientierungs- und Spürsinn hat sich erst nach meiner Pubertät zu einer regelrechten Begabung entwickelt. Heute kann ich mich in jeder Großstadt instinktiv nach Himmels-richtungen orientieren und verirre mich so gut wie nie.

Ins Abseits aus freien Stücken

Mit Mitschülern und Lehrern war ich damals nur begrenzt glücklich, da ich bereits damals störende Schwingungen wahrnahm. Da ich damals aber noch nicht begriffen hatte, was mit mir los war, haben mich diese Wahrnehmungen nur irritiert. Dadurch habe ich mich von selbst etwas zurückgezogen und mich etwas ins Abseits gestellt, obgleich ich bei meinen Mitschülern nicht unbeliebt war. Viele spürten bereits damals, daß ich anders als die anderen war.

Geschäftsfrau wider Willen

Nach beendeter Schulzeit wollte ich meine künstlerische Ader durch eine entsprechende Ausbildung weiterentwickeln. Damit stieß ich jedoch auf den totalen Widerstand meiner sehr geschäftlich orientierten gutbürgerlichen Familie. Mein Wunsch nach einer Ausbildung an der Modeschule in Wien wurde mit Worten wie: „Dort rennen nur die Verrückten herum, die nichts als Jungs im Kopf haben" abgetan. Mit mir wurde in dieser Zeit eher hart umgegangen, meine Bedürfnisse wurden in keiner Weise gesehen oder gar berücksichtigt, und ich war unverstanden im wahrsten Sinne des Wortes.

Flausen im Kopf

Handel oder Banklehre

Zwar versuchte ich zu rebellieren, das war aber 1960 für ein Mädchen noch nicht so leicht möglich. Ich wurde vor die Alternative gestellt, zu meiner kinderlosen Tante in ein Motorrad- und Autozubehörgeschäft zu gehen, mit der Aussicht, ihre Nachfolgerin zu werden, oder bei einem Jagdfreund meines Vaters eine Banklehre zu absolvieren. Dies seien vernünftige Berufe für ein Mädchen, und irgendwann würde ich, so meine Familie, ohnehin heiraten. Als ich auf meinen künstlerischen Ambitionen beharrte, drohte man mir ernsthaft mit dem Erziehungsheim. Also wählte ich das Geschäft meiner Tante. Dort würde ich wenigstens mit Menschen zu tun haben, was ich damals bereits liebte.

Acht Jahre lang blieb ich im Geschäft, und es gab keinen Tag, an dem ich dabei glücklich war. Heute bin ich über diese kaufmännische Grundausbildung allerdings froh, denn bei jeder Tätigkeit ist es wichtig, die kaufmännische Seite zu berücksichtigen. Dadurch wurde ich zu einer der gar nicht seltenen Stier-Frauen, die gut mit Geld umgehen können.

<small>Der Draht zum praktischen Leben</small>

Viele meiner Klienten sagen, daß sie gerade deswegen immer wieder gern zu mir kommen, weil ich die Fähigkeit besitze, meine hohe Medialität mit der Ebene des praktischen Lebens gut zu verbinden. Dadurch kann ich sie in finanziellen und geschäftlichen Fragen als Medium sehr bodenständig und handgreiflich beraten.

Einer meiner Grundsätze ist: Mit dem Kopf bin ich medial im Jenseits, mit den Beinen jedoch stehe ich fest auf der Erde – ein Ratschlag, den ich vielen Hellsehern und Medien mitgeben möchte: Heben Sie nicht völlig ab. Es ist zwar legitim, völlig abzuheben, doch ist derjenige dann nicht mehr tauglich für den Alltag, sondern braucht einen Partner, der für ihn den praktischen Part übernimmt.

<small>Mit dem Kopf im Jenseits, mit den Füßen fest auf der Erde</small>

Finstere Zeiten

Anlaß für meinen Ausstieg aus dem Geschäftsleben wurde tatsächlich der klassische Weg über die Heirat und die Geburt meines ersten Kindes. Anschließend blieb ich zu Hause. Meine finanziellen Mittel hatte ich in das Haus meiner Schwiegermutter investiert, das saniert und hergerichtet wurde.

Doch das Haus war sehr klein. Wir lebten auf engstem Raum zusammen: Sie unten, mein Mann und

Die Küche meiner Schwiegermutter

Druck als Anstoß zur Weiterentwicklung

Hadern mit Gott

ich unter dem Dach, mit bald darauf zwei kleinen Kindern, ohne Auto, ohne Telefon, ohne irgendeine Ausweichmöglichkeit, in starker Isolation. Das schlimmste war: Mein Mann war seiner Mutter gefühlsmäßig hörig („Du mußt froh sein, daß ich dich damals nicht abgetrieben habe, du verdankst mir alles ..."), und auf mich war sie ungeheuer eifersüchtig. Sie lebte in ständiger Angst, ich könnte ihr ihren Sohn nehmen. Ich konnte es ihr in nichts recht machen. Das schlimmste war, daß ich keine Möglichkeit besaß, ihr auszuweichen, denn es gab nur eine Küche, die ich mit meiner Schwiegermutter teilen mußte.

Diese Geschichte soll Menschen als Trost dienen, die unter ungeheurem Druck leben müssen. Versuchen Sie diesen Druck als Ventil zu sehen, das Ihnen den Zugang zu einer höheren geistigen Ebene öffnet.

Natürlich habe ich unter den kleineren und größeren Schikanen meiner Schwiegermutter, die 13 Jahre lang eine andere Frau in ihrer Küche dulden mußte, auf die sie krankhaft eifersüchtig war, damals sehr gelitten. Doch waren sie für meine Seele der notwendige Anstoß, um meine Hellsichtigkeit zu entwickeln.

Heute kann ich meine Schwiegermutter sehr gut verstehen und hege ihr gegenüber keinen Groll mehr. Diese Phase war für mich ungeheuer wichtig.

Was ich nur mit meinem Lieblingsgebet beantworten kann: „Danke, lieber Gott!"

Apropos „lieber Gott..."

Ich hatte nicht immer diesen harmonischen Zugang zu Gott, ganz im Gegenteil. In der Zeit des Drucks und des Leidens unter meiner Schwiegermutter habe ich eher mit ihm gehadert. Angesichts der ständigen Anfeindungen war in mir das Gefühl entstanden, es

Finstere Zeiten

könne offenbar keine Gerechtigkeit geben. Schließlich hatte ich doch stets versucht, mein Bestes zu geben.

Auch dieses Hadern mit Gott gehört für mich heute zum Suchen und Finden eines Lebensweges. Damals hätte ich mir eine solche Gottesnähe und Wärme, wie ich sie heute empfinde, nie vorstellen können. Diese kann durchaus eigenartige Blüten treiben. Ein Beispiel soll das illustrieren:

Als sozial eingestellter Mensch habe ich immer wieder Geld verborgt, selbst auf die Gefahr hin, dann selbst einmal vor einem Engpaß zu stehen. So war es auch, als es in meiner Heimatstadt zu einem großen Hochwasser kam. Der Bach stieg über die Ufer, und ich hatte nicht nur das Hochwasser, sondern auch eine ungeheure Mure im Haus. Das Untergeschoß war voll mit so viel Schlamm, daß die Zwischenwände barsten. Heizung, Waschmaschine, Rasenmäher – alles, was unten stand, war kaputt. Der Schaden war kaum überschaubar, die Hausratsversicherung berief sich auf höhere Gewalt und lehnte die Zahlung ab, und die Hochwasserhilfe des Landes war wie ein Tropfen auf dem heißen Stein.

Als ich nachts mit meiner Freundin und meiner Mutter dastand und verzweifelt versuchte, den Lehm und Schlamm wenigstens so weit zu beseitigen, daß die Klienten am nächsten Tag den Weg zu mir hinauf in den ersten Strick finden würden, kamen mir die Tränen, und ich wurde richtig wütend auf meinen „lieben Gott". Ich erklärte ihm tieftraurig und sehr wütend: „Du bist ein Sch...-Boß! Ich tu nur Gutes, verborge mein Geld, und du schickst mir diese dämliche Mure. Ich gebe dir 14 Tage, das wiedergutzumachen – oder ich kündige."

Meine sehr christliche Freundin, die danebenstand, erstarrte und brachte nur ein entsetztes „Um Gottes willen!" hervor. – Geliebt habe ich ihn ja trotzdem, aber ich habe halt einmal gemeckert.

Zwischen Wut und Wärme

Am dreizehnten Tag (schon wieder die 13!) kam ein Verleger noch über den ganzen Schutt und die Reste der Mure hinaufgeklettert und schlug mir vor, meine eigenen Haller-Hellseherkarten zu entwickeln und in seiner Illustrierten „Beauty" groß herauszubringen. Überflüssig zu sagen, daß die Karten ein großer Erfolg wurden und ich mein Haus bald wieder in Ordnung bringen lassen konnte.

Dinge brauchen ihre Zeit

Auch hier wieder die Erkenntnis: Dinge brauchen ihre Zeit. Geben Sie sich und den Dingen die Zeit, sie durchzuleben, sie werden eine Lösung finden.

Gott ist für mich sicher nicht der alte Mann mit dem langen Bart. Er ist heute aber auch kein besonders furchterregendes Wesen für mich. Als Medium habe ich es von drüben so erklärt bekommen:

Gott ist positive Energie

Gott ist reinste positive Energie, wie ein harter Energiekern, der eine unvollstellbare Anziehungskraft hat, aufgrund der ungeheuren Dichte seiner Energie.

Bezeichnen wir Gott einmal als Plus-Energie. Natürlich gibt es auch einen zugehörigen Minus-Kern (alles hat sein Dual, hüben wie drüben: zu „heiß" gehört „kalt", zu „groß" gehört „klein", zu „plus" gehört „minus").

Das Schema von Geburt und Wiedergeburt

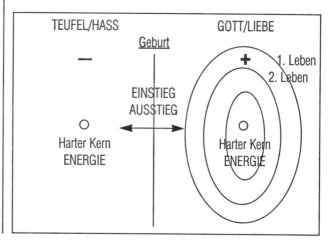

Wenn wir geboren werden, werden wir in der neutralen Mitte zwischen Plus und Minus geboren. Unsere Familie, unsere Erziehung, die Situation, in die wir hineingeboren werden, kann den Zugang in eine der beiden möglichen Richtungen erleichtern. Doch jeder Mensch hat die Möglichkeit, sich willentlich frei in beide Richtungen zu bewegen.

Da meine Empfindungen eher auf der positiven Seite liegen, möchte ich mit diesem Beispiel fortsetzen.

Der freie Wille

Mit meinem Leben trete ich in einen Kreislauf rund um diesen positiven Energiekern. Wenn ich meinen Kreislauf, mein Leben beendet habe, trete ich in einen neuen Kreislauf ein. Wo dieser liegt, hängt davon ab, ob ich mein vorheriges Leben positiv durchlebt habe, nach bestem Wissen und Gewissen gehandelt habe und mich bemüht habe, Gutes zu tun. Ist das der Fall, dann werde ich in meinem nächsten Leben ein Stück näher bei der positiven Energie geboren werden. So lebt es sich nach meinem medialen Bild mindestens achtmal auf dieser Erde.

Annäherung an den positiven Energiekern

Wenn ich diese acht Leben gottgefällig verbracht habe, wird mir die Gnade zuteil, in ein feinstofflicheres Weiterleben einzutreten, wobei ich auch hier noch viele Leben zu leben habe. Diese Leben können in verschiedenen Formen stattfinden, die Form als Engel ist nur eine der Möglichkeiten.

Feinstoffliches Weiterleben

So ist es zu verstehen, wenn es heißt: Der Mensch hat so viele Leben wie Blätter auf einem Baum.

So viele Leben wie Blätter auf einem Baum

Wenn all diese Lebenszyklen durchlaufen sind, erreichen wir den Zustand der Verschmelzung mit diesem positiven Kern. Wir dürfen dann unser Ich aufgeben, sind also frei von jedem Gefühl der Einsamkeit, des Nicht-Geliebtwerdens, und der Satz gilt: Ich bin Gott, und Gott ist ich. Dies ist der Zustand des absoluten Glücks, wobei für mich der göttliche Pluszustand mit reiner klarer Liebe zu erklären ist, in der ich mich für immer befinde.

Die Sache mit dem Karma

Wenn es uns in einem Leben nicht gelingt, die Aufgaben so zu erfüllen, wird unser Karma wirksam. Wir werden wiedergeboren und müssen die Auswirkungen der nicht verstandenen und nicht bewältigten Themen neu durchleben.

Auflösung von Karma

Mir wird jedoch immer wieder von meinen höheren Wesen gesagt, daß Karma nicht so unauflösbar sei, wie manche meinen. Durch Erkenntnisse ist eine oft wesentlich frühzeitigere Auflösung möglich, als sich aus dem Vorleben ergeben würde. Darum seien Sie auch in Hinsicht auf Ihr Karma völlig beruhigt: Sobald ich meine Problemstellung erkannt habe, wird auch mein Karma beginnen sich zu lösen.

Karma kann Schuld sein, aber auch ein Nicht-Erkennen, Nicht-Begreifen und daher in ein Schicksal hineingeboren werden, um neu zu lernen. Diese Vorstellung stammt zwar aus hinduistischen und buddhistischen Religionen. Doch die Durchsagen, die ich diesbezüglich empfange, decken sich damit.

Was ist das Fegefeuer?

Noch ein Bild: Am Ende eines irdischen Lebens wird einem der Film des eigenen Lebens vorgespielt. Die Kirche schuf hierfür das Bild des Fegefeuers. Hier wird man mit all seinen verpaßten Gelegenheiten, Gutes zu tun, konfrontiert. Dieses Fegefeuer ist wie die Startposition vor der nächsten Wiedergeburt.

Trotz allem: „lieber Gott"

Wenn ich trotzdem an Gott als „lieber Gott" denke, so löst das die Frage aus, wie dieses Bild des Energiekerns mit dem Bild des „lieben Gottes" der Kinder vereinbar ist. Ich sehe das so: Man muß sich mit Energie beim lieben Gott bemerkbar machen. Ein Beispiel mag das erklären.

Für Tiere sind wir Menschen oft wie ein Gott, der plötzlich in ihr Leben eingreift und Wunder wirken kann. Sie sehen die Zusammenhänge aus einer anderen Perspektive als wir und können sie nicht wie wir erkennen.

Stellen Sie sich vor, Sie gehen im Wald spazieren und sehen einen Ameisenhaufen voller großer

Waldameisen. Im Vorbeigehen fällt Ihnen eine einzelne Ameise auf, weil sie ein besonders großes Stück Holz auf den Haufen trägt, sich dabei besonders plagt und vielleicht sogar noch ein Männchen macht, wenn Sie vorbeigehen. Wenn ich so etwas beobachte, greife ich bisweilen hin und setze sie mitsamt ihrer Last ganz oben an die Spitze, wo sie eigentlich hinmöchte. Für die Ameise ist ein Wunder passiert.

Licht ins Dunkel

Der Wendepunkt in meinem Leben war ein absoluter Tiefpunkt. Ich war kurz davor, mir das Leben zu nehmen. Ich wußte nicht, woher ich die Kraft nehmen sollte, weiterhin durchzuhalten. Ich sah keinen Ansatz zu einer Verbesserung, nicht einmal zu einer Veränderung meiner Situation, und die Zukunft erschien mir schwarz in schwarz.

Am tiefsten Punkt

An diesem Punkt, an dem ich nicht mehr ein noch aus wußte, hat sich für mich das Tor zum Erkennen geöffnet. Geistige Führer fragten mich in dieser Situation: Willst du dein Leben wirklich wegwerfen? Wenn du das tust, wirst du wiedergeboren und erlebst dasselbe noch einmal. Das ist wie Sitzenbleiben in der Schule. – Nun: Das wollte ich wirklich nicht.

Selbstmord ist wie Sitzenbleiben

Ich wußte zu diesem Zeitpunkt noch nichts von östlichen Theorien über Wiedergeburt und Karma. Für mich war mein christlicher Glaube an die Auferstehung nach dem Tode eine unumstößliche Tatsache, die völlig logisch den Glauben an eine Wiedergeburt nach sich zog.

Damals ging für mich ein Tor auf. Ganz klar erlebte ich in dieser Extremsituation, in der sich für mich die Frage stellte, wie geht mein Leben weiter, die Stimmen meiner geistigen Führer, die mich warnten.

Gleichzeitig wurde dieses Tor auch geöffnet für die Gedanken der Menschen, die mich umgaben. Leider tat sich dieses Tor ausgerechnet während einer Messe

Die Gedanken der Mitmenschen	in einer vollen Kirche auf. Klar und deutlich strömten wie eine Lawine all die Gedanken der Menschen, die mich umgaben, auf mich ein. Es waren absolut nicht nur fromme Gedanken, und sie straften das gleichzeitige äußere Handeln der Personen Lüge.

Nachdem sich dies einige Male wiederholt hatte, verließ ich einmal schweißgebadet die Kirche. Ich hielt diese Diskrepanz zwischen den Gedanken und dem Handeln der Menschen um mich herum nicht mehr aus. Seither habe ich beschlossen, Kirchen nur noch in menschenleerem Zustand zu besuchen oder im Wald zu beten. Von diesem Moment an war mir der Zugang zu Gott wieder sehr leicht.

Auch die Kluft, die sich häufig zwischen dem Verhalten und dem Denken der Menschen auftut, sehe ich heute ganz entspannt. Menschen sind eben so. Man kann nicht von jedem die gleiche geistige Reife oder Einstellung erwarten. Wie es in der Schule Anfänger und Fortgeschrittene gibt, so gibt es auch im Leben verschiedene Lern- oder Entwicklungsstufen, auch auf dem Gebiet der geistig-seelischen Entwicklung.

Liebevolles Verständnis — Jeder Mensch benötigt sein eigenes Maß an Zeit, um gewisse Dinge zu verstehen. Daher kann ich heute gelassen damit umgehen. Diese Einstellung half mir sehr dabei, die Unzulänglichkeiten meiner Mitmenschen liebevoller zu betrachten und nicht mehr unter dieser Begabung zu leiden.

Die ich rief, die Geister ...

Der Umgang mit den Stimmen — Ich konnte nun also die Gedanken der Menschen hören und wußte tief in meinem Innern, daß mein Leben weitergehen und sich ändern würde. Doch mit dieser Gabe zu leben, erwies sich anfangs als gar nicht so einfach.

Mich vor den Gedanken anderer abzugrenzen, mußte ich erst mühsam lernen. Sie strömten immer

Licht ins Dunkel

dann auf mich ein, wenn ich nicht voll aktiv und hellwach war. Sobald ich einmal ein bißchen abschaltete, waren sie präsent. Ich brauchte dringend Schutz vor dieser unkontrollierten Flut an Informationen, Kommentaren und Fragen, die da plötzlich für mich wahrnehmbar wurden. Es ging mir wie Goethes Zauberlehrling, der klagte: „Die ich rief, die Geister, werd ich nun nicht los!"

Ich mußte einen Weg finden, dieses Hören bewußt ein- und auszuschalten. Das war für mich keine leichte Übung, und mehr als einmal bat ich Gott in dieser Zeit, diese Begabung doch bitte wieder von mir zu nehmen. Ich hatte Angstzustände. Sie gipfelten darin, daß ich verzweifelt mit den Nägeln an der Wand kratzte und Gott anflehte: „Bitte nimm mir diese Begabung!" – Damals wünschte ich mir nichts weiter, als mit meinem Mann und meinen Kindern glücklich zu sein und ein ganz normales Dasein einer ganz normalen Frau zu führen.

Damals fiel in einer Vision der Satz: „Du wirst alles erleben, um alles zu verstehen." Es kam auch noch ein Nachsatz: „Du hast diese Begabung bekommen, um die Menschen zu einem neuen Bewußtsein zu führen, und du bist dazu da, dies zu tun. Eine glückliche Partnerschaft wirst du nur dann haben können, wenn sie der Erfüllung dieser Aufgabe nicht im Wege steht."

Heute empfinde ich meine Begabung als Segen und kann auch mit diesem Teil meines Schicksals in Harmonie leben.

Das Zumachen, das Aussperren außersinnlicher Wahrnehmungen habe ich dann mit Hilfe eines Pergaments gelernt. Ich verwende es wie einen Telefonhörer zum Jenseits: Ich hebe ihn ab, indem ich das Plakat aufrolle, und lege ihn wieder auf, wenn ich es schließe. Auf diese Weise ist es mir gelungen, die dringend benötigten Phasen der Erholung einkehren zu lassen und zugleich einen Weg zu finden, nur noch

Unkontrollierte Halluzinationen

„Du wirst alles erleben, um alles zu verstehen"

Mein Telefonhörer zum Jenseits

dann zu fragen, wenn Menschen dies auch wirklich wünschen, und für Menschen zu fragen, die dies wünschen.

Ein großes Stück Pergament

Die Idee, dazu ein großes Stück Pergament zu verwenden, kam ganz spontan. Es muß eine Eingebung von oben gewesen sein. Es bestand damals akut die Gefahr, daß ich überdrehe, und diese Eingebung bewahrte mich davor, vor lauter Druck psychisch gestört zu werden.

Am Anfang standen auf meinem Pergament nur die Worte „Ja" und „Nein". Im Laufe der Zeit kamen weitere dazu, schließlich erhielt es seine heutige Form mit den vielen Themen und Stichworten. Im Abschnitt „Hellsehen mit allen Sinnen" im folgenden Kapitel finden Sie mehr darüber.

Stimmen und Träume

Stimmen zwischen Schlafen und Wachen

Diese Stimmen meiner geistigen Führer aus dem Jenseits habe ich meist morgens im Dämmerzustand zwischen Schlafen und Wachen gehört.

Nachdem ich gelernt hatte, meinen Kanal für die Stimmen gezielt zu öffnen und zu schließen, erlebte ich die ersten Wahrträume. Das waren Träume mit höchst farbigen Bildern, die ich irgendwann während der Nacht geträumt hatte und an die ich mich nach dem Aufwachen noch minutiös erinnern konnte. Da sich diese Träume meist bereits im Verlauf eines halben Jahres genau erfüllten, war ich mir meiner Begabung danach restlos sicher.

Wahrträume und Warnträume

Es waren in dieser Zeit auch viele Warnträume für mir nahestehende Menschen dabei. Ich fand diese Träume beunruhigend, nahm sie aber von Anfang an ernst. Ich zögerte nicht, sie ihnen auch zu erzählen. Die erste Reaktion war häufig der berühmte Finger an der Stirn.

Als sich immer häufiger zeigte, daß die geträumten Situationen auch tatsächlich eintraten, fingen einige

Menschen an, sie auch ernst zu nehmen. Dadurch konnten sie Gefahren, die mit den geträumten Situationen verbunden waren, abmildern, obgleich die Situation des Traums stets genau so eintraf, wie ich sie gesehen hatte.

Gefahren abmildern

In meiner kleinen Heimatstadt spalteten sich allmählich die Geister; einerseits wurde man neugierig und wollte etwas erfahren und kam daher zu mir, wenngleich nur heimlich und höchst verstohlen. Andererseits schlug man im öffentlichen wie im privaten Leben tunlichst einen größeren Bogen um mich. – Erst mit meinen jüngsten Fernsehauftritten besserte sich meine Reputation. Oder, wie ein Taxifahrer gegenüber einer Kundin so liebenswert bemerkte: „Da hat man zuerst nicht recht gewußt, was sie da eigentlich tut, und auf einmal ist sie unser Star!"

Zwischen Neugier und Ablehnung

Vom Außenseiter zum heimlichen Star

Die Menschen erzählten ihre Erlebnisse natürlich ihren Freunden und Bekannten weiter, und in dieser Phase erhielt ich immer häufiger Besuch von Menschen in Krisensituationen, die meinen Rat suchten.

Das häufte sich so sehr, daß ich bald darauf beschloß, das Hellsehen auch beruflich auszuüben.

Von der Begabung zum Beruf

Bei meinem Mann stieß ich damit auf das gleiche Echo wie Jahre zuvor mit meinen künstlerischen Ambitionen bei meinen Eltern: Er erklärte mich für verrückt. An diesem Punkt war meine Ehe tatsächlich am Ende. Die rein technisch-materielle Weltanschauung meines Mannes deckte sich nun überhaupt nicht mehr mit der geistigen Welt, in der ich lebte. Er lehnte meine Arbeit völlig ab und konnte damit nichts anfangen.

Haller Hellseher-Karten

Ex-Partner

Meine erste Berührung mit Karten

Wenn ich die Hellseherei zu meinem Beruf machen wollte, mußte ich, so war mir klar, sie auch pro-

Auf der Suche nach professionellem Handwerkszeug

fessionell betreiben. Erstes Problem war dabei die Frage: Wie werde ich genauer mit meinen Aussagen, wie kann ich weltliche Dinge noch genauer abfragen?

Ich hatte zwar mein Pergament als Telefonhörer ins Jenseits, auch dieses war aber ansonsten noch nicht sehr weit entwickelt. Mir fehlte es an professionellem Handwerkszeug, das meine Wahrnehmungen aus dem Jenseits in geordnete Bahnen lenken konnte.

Auf der Suche nach weiteren guten Methoden hörte ich mich bei wissenden Kollegen um und suchte Leute auf, die sich mit über- oder außersinnlichen Wahrnehmungen beschäftigten. Ich wollte Teile von ihren Erfahrungen in mein neues praktisches Berufsleben übernehmen.

Die Kartenlegerin

Eine Freundin, die von meiner Suche nach praktischen, handgreiflichen Wegen der Wahrheitsfindung hörte, wollte mir helfen und schleppte mich zu einer Kartenlegerin.

Diese Dame legte mir die Karten, stockte, sah mich an und sagte erstaunt: „Ich sehe leider bei Ihnen nichts, Sie sind stärker als ich." Woraufhin ich mich an meine Freundin wandte und ihr ins Ohr flüsterte: „Siehst du, ich habe dir gleich gesagt, das ist alles Blödsinn."

„Siehst du, das ist alles Blödsinn!"

Eine halbe Stunde später war ich anderer Ansicht. Die Karten lagen ja nun ausgebreitet auf dem Tisch. Ich stand auf und wollte schon gehen. Vorher betrachtete ich zumindest interessiert die Bilder der Zigeunerkarten, die sie verwendete. Plötzlich fiel es mir wie Schuppen von den Augen: „Mein Gott, hier sieht man ja alles ganz genau – das läuft ja ab wie ein Zeichentrickfilm." Ich war wie elektrisiert. Die Bilder verbanden sich vor meinen Augen zu einer Bilderfolge, die einen Sinn ergab. Und da lag tatsächlich mein Leben vor mir, wie in einem Film ablesbar.

Mein Leben ablesbar wie in einem Film

Fasziniert von der Bildhaftigkeit des Geschehens kaufte ich mir auf dem Nachhauseweg das erste Paket Karten.

Mit den Karten zur Meisterschaft

Mit den Zigeunerkarten übte ich eine Weile, vor allem für mich selbst.
Später verwendete ich die Biedermeierkarten. Sie zeigen Bilder und Begriffe. Da ich viele Dinge höre und daher viel mit Worten arbeite, unterstützen mich die Begriffe unter den Bildern recht gut beim „Blick über den Zaun".
Nach einer Weile war mir die Begriffswelt dieser Karten jedoch zu beschränkt, sie ließ auf viele Fragen keine Antworten zu. Also suchte ich weiter.

Profane Begriffswelt der Biedermeierkarten

Als nächstes verwendete ich Tarotkarten. Nachdem ich eine Zeitlang damit gearbeitet hatte, stellte ich fest, daß sie vorwiegend Seelenzustände und Denkzustände ans Licht holten, für meine Zwecke aber zu wenig erdig waren. Für die Fragen meiner Klienten war die Ebene, auf der die Tarotkarten antworteten, zu abgehoben, zu wenig praktisch im Leben stehend. Die zuvor verwendeten Biedermeierkarten wiederum waren ausschließlich auf die praktische Ebene beschränkt und zu wenig geistig ausgerichtet.

Geisteswelt der Tarotkarten

Also traf die Anregung eines Verlegers, eigene Karten zu entwickeln, bei mir auf bestens vorbereiteten, fruchtbaren Boden.
Sie sollten ein Mittelding zwischen Erde und Geist verkörpern. Außerdem sollte klar an einem Kartenbild zu erkennen sein, was sich auf der geistigen Ebene abspielt und was sich ganz real auf das wirkliche Leben bezieht.

Haller-Hellseherkarten

Als ersten Schritt erweiterte ich das Repertoire der 36 Biedermeierkarten um zusätzliche 12 Karten. Sie vertreten die geistigen Themen und moderne Begriffe, wie sie heute aktuell sind.
Als nächstes sorgte ich dafür, daß sie so einfach und klar wie möglich gestaltet wurden. Mein Vorbild war die plakative, auf das Wesentliche konzentrierte Form von Comics. Sie verbanden sich im

Nebeneinander am leichtesten zu einer Art Zeichentrickfilm. Das kam meiner Art zu sehen ideal entgegen.

Bilderfolge wie im Comic strip

Seither arbeite ich nur noch mit meinen eigenen Karten. Ihre Geist-Erde-Mischung hat sich in der Praxis bewährt, und sie lassen sich auf eine normale Lebensberatung und die üblichen Alltagsfragen anwenden.

Nach kurzem Üben fand ich sehr rasch einen umfassenden Zugang zum Hellsehen mit Hilfe von Karten. Ich merkte, daß ich damit einen weiteren Horizont entwickelte, nämlich daß ich dabei das gesamte Umfeld der Person mit einbezog. Jede Karte deckt nämlich einen bestimmten Aspekt ab. Dadurch, daß sie bei meiner Legemethode alle auf dem Tisch liegen, laufe ich keine Gefahr, irgendeinen Aspekt bis hin zum geliebten Haustier zu übersehen.

Das gesamte Umfeld der Person

Diese Karten haben für mich zu laufen begonnen, wie Geschehnisse, die nicht mit Menschen, sondern mit Bildern besetzt sind.

Über die Karten hinaus

In der Praxis hat sich gezeigt, daß ich beim Blick in die Zukunft nicht allein mit den Karten arbeite. Vielmehr mische ich die Techniken des Sehens, des medialen Hörens und des Kartenlegens recht gleichwertig.

Gleichwertig mehrere Techniken

Aus meiner Sicht ist dies die beste Methode, um einen Gesamtüberblick zu erhalten. Der Ablauf wird durch die Karten chronologisch geordnet, und die Frage nach den aktuellen Problemen der Menschen, die zu mir kommen, erübrigt sich meist.

Mit Hilfe der Karten kann ich ihre aktuelle Situation, den Ist-Zustand, klar und deutlich erfassen, und mit ihrer Hilfe kann ich auch meist sicher unterscheiden, was Gegenwart und was Zukunft ist.

Karten zeigen den aktuellen Zustand

Hiermit spreche ich ein Phänomen an, das für Außenstehende sicher merkwürdig ist: Ein guter Hellseher hat es aus meiner Sicht nicht nötig, Fragen über die Problematik seines Klienten zu stellen, sondern erfaßt diese intuitiv von selbst und beantwortet sie, ohne speziell nach dem Thema gefragt zu werden.

Fragen sind beim Hellseher unnötig

Dies gilt allerdings nur für einen „ordentlichen" Beratungstermin von etwa 50 Minuten Dauer. Bei einer Kurzberatung wie im Fernsehen, die mit zwei Minuten auskommen muß, muß der Themenbereich massiv eingegrenzt werden, zumindest auf einen der klassischen Großbereiche Liebe, Beruf oder Gesundheit. Alles andere würde mehr Zeit brauchen.

Der Auftrag:
Die Palmblattlesung

Eines Tages rief mich eine befreundete Astrologin an, die über mehrere Ecken erfahren hatte, daß es ein Palmblatt für mich gebe. Ein indischer Gelehrter habe dieses Palmblatt mitgebracht und befinde sich mit diesem Palmblatt in Wien.

Ein Palmblatt in Wien

Ich war sofort sehr interessiert. Zu diesem Zeitpunkt wußte ich bereits, daß es Palmblattbibliotheken gibt und daß für jeden Menschen höchstens drei Palmblätter beschrieben werden. Diese Bibliotheken werden immer wieder abgeschrieben, bis die Blätter den Menschen gefunden haben, für den sie bestimmt sind.

Er hatte also mein Palmblatt mitgebracht, und nun wollte ich auch erfahren, was darauf stand. Genau zu diesem Zeitpunkt stand bei mir die Entscheidung an, ob ich mich trotz inneren Widerstrebens für eine Beziehung mit einem sehr vermögenden Mann entscheiden sollte oder tatsächlich meinen Weg im neuen geistigen Beruf verfolgen sollte.

Offene Entscheidung

Die Sache ließ sich gut an: Ich hatte nur an einem Samstag Zeit, und genau das war auch der einzige

Feierlicher Rahmen

Termin, den mir der Besucher aus Indien noch anbieten konnte. Er wohnte in einem Haus in Wien bei Bekannten, und dort suchte ich ihn auf. Mir war vorher erklärt worden, daß ich ihn auf keinen Fall berühren und auch keine Gegenstände, die er benutzen würde, in die Hand nehmen dürfte. Man würde mich auf den Besuchersessel bitten, und daran sollte ich mich halten. Anwesend war außer uns beiden eine Dolmetscherin, die in der Ecke saß und sein Englisch übersetzte.

Als ich den Raum betrat, saß er auf einem erhöhten Pult. Für mich war das ein wenig ein Gefühl, wie in eine Kirche zu gehen. Auch dort gibt es Spielregeln: Man geht nicht zum Altar hinauf. Daher konnte ich das gut akzeptieren.

Nach der Palmblattlesung war ich daher freudig überrascht, als er sich von seinem erhöhten Platz erhob, auf mich zukam, mich an sich zog, seine Wange an meine Wange legte und sagte: „Sie sind eine große Ausnahme. Sie sind mir gleichwertig." Überflüssig zu sagen, daß meine Augen dabei etwas feucht wurden.

Die Lesung selbst war eindrucksvoll. Er las erst in Talmi, einer altindischen Singsprache, einen Teil des Textes vor, und dann übersetzte er ihn ins Englische. Allein der Wechsel zwischen Gesang und Sprache war fesselnd. Der englische Text war einfach gebaut, bediente sich jedoch auch einer blumigen, bildhaften Ausdrucksweise.

Haller Hellseher-Karten

Hoffnung

Kurz zusammengefaßt, besagte der Text, ich werde Ruhe und Harmonie verbreiten und immer mehr anderen Menschen helfen. Bis zu meinem 65. Lebensjahr werde ich tätig sein, dann werde ich mich zur Ruhe setzen. Die Menschen werden mich um Rat fragen, lieben und schätzen.

Für meine Frage nach meinem weiteren Lebensweg war für mich besonders wichtig, als erneut kam:

Du wirst Friede und Harmonie verbreiten und anderen Menschen helfen. Formulierungen wie „Du wirst das Leben einer Königin führen" nahm ich nicht allzu wörtlich und deutete sie einfach als Zeichen künftiger Anerkennung.

Auftrag und Verheißung

Du wirst alles erleben, um alles zu verstehen

Nach diesem Ereignis war für mich die Entscheidung über mein weiteres Leben klar.

Als ich mich anfangs noch gegen meine Begabung sträubte, weil ich Angst hatte, mich dem Sehen völlig zu öffnen, hörte ich von meinen Helfern den Satz: „Du wirst alles erleben, um alles zu verstehen."

Er wurde für mich tatsächlich zum Kernsatz. Ich habe alles erlebt ...

Heute habe ich zu einer großen inneren Ruhe gefunden, habe daher auch vor nichts mehr Angst, am wenigsten vor dem Tod. Ich kenne die Verantwortung, die es mit sich bringt, medial ins Unterbewußtsein anderer Menschen einzusteigen und sie zu beraten, ich weiß heute aber auch, daß ich dazu fähig bin.

Kapitel 3
So sehe ich

Mein Weg in die Trance

Wenn man mich heute bei der Arbeit beobachtet, fällt auf, wie schnell ich zwischen leichter Trance und Wachzustand hin- und herwechsle. Viele Menschen bemerken kaum, wann und wie ich in Trance gehe (denn von fallen kann kaum mehr die Rede sein).
    Am häufigsten verwende ich mein Plakat. Ich lege es so vor mich hin, daß ich fast nichts anderes sehe als die vertrauten Buchstaben in meiner eigenen Handschrift. Wenn ich mich jetzt gezielt entspanne, bin ich binnen weniger Atemzüge in einem Schwebezustand zwischen zwei Welten. *Das Plakat*
    All dies war natürlich auch bei mir nicht immer so. Das geht nur dank langjähriger Erfahrung und täglicher Anwendung so leicht. Dem ging eine lange Zeit voraus, in welcher ich manchmal tagelang mit keinem erwachsenen Menschen sprach. Ich lebte mit zwei kleinen Kindern und meiner Schwiegermutter, die mich tagelang nicht angeredet hat, 13 Jahre lang auf der grünen Wiese. Erwachsenenkommunikation fand kaum statt, und während meine Kinder vormittags in der Schule waren, herrschte um mich herum Schweigen. Dies war nicht mein freiwillig gewählter Weg, ganz im Gegenteil. Doch ich wäre als arbeitsscheu verteufelt worden, wenn ich vormittags Radio gehört oder gar den Fernseher angedreht hätte. Heute bin ich meiner Schwiegermutter dankbar; auf diesem Wege habe ich zu mir selbst gefunden. *Tagelang kein Gespräch*
    Kennen Sie das Surren der Stille? Wenn Sie das hören, können Sie meinen Weg nachvollziehen. *Das Surren der Stille*
    Heute wundert es mich nicht mehr, daß mein inneres Ohr ausgerechnet in der Kirche aufging. Die äußere Stille wurde hier durch eine innere Stille verstärkt, außerdem waren um mich herum viele Men-

schen in einer ähnlichen, leicht meditativen Geisteshaltung. Wie mitreißend das wirken kann, haben wir ja oben am Beispiel Daniels gesehen. Der Weihrauch in der Kirche dürfte als zusätzlicher Auslöser meiner ersten ganz deutlichen außersinnlichen Wahrnehmungen gedient haben, die nicht als Träume kamen.

Schweigen, Ruhe, Sammlung, innere Einkehr

In dieser Situation kamen die Stimmen immer wieder. Auf diese Weise habe ich unbewußt auch gelernt, in die Trance einzusteigen: Schweigen, Ruhe, Sammlung, Einkehr und geistige Wendung nach innen, und dazu der Weihrauch. Dieser Zugang ging nie wieder verloren.

Nachdem ich nun häufig mit dem Plakat übte, um die Stimmen auch abschalten zu lernen, wurde der Weg immer leichter.

Vertraute Wörter auf dem Plakat

Auch mit den Karten geht es mir so. Sie sind für mich optisch das gleiche, was die Worte auf dem Plakat akustisch sind: Konzentrationshilfen, ein vertrautes Bild, das es mir erleichtert, sofort abzuschalten. So wie die Worte auf dem Plakat das innere Ohr öffnen, öffnen die Karten das innere Auge. Ich gehe in Trance und sehe die Karten zu einem Ablauf verschmelzen.

Dies gelang mir im Laufe der Zeit immer lockerer. Heute genügen wie gesagt wenige Atemzüge, und ich bin in leichter Trance, selbst vor laufender Fernsehkamera. Doch nochmals: Wenn Sie das heute verfolgen, vergessen Sie bitte nicht, daß ein langjähriger Werdegang und viele Jahre der Übung dahinterstehen.

Streß als Einstiegshilfe

Wenn ich nicht mein Plakat habe, ist Streß für mich der beste Einstieg in die Trance. Hierin bin ich tatsächlich wie ein alter Held der Ilias: Dann fange ich an, Stimmen zu hören.

Streß führt manchmal zu ganz erstaunlicher Klarsicht. Ein Beispiel ist mir in bester Erinnerung, das mich selbst so vollkommen verblüfft hat, was ich dabei im einzelnen gesagt habe:

Mein Weg in die Trance

Im Sommer 1998 gab ich mittags in einem Radiosender ein Interview. Es war während der Fußballweltmeisterschaft, und natürlich wollte mein Gesprächspartner von mir etwas über den Ausgang des abendlichen Spiels Chile gegen Österreich wissen. Plötzlich eröffnete er mir mitten im Gespräch, ich sei live auf Sendung. Das jagte mir einen derartigen Schrecken ein, daß ich mich innerlich hilferufend an meine höheren Führer wandte mit dem Stoßgebet: „Bitte blamiert mich nicht!"

Sie erhörten mich und brachten mich offenbar mit der Seele eines kurz vorher verstorbenen Fußballers in Berührung. Und so gab ich wieder, was mir diese Stimme erzählte, ohne selbst etwas von Fußball zu verstehen:

„Zuerst schießen unsere Gegner ein Tor, das aber nicht unumstritten ist. Wenn es gültig ist, gehen sie dadurch in Führung. Die Österreicher kommen erst gegen Ende der Partie zum Treffer durch einen eingewechselten Spieler. Wenn das erste Tor anerkannt werden sollte, endet das Match remis."

Wie Fußballfans sich erinnern werden, kam es ganz genauso: Die Chilenen schossen ein umstrittenes Tor, das Spiel endete 1:1.

Dieses Beispiel bedeutet nun aber nicht, daß ich jedes Sportereignis minutiös vorhersagen könnte. So etwas läßt sich natürlich nicht steuern oder gar beliebig wiederholen. Im Gegenteil, ich lehne es eigentlich ab, meine Begabung auf Dinge zu verwenden, die man am nächsten Tag ohnehin in der Zeitung lesen kann. Auf dieser Ebene sind Hellseher nicht erforderlich, zumal dann nicht, wenn auch noch Wetten drauf abgeschlossen werden.

Auch wenn es um Gefahren geht, die anderen drohen, kommt es manchmal zu sehr klaren hellsichtigen Wahrnehmungen von überraschend großer Genauigkeit – ich erinnere an meine Vorhersage der Lawinenopfer im Paznauntal.

	Ein vorhergesagtes Fußballergebnis
	Gefahren schärfen den Blick!

Was ist eine Trance?

Wie denken wir in der Trance?

Wie empfangen wir Meldungen aus der anderen Welt?

Der folgende Abschnitt wird etwas theoretisch. Ich schreibe ihn für all diejenigen, die es etwas genauer wissen wollen – die wissen wollen, was sich in unserem Gehirn abspielt, während wir in Trance sind und wie wir eigentlich die Meldungen aus dem großen Meer des universalen Wissens bekommen, die uns zutreffende Prophezeiungen machen lassen.

Wer sich für diese Fragen nicht interessiert, darf getrost auf Seite 118 weiterblättern. Dort schildere ich einige der eigenartigen Randerscheinungen, die möglich sind, wenn man anfängt, sich auf die Welt der veränderten Bewußtseinszustände und außersinnlichen Wahrnehmungen einzulassen.

Von Trancen, Träumen und veränderten Bewußtseinszuständen

Eine Trance, so ein bekanntes klinisches Wörterbuch, ist ein „hypnoseähnlicher Zustand". Hypnose wiederum ist danach eine Veränderung des Bewußtseins mit Einengung der Aufmerksamkeit, Minderung des Realitätsbezugs und gesteigerter Suggestibilität usw., wobei zwischen einer oberflächlichen Hypnose, die dem Wachzustand ähnlich ist, und einer tiefen, schlafähnlichen Hypnose unterschieden wird.

Veränderung des Bewußtseins, schlafähnlicher Zustand, Traum, Wachzustand – bei all diesen Dingen geht es um unser Gehirn. Und zwar zunächst einmal um Fragen der Energie.

Die Energie der Gehirnströme

Die Energie, die in unserem Gehirn fließt, läßt sich messen und aufzeichnen. Dazu braucht man einige Elektroden, die mit Klebestreifen auf dem Kopf befestigt und mit Drähten an einen Verstärker angeschlossen werden, der die empfangenen Impulse an einen Schreiber weitergibt. Dieser überträgt die Veränderungen der Gehirnströme auf das Papier.

Was ist eine Trance?

1929 wurde dieses Elektroenzephalogramm (EEG) entwickelt, und seither haben wir viel über unser Gehirn gelernt.

Ein Jahr später wurden die raschen Augenbewegungen wissenschaftlich untersucht, die wir im Schlaf machen, wenn wir träumen, und in den 50er Jahren begann die Schlafforschung mit ihrer Untersuchung der verschiedenen Schlaf-, Wach- und Traumphasen.

| REM-Schlaf ist Traumschlaf |

Für uns ist von ihren Ergebnissen folgendes von Interesse: Während des Wachzustandes sendet unser Gehirn ein ziemlich hektisches Wellengewirr, dicht gezackte Linien mit starken Ausschlägen nach oben und unten. Sie haben eine Frequenz von 13 bis 30 Hertz und heißen Beta-Wellen.

| Beta-Wellen im Wachzustand |

Wenn wir einschlafen, sind unsere Hirnströme ruhiger, doch sehr charakteristisch: das EEG zeigt gezackte Linien mit niedrigen Ausschlägen in einer Frequenz von acht bis zwölf Hertz, die sogenannten Alpha-Wellen. Der Zustand, in dem unsere Gehirnströme diese Wellenform beschreiben, heißt nach ihnen Alpha-Zustand.

| Alpha-Wellen |

Es ist ein Zustand der körperlichen Entspannung, in dem Gedanken ruhig fließen, in dem wir zuversichtlich sind und ein bißchen wie benebelt zwischen Wachen und Schlafen im Halb-schlaf dahindämmern.

Von Interesse ist ferner der normale Schlafzustand. Die Frequenz der Gehirnströme geht in ihm auf vier bis sieben Hertz zurück, ihr Bild ergibt spindelförmige, an- und abschwellende Zacken, die sogenannten Theta-Wellen.

| Theta-Wellen |

Träume, so fanden die Schlafforscher heraus, spielen sich im Alpha-Zustand ab, tiefe Meditationen hingegen im Theta-Zustand. Diese Zustände sind mit körperlicher Entspannung oder völliger Ruhe verbunden, während unser Gehirn dabei aktiv ist.

Auch bei der Hypnose gilt grundsätzlich das gleiche: sie finden im Alpha- bzw. im Thetazustand statt.

Bei der leichten Hypnose im Halbdämmerzustand ist das Gehirn im Alpha, bei tiefer Hypnose im Theta-Zustand.

Trancen und Träume: der Alpha-Zustand

Für Trancen, besonders die leichte Halbtrance, mit der ich am liebsten arbeite, ist also der Alpha-Zustand des Gehirns charakteristisch. Ihn finden wir auch bei Säuglingen, die bekanntlich vor der Geburt bereits träumen. Vor der Geburt sind bei ihnen aber nur die „alten" Teile des Gehirns aktiv – alle Großhirnleistungen müssen erst nach der Geburt gelernt werden.

Halten wir das einmal fest: Unser Wachzustand ist ein energiereicher Beta-Zustand. Die Trance, der Traum und die leichte Hypnose sind demgegenüber veränderte Bewußtseinszustände. Unser Gehirn ist dabei im Alpha-Zustand, dieser ist mit geringerem Energieaufwand verbunden als der Beta-Zustand – die Frequenz der Hirnströme ist geringer.

Tiefe Meditation im Theta-Zustand

Eine weitere Absenkung der Gehirnaktivität führt zu dem noch energieärmeren Theta-Zustand, der einer tiefen Hypnose oder einer tiefen Meditation entspricht. Ein Yogi läßt sich in diesem Zustand auch durch große Kälte an den Händen, durch Geräusche und anderes nicht aus der Ruhe bringen.

Wir wissen nun also, daß die Trance ein dem Traum ähnlicher Energiespar-Zustand des Gehirns ist.

Wo hören und sehen wir in der Trance?

Die nächste Frage in diesem Zusammenhang lautet: Wo im Gehirn findet die Trance statt, und wo das Hellsehen bzw. das Hellhören?

Ein kleiner Ausflug in unser Gehirn

Unsere beiden Gehirnhälften

Unser Gehirn, das ist keine Neuigkeit, ist in zwei Hälften gegliedert. Jede Gehirnhälfte hat eigene Funktionsbereiche, die bei Männern normalerweise strikter getrennt sind als bei Frauen. Dies ist eine der Ursachen für das dumme Gerede von der „Weiberlogik": Frauen denken mit dem ganzen Gehirn und neigen daher zum reicheren Assoziieren, Männer denken mit den gerade erforderlichen Teilen, boshaft ausgedrückt: „auf Sparflamme". Entsprechend unterschiedlich fällt die resultierende Logik aus.

> Frauen denken mit dem gesamten Gehirn, Männer denken mit den benötigten Gehirnteilen

Die linke Gehirnhälfte ist diejenige, die unsere Handlungen, unsere aktiven Kontakte mit der Außenwelt steuert, darunter auch die rechte Hand, die ja bei den meisten Menschen die aktive ist. Die rechte Gehirnhälfte dagegen ist die leise, die in Bildern denkt. Wenn wir wach sind, dominiert die linke Gehirnhälfte. Im Traum schaltet sie, sehr kurz gesagt, ab.

Bei Gehirnverletzungen ist unter bestimmten Voraussetzungen jede der beiden Gehirnhälften dazu in der Lage, Funktionen von der geschädigten anderen Hälfte zu übernehmen, denn die Hälften sind untereinander verbunden. Die größte Brücke zwischen beiden Gehirnhälften ist das *Corpus callosum*, das bei Frauen meßbar dicker ist als bei Männern – hatte ich gerade erwähnt, daß Frauen mit dem gesamten Gehirn denken? Das stärkere *Corpus callosum* ist eine Folge davon. – Zwischen den Schläfenlappen gibt es zusätzlich eine direkte, allerdings recht schmale Verbindung, die *Commissura anterior*.

> Brücken zwischen den Gehirnhälften

Was nicht ganz so allgemein bekannt ist: Wir besitzen drei Sprachzentren, und alle drei sitzen in der linken Gehirnhälfte. Das ist nur logisch, denn Sprache ist etwas, mit dem wir uns äußern, also aktiv nach außen treten. Auch diese Sprachzentren können bei Verletzungen in frühem Kindesalter von der rechten Gehirnhälfte übernommen werden, die normalerweise „stumm" ist.

Eines dieser Sprachzentren ist für Verstehen, Bedeutung und Aufbau der Sprache zuständig. Es wird nach seinem Entdecker *Wernicke-Zentrum* genannt und liegt im linken Schläfenlappen. Im Unterschied dazu ist zum Beispiel das *Broca-Zentrum* im linken

> Das Wernicke-Zentrum

Stirnlappen für Artikulation, Tonfall, Grammatik und Wortschatz zuständig, also für das eigentliche Sprechen.

Das stumme Gegenüber des Wernicke-Zentrums

Die Partien der „stummen" rechten Gehirnhälfte, die denen der Sprachzentren genau gegenüberliegen, sind keineswegs funktionslos. Die dem Wernicke-Zentrum gegenüberliegende Zone in der rechten Gehirnhälfte hat zwar im Wachzustand keine erkennbare Funktion. Reizt man sie allerdings im Zuge einer Operationsvorbereitung bei Schizophrenie-Patienten gezielt mit schwachen elektrischen Impulsen, so haben diese Patienten lebhafte, ihnen vertraute akustische Halluzinationen. Sie hören Stimmen.

Dies ist eine spannende Geschichte: Reizungen dieser Gehirnpartie, die einem unserer Sprachzentren genau gegenüberliegt, lösen Halluzinationen aus.

Unser inneres Ohr

Diese Gehirnpartie ist also das innere Ohr, in dem die Stimmen der Götter empfangen werden.

Die Götterstimmen werden hier nicht nur empfangen, sondern auch in einen knappen Code verschlüsselt und in verschlüsselter Form über die kleine, vordere Brücke zwischen den Gehirnhälften, die *Commissura anterior*, ins Wernicke-Zentrum weitergeleitet. Dieses versteht sie in diesem Code und kann dafür sorgen, daß wir sie aussprechen und so auch anderen Menschen zugänglich machen.

Der Code der Sprache

Bleiben zwei Fragen: Wozu die Verschlüsselung? Und woher kommen die Götterstimmen?

Zunächst zum Code.

Die Informationen und die Ratschläge der Götter von der einen Hirnhälfte in die andere zu übertragen, hätte die enge *Commissura anterior* überfordert, wenn dies in ungekürzter Form erfolgt wäre. Es wurde daher ein Code gefunden, der sie auf eine einfachere, knappere Form reduzierte. Und wo in der Entwicklungsgeschichte des tierischen und menschlichen Nervensystems ist jemals ein besserer Code aufgetreten als die menschliche Sprache? In die knappe Form menschlicher Sprache übersetzt, konnten die Stimmen der Götter allerdings durch die enge *Commissura anterior* in die sprechende linke Gehirnhälfte gelangen.

Die Halluzinationen Achills und Abrahams sind also deshalb sprachlicher Natur, weil Sprache die effizienteste Methode ist, die Ergebnisse komplizierter Denkvorgänge von einer Seite des Gehirns auf die andere zu übertragen.

Schizophrenie-Patienten mit Halluzinationen erleben sich selbst dabei immer nur als Empfänger, niemals als aktiv handelnd; die Stimmen bilden für sie eine Gegenposition zum Selbst, etwas von außen Kommendes, und nicht eine Verarbeitung von eigenen Erinnerungen.

Und woher kommen nun die Stimmen der Götter?

> Stimmen der Götter kommen von außen

Botschaften aus den alten Gehirnteilen

Nicht alle Teile unseres Gehirns sind gleich alt. Und nicht alle Teile unseres Gehirns haben die gleichen Aufgaben. Dabei geht es uns hier nicht um Teile wie Hirnstamm und Kleinhirn, die für Reflexe und Koordination von Bewegungen zuständig sind bzw. als Schaltstellen dienen, sondern nur um das Vorderhirn.

Unsere Großhirnrinde ist deshalb vielfach gefaltet, damit in unserem Kopf möglichst viele Gehirnzellen untergebracht werden können. Den überwiegenden Anteil macht der *Neocortex* aus, das Neuhirn. Es entwickelte sich vor etwa 10 Millionen Jahren und hatte vor 100.000 Jahren den Zustand des Neandertalers erreicht. Es ist für abstraktes Denken zuständig, der Sitz unseres Bewußtseins, unseres Ichs, unserer Vernunft, unseres Verstandes.

Dieser Neocortex überlagert den *Mesocortex*, das Zwischenhirn, das sogenannte limbische System. Es entwickelte sich vor etwa 150 Millionen Jahren mit dem einfachen Gehirn der Säugetiere und ist für

> Die Entwicklung unseres Gehirns

> Neocortex, das Neuhirn, unser Bewußtsein

> Mesocortex, das Zwischenhirn, unser Unterbewußtsein

Geruch, Geschmack und Gefühle zuständig. Es enthält unsere Gewohnheiten, unser Gefühl für das, was sich gehört, es ist der Sitz unseres Unterbewußtseins und unserer Empfindungen.

Paläocortex, der Reptilienkomplex, unsere animalischen Fähigkeiten und Bedürfnisse

Wieder hierunter liegt der älteste Teil unseres Vorderhirns vergraben, der *Paläocortex* (wörtlich: Alte Hirnrinde), der sogenannte Reptilienkomplex. Er entwickelte sich vor etwa 300 Millionen Jahren auf der Entwicklungsstufe der Reptilien. Hier sind angeborene Verhaltensweisen verankert. Instinkte, Orientierungssinn, Brutpflege, Revierabgrenzung, Bildung von Rangordnungen und die Prägung. Der Reptilienkomplex ist der Sitz unserer Vitalität, unseres (kollektiven) Unbewußten, unserer animalischen Bedürfnisse und natürlich auch unserer animalischen Fähigkeiten.

Revierverhalten und Prägungen

Was das heute noch mit uns zu tun hat? Nun, eine ganze Menge. Unser Revierverhalten kann einer guten Zusammenarbeit mit unseren Kollegen, mit unseren neuen Nachbarn entgegenstehen. Frühkindliche Prägungen machen uns zu schaffen und treiben uns zur Psychoanalyse. Das Tier in uns sorgt dafür, daß wir wie wild aufeinander losfahren, wenn sich eine rational unerklärliche Situation entsprechend aufgeschaukelt hat.

In diesen alten Gehirnteilen sitzen aber nicht nur die Quellen von Problemen. Hier sitzen auch unsere animalischen Fähigkeiten: die Fähigkeit zur Kommunikation ohne Worte, über die Grenzen der Fremdsprachen hinweg, die Fähigkeit zur Kommunikation mit Tieren, die Fähigkeit zur telepathischen Verständigung über größere Strecken hinweg.

Telepathie und lautlose Kommunikation

Es klingt unwahrscheinlich, aber tatsächlich ist es so: Jeder von uns hat diese Fähigkeiten. Im Zuge der Entwicklung des Neocortex, der neuen Großhirnrinde, wurden sie nur immer weniger trainiert. Bereiche der Großhirnrinde übernahmen die Aufgaben des Sehens, Hörens und Denkens, und sie

Was ist eine Trance?

übernahmen sie besser als die alten Teile. Doch wurden diese nicht einfach abgebaut, sondern blieben uns erhalten. Sie wurden nur immer weniger benutzt.

Telepathie? Natürlich ist sie uns angeboren. Ohne sie gäbe es uns bereits seit mehreren hunderttausend Jahren nicht mehr. Stellen Sie sich nur eine Gruppe von Jägern vor, die eine Herde Hirsche einkreist – ohne weithin tragende Gewehre natürlich. Hätten sich diese Jäger durch Rufe verständigen müssen, wäre das Wild stets weg gewesen, ehe sie auch nur die Spur einer Chance gehabt hätten. Wir wären längst ausgestorben.

Telepathie ist uns angeboren

Auch heute noch gibt es Menschen, deren übliche Form, miteinander zu kommunizieren, lautlos ist. In ihrem Buch *Traumfänger* beschreibt Marlo Morgan die telepathische Verständigung australischer Aborigines über längere Strecken: Ein junger Mann hatte sich von der Gruppe abgesondert und ein Känguruh erlegt. Er besprach telepathisch mit den anderen, daß er dessen Schwanz gern zurücklassen würde, da er verdorbenes Wasser getrunken hatte und fieberte.

Die Sache mit dem Känguruhschwanz

Auch über die Grenze der Sprachbarriere hinweg war diese Form der Kommunikation möglich: Als die Erzählerin die Gruppe führte und dabei Hilfe benötigte, bekam sie sie erst, als sie stumm darum bat, „von Kopf zu Kopf, von Herz zu Herz, vom einzelnen zum universellen Bewußtsein, das alles Leben vereint". Und sie bekam die Hilfe in Gestalt telepathischer Botschaften, in Gestalt von Gedanken.

Kommunikation jenseits von Sprachbarrieren

Telepathische Botschaften sind wie Halluzinationen akustische Wahrnehmungen, die uns nicht über das Ohr erreichen. Marlo Morgan verwendete den schönen Ausdruck „Sprechen mit dem Kopf".

Sprechen mit dem Kopf

Diese Botschaften erreichen direkt unser Gehirn, und zwar jene Teile, die seit uralter Zeit damit umgehen können. Diese empfangen, ordnen und filtern die erhaltenen Botschaften und reichen sie weiter an jene Partie in der rechten Gehirnhälfte, die dem Wernicke-Zentrum gegenüberliegt. Diese setzt sie um in einen neuen Code, sie macht daraus die Stimmen der Götter der Ilias oder auch die Durchsagen, die ich als Hellseher bekomme. Den Rest kennen Sie bereits.

Und genau so, wie wir ständig träumen, es nur meist nicht bemerken, weil unser Bewußtsein darüberliegt, so empfangen wir auch diese telepathischen Informationen ständig. Wir können sie nur nicht ständig hören.

Durch das Gewirr der Gedanken

Unterbewußtsein und Wachzustand

Diese Erkenntnis ist möglicherweise verwirrend: Wir träumen ständig. Wir empfangen ständig telepathische Botschaften. Der Haken ist dabei nur: Wir sind meistens zusätzlich wach. Und im Wachzustand werden unsere Träume, unsere Botschaften aus dem Paläocortex durch unser lautes Bewußtsein überlagert.

Nicht ohne Grund wählten die Väter der Psychoanalyse Begriffe wie Unterbewußtsein oder Unbewußtes für die vom Bewußtsein überlagerten Bereiche.

Der Wert der Stille

Aus diesem Grund ist die Stille so wertvoll, wenn jemand Hellsehen lernen will. Es ist auch die Ruhe vor der lauten Sprache, vor dem lauten Bewußtsein. Und diese Stille läßt zu, daß wir die lautlosen Botschaften aus den alten Partien unseres Gehirns wahrnehmen.

Arbeitsteilung im Gehirn

Die alten Teile unseres Vorderhirns steuern und erbringen eine Fülle von Leistungen, die immer gleich ablaufen oder keine besondere Aufmerksamkeit erfordern. Sie entlasten damit unser Bewußtsein und machen es frei für das Lösen besonderer Aufgaben. Unser Bewußtsein benötigt verglichen mit dem Traumzustand sehr viel Energie – die Gehirnströme zeigen viel höhere Frequenzen, und um diese aufzubauen, ist schlicht Energie nötig. Daher ist das

Was ist eine Trance?

Arbeiten der alten Teile des Vorderhirns eine wichtige Energiesparmaßnahme unseres Gehirns.
Wieviel Energie uns unser Bewußtsein kostet, zeigt sich in unserer modernen Arbeitswelt. Wir empfinden sie zunehmend als anstrengend, als „stressig", als belastend. Was sie aber so anstrengend macht, ist eine Entwicklung, die in den 60er Jahren noch begeistert und als Fortschritt begrüßt wurde: Die „langweiligen" Arbeiten werden inzwischen von Computern oder Maschinen erledigt. Wir werden nur noch für die Dinge eingesetzt, die unsere volle Aufmerksamkeit erfordern. Und das halten wir, das hält unser Großhirn nicht durch, ohne daß wir nach acht Stunden völlig verausgabt und erschöpft sind.

Beim Stricken, Fußbodenschrubben, Unkrautjäten und all den anderen monotonen, gleichförmigen Tätigkeiten, die keine besondere Aufmerksamkeit erfordern, wird unser Bewußtsein nicht benötigt, der Neocortex geht in Ruheposition, und wir arbeiten „wie in Trance". – Wundert es Sie noch, daß die Griechen die hellseherischen Begabungen bei den einfachen Mädchen auf dem Land suchten? Bei solchen Arbeiten können wir jede Menge außersinnliche Wahrnehmungen erleben.

Beim Arbeiten bei vollem Bewußtsein, oder wenn wir ständig Entscheidungen fällen müssen, fallen diese Ruhephasen aus. Das stellt eine große Belastung für unser Gehirn und für unsere Psyche dar.

Wenn die Belastung, wenn der Streß zu groß wird, schaltet das Großhirn ab – und dann ist die Bahn frei für außersinnliche Wahrnehmungen. Aus diesem Grund hörten die Helden der Ilias unter Streß die Stimmen der Götter aus dem Paläocortex über die rechte Gehirnhälfte als Halluzinationen. Aus diesem Grund steige ich bei Streß sehr leicht in die Trance ein und erhalte auch sehr genaue Durchsagen.

Nach all dem dürfte es Sie nicht weiter wundern, zu erfahren, daß ich sehr viel mit dem Reptilien-

Seitenspalte:
Bewußtsein kostet Energie

Arbeiten wie in Trance

Entscheidungen und Streß

Ich denke mit dem Paläocortex

komplex, dem Paläocortex, also dem ältesten Teil unseres Vorderhirns, denke. Das war mir selbst zunächst nicht klar, es paßt aber wunderbar zu dem, was ich danach über die Funktionsweisen unseres Gehirns erfahren habe.

Erfahren habe ich diese Tatsache bei einem Seminar aus der Welt des Managementtrainings. Es ging darum, die verschiedenen Denkmuster von Menschen herauszuarbeiten, zu erkennen und sie hinterher ihrer spezifischen Begabung entsprechend einzusetzen. Auch ich füllte mein Testheft aus und gab es ab. Der Seminarleiter, der es auswertete, war von dem Ergebnis total verblüfft. Es war ein ganz klarer Schwerpunkt zu erkennen: Ich denke sehr stark mit dem Paläocortex.

Voraussetzungen zum Hellsehen

Hellsehen können wir immer dann, wenn wir „nur" ein paar Schalter in unserem Gehirn umlegen: Um unsere uralten Fähigkeiten zur Kommunikation mit allen Lebewesen und zur Telepathie sowie unseren Instinkt wieder zu aktivieren, müssen wir unser lautes Bewußtsein so weit abschalten, daß es sie nicht völlig überlagert.

Unspektakuläre Erfolge

Wenn uns das gelingt, erleben wir das keineswegs besonders spektakulär, und es wird auch selten mit Pauken und Trompeten vor sich gehen. Vielleicht häufen sich Eingebungen, wer am Telefon sein wird, oder ein unerklärliches Wissen, daß es einem Ihnen nahestehenden Menschen zur Zeit schlecht geht. Daran sehen Sie, daß Ihr Üben Früchte trägt, wenn Sie anfangen, die leisen Gehirnteile wahrzunehmen.

Hellsehen lernen heißt: die leisen Gehirnteile aktivieren und unser Wachbewußtsein und die laute linke Gehirnhälfte beruhigen. In einer sehr tiefen Meditation gehört sie völlig in den Hintergrund, aber für eine Halbtrance, wie sie auch Schamanen eingehen, reicht es aus, beide Gehirnhälften zu harmonisieren. Mit welchen Mitteln das gehen kann, schildere ich in Kapitel 4.

Was ist eine Trance?

Nochmal zurück in die Welt der Definitionen. Charakteristisch für die Trance ist, so Peters' *Wörterbuch der Psychiatrie und der medizinischen Psychologie*, daß sie „neue Fähigkeiten" erschließt wie das „Einfühlen in fremdes psychisches Erleben und Wünschen". Stimmt genau: In der Trance sind wir offen für diese Form der Wahrnehmung.

Nur: eine „neue Fähigkeit" ist sie nicht, ganz im Gegenteil.

Trance als Zugang zu alten Fähigkeiten

Das Problem der Zeit

Wie rein biologisch der Mechanismus funktioniert, mit dessen Hilfe ich als hörendes Medium Botschaften erhalte, ist damit hinreichend erklärt. Offen ist noch, auf welche Weise Botschaften entstehen, die Zukünftiges beinhalten.

Jetzt kommt tatsächlich die vierte Dimension ins Spiel. Indem ich mich nämlich gezielt entspanne und in einen ruhigen Zustand begebe, erhebe ich mich in eine andere Dimension, in die vierte.

Durch diesen Zustand ist es mir möglich, die Beschränkungen der Dreidimensionalität zu überwinden, aus der dritten Dimension hinauszusteigen. Ich sehe wie über einen Zaun in eine Dimension, in der es keine Zeit und keinen Raum gibt. Diese Konzepte haben dort einfach keinen Platz.

Im veränderten Bewußtseinszustand kann ich diese Beschränkungen abstreifen und schwebe darüber wie ein Hubschrauberpilot, der aufgrund seines anderen Blickwinkels einen bevorstehenden Unfall am Boden unter ihm sehen kann – vorausgesetzt, die potentiell Beteiligten ändern nicht rechtzeitig ihren Kurs.

Das hat zur Folge, daß ich in diesem veränderten Bewußtseinszustand, in der vierten Dimension, nicht sicher sagen kann, wo die Vergangenheit aufhört und die Zukunft beginnt. Mein Gegenüber kann mir hel-

Gegenwart und Zukunft

Aus einem anderen Blickwinkel

Haller Hellseher-Karten

Zeit

In der vierten Dimension

Vergangenheit ist subjektiv

Haller Hellseher-Karten

Traurigkeit

fen, indem er oder sie ab und zu einwirft: „Das kenne ich schon." An dem Punkt, wo ihm das, was ich sehe, neu ist, beginnt die Zukunft.

Auch beim Arbeiten mit Karten begebe ich mich in diesen veränderten Bewußtseinszustand außerhalb der Grenzen unserer Dimension. So nehme ich Gedanken und Bewußtsein meines Gegenübers jenseits der Dimension der Zeit auf. Das klingt komplizierter, als es ist:

Immer wieder kommt es vor, daß ich in den Karten den Tod eines Ehemanns sehe, obgleich dieser bereits vor fünf Jahren verstorben ist. In solchen Fällen erklärt sich die Präsenz des Todes damit, daß dieser Tod für die Witwe noch nicht verarbeitet ist, daß er noch aktuell ist. Der Zeitpunkt, an dem ich in den Film ihres Lebens einsteige, muß also nicht immer der gegenwärtige sein.

Herauszukristallisieren, ob ein solches Ereignis bereits in der Vergangenheit stattgefunden hat oder erst stattfinden wird, ist für mich mitunter schwierig. In diesem Sinne meine ich es, wenn ich sage, die Zeit ist für das Medium beim Hellsehen ein Problem.

Auf dem Weg zu einem neuen Bewußtsein

Die Öffnung für Botschaften aus der anderen Welt hat meinen Geist offenbar grundlegend verändert. Die Auswirkungen davon waren sehr unterschiedlich – manche waren und sind mir ein Grund zur Freude, mit anderen mußte ich erst mühsam umzugehen lernen.

Zwiegespräche mit Vier- und Sechsbeinern

Folgen der Öffnung meines Bewußtseins

Hellsehen hängt für mich immer auch mit gegenseitigem Spüren und Verstehen zusammen, das ohne Worte möglich ist und auch mit Tieren stattfinden kann. Mein Bewußtsein ist heute offenbar schon so stark verändert, daß ich diese Verbindung mit allem Lebendigen aufnehmen kann.

Eines der schönsten Erlebnisse dieser Art hatte ich im Sommer 1998, und es war für mich wie ein Geschenk: Bei einem Spaziergang im Wald traf ich auf zwei Rehe, die in ein Meter Entfernung vor mir stehen blieben und mir in die Augen sahen. Überrascht merkte ich, daß ich unwillkürlich mit ihnen geistig zu kommunizieren begann. Wir sahen einander in die Augen und fragten uns wohl alle drei, was da geschah. Einige Minuten später drehten sie sich ruhig um und gingen ohne Hast weiter.

Stumme Zwiesprache

Ich würde mir wünschen, daß möglichst viele Menschen derartige Erlebnisse haben. Die Natur und die Umwelt könnten dadurch wieder in Ordnung kommen.

Ein ähnliches Erlebnis liegt bereits ein wenig zurück, und es war für mich auch nicht ganz so ungefährlich:

In Kärnten schwamm ich einmal in einem See weit draußen und bemerkte plötzlich, daß vor mir eine Biene ins Wasser fiel. Beim dritten Versuch gelang es mir, sie auf meinen Handrücken zu heben. Natürlich wollte ich sie sicher ans trockene Ufer bringen. Doch bei dem Gedanken daran, daß ich bis dahin noch etwa einen Kilometer zu schwimmen hatte, wurde mir klar, daß das so nicht klappen konnte.

Hilfestellung für eine Biene

Also nahm ich Kontakt mit der Biene auf und verhandelte mit ihr. Ich erklärte ihr, daß ich sie jetzt an meine Schläfe setzen und mit ihr ans Ufer schwimmen werde, daß dies aber nur gehe, wenn sie dort ruhig sitzenbliebe, ohne in meinen Haaren hysterisch zu werden. Denn würde sie mich stechen, wäre das das Ende für uns beide.

Natürlich blieb sie ruhig sitzen. Und ich hatte daran von vornherein nicht eine Sekunde lang gezweifelt.

Sicher am Ufer angelangt, löste ich die Biene vorsichtig mit den Fingern aus den Haaren. Ihre Flügel waren bereits trocken, und so setzte ich sie glücklich auf die nächste Blüte.

Dies sind durchaus gute Übungen, Ihre Konzentration zu steigern und mit anderen Lebewesen Kontakt aufzunehmen. Fangen Sie vielleicht klein an, heben Sie nach dem nächsten Gewitterregen eine Biene aus einer Pfütze, und tragen Sie sie auf dem Finger zur nächsten Blüte. Sie werden sehen, daß Sie nicht gestochen werden.

Stärkung des Urvertrauens

Derlei Übungen stärken Ihr Urvertrauen und helfen Ihnen, sehen zu lernen. Eine ganz erstaunliche Lektion darin, wie gut dies funktionieren kann, erteilte mir eine meiner Katzen. Zum Verständnis muß ich vorausschicken: Mein Vater als Jäger war zeitlebens ein überzeugter Katzenhasser. Katzen waren zwischen uns stets ein Streitthema, da ich Katzen schon immer liebte und noch immer liebe.

Es kam nun die Zeit, als das Leben meines Vaters dem Ende zuging. Mein Vater wurde sehr krank, er wurde bettlägerig und magerte stark ab. Stets hatte er gesagt: „Wenn mein Jagdhund stirbt, sterbe auch ich." Als in dieser Zeit sein Hund tatsächlich starb, rechnete ich mit seinem baldigen Ende. Zwei Monate später war es soweit.

Wärme für einen Sterbenden

Während dieser Monate kam meine Mutter zu mir auf einen kurzen Besuch, denn sie wollte meinen kranken Vater nicht lange allein lassen. Sie bat mich, ihr eine Katze zu leihen, denn allein ohne den Hund hielt sie es nicht aus. Ein neuer Hund kam aber nicht in Frage, und so dachte sie an eine Katze. Ich wandte ein, daß ihr die Katze nicht bleiben werde, denn da unsere Häuser nur fünf Häuser weit voneinander entfernt waren, würde sie rasch wieder nach Hause finden. Meine Mutter sah das ein und ging wieder.

Fünf Minuten später läutete das Telefon. Meine Mutter war am Apparat. Sie sagte: „Daisy ist bei mir, sie liegt bei Papa im Bett." Woraufhin sogar ich als Hellseherin erstaunt fragte: „Wie bitte?" Da meine Katzen frei aus und ein gehen können, hatte ich sie noch gar nicht vermißt. Doch ich konnte es kaum glauben.

Daisy hatte offenbar den Wunsch meiner Mutter verstanden und sich „freiwillig gemeldet". Sie war den Weg durch die Gärten vorausgeeilt, um dem erklärten Katzenfeind zu helfen.

Haller Hellseher-Karten

Tier

Als ich meinen Vater am nächsten Tag besuchte, bat er mich mit schwacher Stimme mühevoll: „Daisy gut, dalassen." Ich streichelte meine Katze zärtlich und meinte zu ihr: „Du hast ihm also doch noch die Liebe zu Katzen gelehrt." Natürlich blieb sie, wo sie war, als ich wieder nach Hause ging.

Drei Tage nach dem Tod meines Vaters kam sie zurück und betrat das Haus meiner Eltern seither nie mehr.

Seither bin ich sehr respektvoll geworden, was die geistigen Kontakte zu Tieren betrifft. Sie gehen über das angeborene Instinktverhalten ihrer Art weit hinaus. Lassen Sie diese Möglichkeit der Kommunikation nie außer acht. Es wird Ihnen viel Glück und Freude bringen.

Kleine Pannen am Rande

Nachdem ich in der Phase vor meiner professionellen Tätigkeit als Hellseherin immer wieder geübt hatte, mit meinem Bewußtsein meinen Körper zu verlassen, ist mir einmal eine eigenartige „Panne" passiert. Ich hatte dieses Ereignis nicht angestrebt, und ich hatte mich auch nie als heilig genug empfunden, um wirklich abzuheben. Doch genau das war es, was sich schließlich ereignete.

Abgehoben wider Willen

Die Geschichte passierte mir in Brasilia, der Hauptstadt Brasiliens, wohin ich meinen Mann auf einer Geschäftsreise begleitet hatte. Ich war fast allein in der großen Kathedrale, einem modernen runden

Bau mit sichtbaren Betonrippen, die in der Mitte zu einer Art Marienkrone zusammenlaufen.

In dieser Zeit meiner starken geistigen Suche ging ich immer wieder in eine leere Kirche, um Gott innerlich zu bitten, mich den richtigen Weg finden zu lassen. So auch in Brasilia. Die Kathedrale war fast leer – außer mir befanden sich nur zwei Einheimische im Kirchenraum –, und sie besaß eine einmalige, eindrucksvolle Atmosphäre.

Wellenartiges Rauschen

Ich betete inbrünstig und tief. Während dieses Gebets vernahm ich auf einmal ein eigenartiges Geräusch, das sich rhythmisch wiederholte. Es war ein auf- und abschwellendes Rauschen, das immer lauter wurde. In der Kathedrale sind frei schwebend steinerne Engel aufgehängt. Zu diesen sah ich hinauf, während dieses Rauschen immer stärker wurde, und verspürte dabei ein angenehm wohliges Glücksgefühl, das vielleicht eine Minute anhielt.

Zurück auf den Boden der Tatsachen

Als ich dann meinen Blick wieder nach unten richtete, merkte ich, daß ich aufrecht stehend einen halben Meter über dem Boden schwebte. Entsetzt stieß ich einen überraschten kurzen Schreckensschrei aus. Er brachte mich wieder auf den Boden der Tatsachen zurück, wo ich umgehend nach einer Sitzgelegenheit suchte. Mir zitterten die Knie, mein Kreislauf war im Keller, und ich brauchte eine ganze Weile, bis ich wieder aufstehen konnte.

Die beiden Einheimischen starrten mich entsetzt an und verließen fluchtartig die Kirche. Ich wagte es nicht, meinem Mann von diesem Erlebnis zu berichten, da ich wußte, daß er mich für verrückt erklären würde. Außer einem heftigen Fieberschub am selben Abend blieb dieses Erlebnis ohne körperliche Folgen.

Von Spannung und Spannungen

In der Phase, in der mein Mann und ich einander immer weniger verstanden, weil unsere geistigen

Einstellungen auseinandergingen, wiederholte sich ein Jahr lang immer wieder folgendes Ereignis:

Mein Mann saß in einem Raum und sah fern. Ich betrat diesen Raum, und der Fernseher fiel aus. Ich verließ den Raum, und der Fernseher war wieder in Ordnung.

Fernseher mit Eigenleben

Mein Mann konnte es nicht fassen. Als Techniker suchte er erst nach einer handfesten Ursache, fand jedoch keine. Also tauschte er die Fernseher aus. Das Gerät vom Wohnzimmer wanderte ins Schlafzimmer und umgekehrt. Doch es blieb dabei: Der Fernseher, der jeweils in dem Zimmer stand, das ich betrat, erlebte einen totalen Ausfall, der andere funktionierte gleichzeitig tadellos.

Nach einer Weile spielten auch die Glühbirnen im Zimmer mit. Wenn ich mit meinem Mann eine Auseinandersetzung hatte, gingen sie aus. Einmal legte ich den Strom in der ganzen Straße lahm. Als ich mich wieder entspannt hatte, ging er wieder an.

Heute habe ich dieses Phänomen im Griff, es passiert mir nicht mehr unkontrolliert.

Meinen umfangreichsten Erfolg in dieser Richtung erzielte ich jedoch während eines Kurzurlaubs in Kärnten. Und das kam so:

Nach meiner Scheidung fuhr ich häufig mit dem Zug und kam immer wieder mit interessanten Menschen ins Gespräch, die manchmal mit dem Austausch von Visitenkarten endeten. Dabei geschah es innerhalb eines Jahres zweimal, daß mir ein Herr aus dem Rheinland seine Karte gab. Einer davon war mir sehr sympathisch, und ich war für eine weitere Bekanntschaft durchaus offen.

Nach einem Jahr erhielt ich einen Anruf. Er denke immer wieder gern an unsere netten Stunden im Zug zurück, er sei jetzt geschieden und wolle mich gern näher kennenlernen. Freudig überrascht, sagte ich spontan ein Treffen zu. Sicherheitshalber sah ich noch in meine Karten, um zu erfahren, was daraus

Haller Hellseher-Karten
Junger Mann

Junger Mann, ein Freund, der kein Partner wird

Die falschen Schlußfolgerungen

Das Licht geht aus

werden könne. Ich sah aber nur die augenblickliche Situation: keine Partnerschaft und einen Schrecken, der sich in Lachen auflösen werde.

Trotzdem fuhr ich in freudiger Erwartung zu meinem Rendezvous und dachte, wir werden ja sehen. Wir hatten vereinbart, daß ich ihn vom Zug abholen würde und wir dann gemeinsam in einen netten Ferienort fahren würden. Der Zug fuhr ein, blieb stehen, und ich erstarrte.

Dem Zug entstieg der Falsche.

Mein erster Impuls war, wegzulaufen. Doch es war zu spät. Er hatte mich bereits entdeckt. Also mußte ich hindurch. Mit dem Stoßgebet: „Lieber Gott, hilf!" verschloß ich meine Bereitschaft für eine neue Beziehung und überlegte nur, wie ich dieses Wochenende in Anstand und Sitte hinter mich bringen sollte.

Zur Begrüßung setzte ich ein kategorisches „Nein" auf und erklärte ihm, er dürfe aus meiner Bereitschaft zu diesem Treffen keine falschen Schlüsse ziehen. Es gehe rein um ein geselliges Wochenende.

Offenbar war ich nicht sehr überzeugend, denn am Abend kam es zu folgender Szene: Ich kam im hochgeschlossenen Nachthemd aus der Dusche und wollte noch etwas fernsehen, als es an meiner Tür klopfte. Etwas überrascht, mich aber halbwegs passend bekleidet wähnend, öffnete ich.

Mit einem Mal hatte ich einen feurigen Liebhaber im Zimmer, der mich in eine Ecke des Raumes drängte und begann, zudringlich zu werden. Das nun aber war keineswegs in meinem Sinne. Ich funkelte ihn an und sagte mit eisiger Stimme: „Laß mich in Ruh!" – Ohne Erfolg. Er setzte seine Bemühungen fort und bedrängte mich weiter.

Daraufhin ging zuerst im Raum das Licht aus, anschließend im gesamten Hotelbereich, danach im ganzen Ort und schließlich sogar auf der Burg, die ich von der Ecke, in die er mich gedrängt hatte, durch das Fenster sehen konnte. Zu diesem Zeitpunkt rang ich bereits mit dem Mann und stand unter höchster Anspannung.

Das Hotel hatte kleinteilige Sprossenfenster. Plötzlich machte es „Ping!", und mit lautem, hellem Knall zerbarst eine Fensterscheibe. Darauf folgte die zweite, die dritte, eine vierte.

Zartbesaitete Glasscheiben

Nach dem fünften Knall dämmerte meinem verhinderten Liebhaber, daß diese Ereignisse irgend etwas mit uns zu tun haben könnten. Er ließ endlich von mir ab, sank auf die Knie und bettelte: „Bitte, bitte, tu mir nichts!"

Prompt konnte ich der Szene etwas Komisches abgewinnen. Mit einem gewissen Sinn für Theatralik ließ ich ein hexenhaftes „Hi-hi-hi" erklingen. In diesem diabolischen Gelächter entlud sich meine Spannung, und die Lichter kehrten in der umgekehrten Reihenfolge zurück, in der sie ausgegangen waren: Erst wurde es auf der Burg wieder hell, dann im Ort, dann im weiteren Hotelbereich, und schließlich auch bei uns im Zimmer. Ich sah, daß mein verhinderter Liebhaber nun doch recht bleich um die Nase geworden war, lud ihn auf einen Drink aus der Zimmerbar ein und entließ ihn dann ohne Groll.

Die Spannung entlädt sich

Hellsehen mit allen Sinnen

Die heilige Johanna von Orléans hörte Stimmen. Abraham hörte Stimmen. Um genauer zu sein: er hörte eine Stimme, nämlich die seines Gottes. Manchmal sah er ihn auch. Moses hörte Stimmen. Samuel hörte Stimmen. Edgar Cayce hörte Stimmen.

Stimmen hören

Johannes der Evangelist hatte eine Vision, der Prophet Jeremia und Jeane Dixon hatten Visionen.

Bilder sehen

Auch mit dem Körper können wir „hellsehen", das heißt in diesem Fall: in andere hineinspüren und erkennen, was ihnen fehlt. Wir können also tatsächlich hellsehen mit allen Sinnen.

Organe spüren

Stimmen hören

Viele Menschen, die weder Propheten noch schizophren sind, haben schon Stimmen gehört. Heutzutage sind es übrigens meist Frauen. Wenn Sie den Abschnitt „Was ist eine Trance?" nicht überblättert haben, ist Ihnen auch sofort klar, warum das so ist: Frauen denken mit dem gesamten Gehirn.

Die Sprache der Götter

Die Sprache der Götter in der Ilias ist keine Prosa, sondern gebundene Sprache, genauer: daktylische Hexameter.

Auch das Orakel des Apollontempels in Klaros ganz in der Nähe von Ephesos, wo zu Tacitus' Zeit ein Mann weissagte, sprach in Versen.

Propheten bzw. die Götter, deren Worte die Propheten ja wiedergaben, und Dichter hatten also gemeinsam, daß sie in Versen sprachen. Homer, der Dichter der Ilias, wurde ganz passend auch als blinder Seher dargestellt.

Dichtung und Prophezeiungen

Verblüffenderweise ist auch die Form, in der Dichtung entstand, der Entstehung einer Weissagung sehr ähnlich: Bis ins achte Jahrhundert vor Christus hörte der Dichter Stimmen, die ihm das Werk offenbarten. Zur Zeit Platons fand die Inspiration bereits in dichterischer Ekstase statt, also in einem veränderten Bewußtseinszustand, und das Werk kam über ihn als eine außersinnliche Wahrnehmung. Morgan Robertson, der den Untergang der Titanic vorhersah, erlebte genau so etwas, wenn er seine Romane und Geschichten schrieb.

Die älteste Dichtung war überhaupt Gesang. Das gilt nicht nur für Europa: Erinnern Sie sich an meine oben geschilderte Palmblattlesung? Die Palmblätter sind in einer sehr alten Sprache beschrieben. Was der indische Gelehrte vortrug, war tatsächlich mehr Gesang als Sprache.

„Singe, o Göttin, den Zorn ..."

Die Ilias beginnt mit der Aufforderung: „Singe, o Göttin, den Zorn ..." Götter singen. Es gibt Versuche, die Ilias als Sprechgesang vorzutragen, und die Wirkung soll ungeheuer eindrucksvoll sein.

Das Singen ist eine sehr alte Gehirnleistung. Untersuchungen an Patienten, die nach einem Gehirnschlag schwere Schäden in ihrer linken Gehirnhälfte hatten, haben gezeigt: Diese Patienten konnten noch singen. Das Singen hat seinen Platz in der rechten Gehirnhälfte, der „stummen" Seite, die auch die Götterstimmen in Sprache umsetzt. Das Singen ist sehr alt und wie die Götterstimmen sehr eindringlich: Säuglinge reagieren auf Gesang, wie jede Großmutter weiß, indem sie sich beruhigen und zuhören. | Die Macht des Gesangs

Schamanen und Indianer, Aborigines in Australien und meditierende Yogis wissen noch um die Herkunft und Wirkung des Gesangs und setzen sie entsprechend ein.

Wenn ich selbst medial höre, höre ich nicht etwa Gedichte und Gesänge – doch ist die Sprache, in der ich meine Informationen erhalte, oft bildhaft und fast poetisch. Moderne Kraftausdrücke, die in unserer Umgangssprache gang und gäbe sind, kommen in der Sprache meiner Wesen nicht vor. | Die Sprache meiner geistigen Führer

Manchmal kommt mir das, was ich höre und weitergebe, für mein Gegenüber mißverständlich vor. Dann halte ich kurz inne, unterbreche und übersetze ihm das, was ich zuvor gehört hatte, in unser heutiges Alltagsdeutsch, damit er es besser verstehen kann.

Bilder sehen

Bisher ging es in diesem Buch meistens um akustische Halluzinationen. Das liegt daran, daß ich die meisten Informationen höre. Doch Bilder, Visionen, also optische Halluzinationen, sind viel häufiger.

Jeder von uns sieht mit dem inneren Auge Bilder. An manche können wir uns erinnern, an die meisten nicht. Diese Bilder haben einen allgemein anerkannten Namen: Traum. | Bilder vor dem inneren Auge

Immer wieder werde ich gefragt, wie das aussieht, was ich sehe. ob die Bilder farbig, scharf oder verschwommen sind. Ich antworte immer, sie seien wie im Traum. Wenn ich ein Bild sehe, bleibt es immer ein wenig unklar. Ich erkenne zwar, ob die Person, die ich sehe, dick oder dünn ist, ich erkenne ihre Haarfarbe und sehe, ob sie hinkt, ich nehme aber keine Details der Gesichtszüge wahr.

Schemenhaft wie im Traum — Bilder bleiben zunächst schemenhaft, wie in einem undeutlichen Traum. Aus diesem Grund ist ein solches Bild auch nur begrenzt hilfreich, wenn die Polizei mit mir in Zusammenhang mit der Aufklärung eines Verbrechens Kontakt aufnimmt: Der Täter ist schemenhaft eingrenzbar. Seine Kleidung, seine Größe, seine Körperstatur kann ich recht gut beschreiben. Seine Gesichtszüge sehe ich jedoch nicht so scharf, daß ein Phantombild möglich wäre.

In Einzelfällen, in denen das Medium persönlich betroffen ist, also unter besonders großem persönlichem Streß, mag das anders sein, das Normale ist es nicht.

Wenn wir träumen, sehen wir Bilder unserer rechten Gehirnhälfte, und diese verarbeitet Informationen aus den älteren Gehirnteilen (siehe oben ab Seite 108).

Wir träumen ständig — Eigentlich träumen wir ständig. Nur: Meistens sehen wir diese Bilder nicht, weil unser Bewußtsein den aktuellen Bildern unserer Augen mehr Energie, mehr Aufmerksamkeit schenkt und die Traumbilder darunter untergehen.

Nur im Schlaf, wenn die äußeren Augen geschlossen werden und das Bewußtsein in Ruheposition geht, haben die Bilder aus den ältesten Teilen unseres Gehirns eine Chance, auch tatsächlich gesehen zu werden. Marlo Morgan beschrieb nach ihrem Walkabout mit australischen Aborigines, daß diese die Nacht eigentlich nur dem Erholungsschlaf widmeten und der Ansicht waren, zum Träumen sei am Tag genug Gelegenheit. Sie hatten also keinerlei Probleme damit, auch tagsüber ihre Traumbilder zuzulassen.

„Zum Träumen ist am Tag Zeit genug"

Wie beim Hören geht es für uns also auch beim Sehen darum, sich in einen veränderten Bewußtseinszustand zu begeben, in dem wir die Bilder aus der rechten Gehirnhälfte auch tatsächlich wahrnehmen können.

Unser tatsächliches Auge kann uns dabei helfen: Wenn wir während der Entspannung Götterfiguren, Mandalas oder Marienbilder ansehen – nicht wie Fotos in einem Bilderalbum, sondern indem wir darüber meditieren –, können die tatsächlich wahrgenommenen Bilder unseren Geist für andere Bilder öffnen, die damit in Verbindung stehen. Die Wahl des passenden Bildes bleibt jedem selbst überlassen.

Meditationshilfen

Auf die Frage, was wir im Traum sehen, woher also die Traumbilder stammen, möchte ich hier nur sehr kurz eingehen. Ich glaube, es gibt mehrere Arten Traumbilder: solche, die aus unserer eigenen Psyche kommen und Tageserlebnisse verarbeiten, und solche, die von außen kommen wie die Stimmen der Götter. Dies sind die Wahrträume.

Die Quelle der Bilder

Wahrträume können Bilder aus der Vergangenheit, Bilder aus der Gegenwart und aus der Zukunft enthalten – ganz genauso wie das auch für gehörte Botschaften gilt. Warum das so ist, habe ich oben auf Seite 117 erklärt.

Körperteile spüren

Im Laufe des 20. Jahrhunderts gelangte aus Japan eine Kunst in den Westen, die inzwischen viele Anhänger gewonnen hat: Reiki. Sie wurde ursprünglich als Antwort auf die Frage gefunden: „Wie heilte Jesus?"

„Wie heilte Jesus?"

Reiki ist heute auch nur am Rande esoterisch bewegten Menschen ein Begriff und gewissermaßen in aller Munde. Es werden Kurse angeboten, in denen man Reiki lernen kann, und eine immer breitere Schicht von Menschen läßt sich in diese Kunst einweihen. Reiki ist mit einer Bewußtseinsbildung verbunden, wer es lernt, lernt zugleich verantwortlich damit umzugehen.

Wir sind nur ein Kanal, durch den Energie fließt

Besonders wichtig ist, daß derjenige, der einem anderen Reiki gibt, sich nur als Kanal empfindet, durch den diese Form der Energie fließt.

Obwohl bei einer Reiki-Behandlung die Hand meist über dem Körper des Empfängers bleibt, nennt der Volksmund Reiki meist „Handauflegen".

Bei mir brach diese Begabung bereits lange vor dem Hellsehen aus. Ich war jung verheiratet, als ich bemerkte, daß ich in dieser Hinsicht eine Begabung hatte. Damals war das Handauflegen einer breiten Masse noch sehr suspekt und wurde unter Aberglauben gereiht.

Handauflegen und Aberglauben

Daß ich diese Begabung überhaupt bemerkte, verdanke ich einer sehr geschickten Krankenschwester in meinem Heimatort, die auf unerklärliche Weise Diagnosen stellen konnte, die sich dann bewahrheiteten. Sie „sah" die Krankheiten der Patienten. Immer wieder war sie in London, wo ihre Fährigkeiten geschätzt wurden und wo Krankenhäuser sie gezielt hinzuzogen. Ich habe sie als reizende, sehr naturverbundene grauhaarige Frau in Erinnerung, die stets mit dem Fahrrad fuhr. Als ich ein Kind war, wohnten wir im selben Viertel.

Eines Tages, ich war etwas über 20 Jahre alt und jung verheiratet, blieb sie mit dem Fahrrad stehen und sprach mich an: „Sag, bist du nicht die Rosalinde?" – „Ja, natürlich", bestätigte ich. Die Hände am Fahrradlenker, sagte sie zu mir: „Ich muß dir etwas sagen. Du solltest Menschen die Hände auflegen, du hast heilende Hände."

Sie sah es bei mir, und seit sie es gesagt hatte, ist es mir auch bewußt geworden. Bei Bekannten und Freunden habe ich mich dann kurzfristig auf ihre

Organe konzentriert, indem ich die Augen auf den Körper gerichtet habe, an die einzelnen Organe gedacht habe und dann gespürt habe, welches gesund und welches nicht in Ordnung war.

Mit medialem Blick in den Körper

Natürlich fing ich dann auch an, die prophezeiten Kräfte durch Handauflegen auszuprobieren – und habe festgestellt, daß dadurch Blutungen gestillt wurden, Warzen abfielen oder Nierensteine in Bewegung kamen. Ich glitt damals mit kreisenden Bewegungen mit beiden Händen über den Körper. Dann habe ich den Körper zu den Seiten hin ausgestrichen und die Energie weggeschüttelt. Wichtig war anschließend, die Hände zu waschen.

Als besonders schön bei diesem Vorgehen habe ich es immer empfunden, daß man mit dem Handauflegen Heilkraft bringen, aber kein Unheil anrichten kann. Es kann helfen oder auch nicht. Auf jeden Fall aber geben Sie dem anderen damit positive Kraft. Wenn Sie oder Ihre Angehörigen körperlich nicht heil sind, können Sie so versuchen, ihre Selbstheilungskräfte zu wecken und so die Heilung zu unterstützen. (Muß ich eigens erwähnen, daß eine derartige „Behandlung" natürlich keinen Artzbesuch ersetzen kann?)

Heilkraft ohne zu schaden

Ich selbst sehe es nicht als meine Aufgabe an, den Menschen mit Handauflegen zu helfen. Im Reiki-Kurs kann jeder lernen, sich selbst zu behandeln. Doch vergessen Sie nie die seelische Komponente, und versuchen Sie immer, einen Schritt über das rein Körperliche hinauszugehen. So erreichen Sie das Ziel, höher und glücklicher zu denken.

Selbstbehandlung

Noch ein Tip für die, die nicht wie ich den medialen Blick für die einzelnen Organe haben. Anfangs werden Sie vielleicht nicht spüren, welches Organ betroffen ist. Keine Sorge. Wenn Ihnen der andere nicht sagen kann, wo es ihm weh tut (in diesem Fall legen Sie die Hände über die schmerzenden Stellen), legen Sie einfach in einer Art segnenden Geste die

Energie mit dem Wunsch zu Heilen

Hand über seinen Kopf, und schenken Sie ihm positive Energie. Wenn sie mit dem Wunsch des Heilens und Helfens gesendet wird (... wenn es erlaubt ist!), kann diese Energie auf keinen Fall schaden. Nochmals: Daß dies keinen Arztbesuch ersetzt, versteht sich von selbst.

Mit Handauflegen beruhigt jede Mutter erfolgreich ihr nervöses Kind. Es hat also nichts besonders Magisches.

Wenn heute jemand mit einem körperlichen Leiden zu mir kommt, sehe ich oft medial, zu welchem Arzt er gehen sollte. Der eine gehört dringend zum Internisten, weil sein Blinddarm entzündet ist, der andere braucht einen Chiropraktiker, den dritten schicke ich vielleicht zum Homöopathen.

Die Angst vor dem Arztbesuch

Dies finde ich bei Kranken die verantwortungsvollste Art des Hellsehens. Das schöne dabei ist, daß man auf diese Art vielen Menschen die Angst vor dem Arztbesuch nehmen kann und daß sie auch mit ganz ungefährlichen Medikamenten gesund werden. Viele berichten mir hinterher, welche Beruhigung der Besuch beim Arzt doch für sie war.

Ich möchte nicht durch Handauflegen heilen, ich möchte vielmehr auf den Geist und die Seele der Menschen einwirken. Hier liegt der Ursprung aller Krankheiten und Fehlentwicklungen, und indem ich hier helfend eingreife, brauchen Krankheiten gar nicht erst zu entstehen.

Diagnosen beim Frauenarzt

Gerade auf dem Gebiet der Medizin habe ich schon erstaunliche Erfolge als Hellseher gehabt. Besonders meinen Frauenarzt, mit dem ich mittlerweile persönlich befreundet bin, habe ich bei meinem ersten Besuch sehr verblüfft. Ich hatte ihn über Empfehlung von Freunden aufgesucht, und auch er war bereits ein wenig neugierig. Womit er aber nicht gerechnet hatte, war folgendes:

Als ich in seine Ordination kam, stand am Bildschirm ein anonymes Ultraschallbild von einer mir unbekannten Patientin, das er gerade auswertete. Ich sah interessiert hin und fragte als kompletter medizinischer Laie: „Welchen Körperteil zeigt das?" – Denn die Organe hatte ich ja stets nur medial gesehen.

Er antwortete trocken: „Die Gebärmutter."

Ich sagte darauf: „Ach, sie hat nichts – sie ist zu 80 Prozent gesund, nur eine kleine Störung von etwa 20 Prozent, und das nur im äußeren Bereich."

Er horchte auf und zeigte mir dann noch weitere zehn Bilder – völlig anonym natürlich. Jedesmal kam wieder die richtige „Diagnose".

Lachend gab er es auf und kommentierte: „Ich frage mich, wozu ich so lange studiert habe!"

„Wozu habe ich eigentlich studiert?"

Bald darauf machte er sich um mich Sorgen, weil meine linke Brust zu nässen begann. Ich stand damals aber vor einer beruflichen Reise und konnte ihn daher nicht aufsuchen. Also schickte ich ihm den Mammographiebefund und meine Handy-Nummer, mit dem Kommentar, ich sei überzeugt, ich habe sowieso nichts Ernsthaftes.

Auch nach meiner Rückkehr drei Wochen später konnte ich vor lauter Arbeit einen Monat lang nicht zum Frauenarzt gehen. Ich fühlte mich trotz meiner heftig nässenden Brust aber gesund und war nicht weiter beunruhigt.

Selbstdiagnose eines Mediums

Als ich endlich abends einmal zu vernünftiger Zeit mit der Arbeit fertig war, suchte ich ihn auf. Er war entsetzt, als er mich untersuchte, dachte bereits an eine Operation, schickte mich aber vorher noch zu einem Kollegen zur Infiltration. Dieser Kollege war ganz reizend, nahm mich auch sofort dran (die Patienten in seinem vollen Wartezimmer mögen mir verzeihen), und versuchte meine Brust zu infiltrieren. Er mußte jedoch unterbrechen, da er einen wichtigen privaten Anruf bekam. Es ging bei ihm um eine schicksalshafte familiäre Entscheidung.

Meine Infiltration klappte zwar an diesem Tag nicht, letzten Endes kam es zu einer Mammographie mit dem Befund: kein Krebs, nicht schneiden – doch aufgrund meiner hellseherischen Fähigkeiten konnte ich ihn in seiner privaten Angelegenheit beruhigen. Heute glaube ich, dies war der eigentliche Grund, aus dem ich zu ihm gehen mußte.

Mein Frauenarzt glaubte endlich an mein hellseherisches Talent auch in bezug auf meinen eigenen Körper, gab mir spezielle Antibiotika, und zwei Wochen später war ich wieder gesund.

Vom Schamanen und Medizinmann zum Arzt und Propheten

Auch andere Ärzte sind bereit, an die beruhigende Kraft der Hellsichtigkeit zu glauben, dank derer man sehen kann, ob es gefährlich wird oder ob es gut ausgeht. Diese beruhigende Kraft sollte man immer wieder einsetzen. Viele Ärzte bedienen sich dieser Hilfe. Das freut mich sehr, weil Medizin und Hellsichtigkeit früher einmal in einer Person vereint waren: der Schamane, der Medizinmann war zugleich Arzt und Prophet, und Krankheiten galten als Dämonen, die von den Göttern gesandt wurden.

Instinktive Analyse

Heute ist die Ausbildung der Ärzte so technisch-rational, daß ihre diesbezüglichen Fähigkeiten oft auf der Strecke bleiben oder unterdrückt werden. Wie anders war das noch bei Noah Gordonds „Medicus"! Umso schöner ist es, wenn heute die Verbindung in zwei Personen wiederhergestellt wird – auch wenn man sieht, daß es um den Kranken nicht gut steht,

Die beruhigende Gegenwart der Hellseherin

Ein Venenspezialist, zu dem ich meine Freundin begleitete, bat mich spontan, doch gleich dazubleiben. „Sie beruhigen Ihre Freundin mit Ihrer Anwesenheit und indem Sie ihre Hand halten, so gut, da brauchen wir keine Beruhigungsspritze."

Andere anwesende Patienten, die das gehört hatten, baten ebenfalls darum, daß ich bei ihnen bleiben solle. So wurden an diesem Nachmittag mehrere Patienten ohne Beruhigungsmittel, dafür aber mit der beruhigenden Anwesenheit einer Hellseherin operiert.

Die Tiefe der Trance

Von Schamanen wissen wir, daß sie in Trance arbeiten, von Propheten der Antike wie der Pythia oder den Sibyllen wissen wir es, die Träume der Patienten in antiken Asklepiosheiligtümern sind in Trance gesehene Bilder, und auch Edgar Cayce fiel in Trance, wenn er sah.

Die Tiefe der Trance war dabei höchst unterschiedlich. Cayce schlief fest und konnte sich hinterher an nichts erinnern. Die Pythia lallte zum Teil unverständliche Worte, war also auch in einer recht tiefen Trance.

Für meine Art des Wahrsagens oder Hellsehens ist eine so tiefe Trance nicht zielführend. Wie schon das Wort sagt, soll ein Wahrsager ja etwas sagen, also klar und verständlich sprechen. Die Pythia hatte um sich herum assistierende Priester, die ihre Worte aufnahmen und deuteten. Ich aber arbeite lieber einfach und allein.

Das hat aber zur Folge, daß ich darauf achten muß, nicht zu tief abzugleiten. Wenn ich spüre, daß die Trance zu tief wird, wenn ich merke, daß ich unverständlich spreche, breche ich ab, steige kurz aus und neu ein und achte dann darauf, diesmal seichter zu werden.

Damit schließe ich eher an schamanische Traditionen an. Auch dem Schamanen geht es darum, in der anderen Wirklichkeit etwas zu erfahren oder gar zu bewirken, gleichzeitig aber kontrollierte, zweckgerichtete Handlungen setzen zu können. Das gelingt nicht, indem er die linke Gehirnhälfte komplett ruhigstellt. Vielmehr muß er beide Gehirnhälften miteinander harmonisieren und in Gleichklang bringen. Sein Ziel ist es dahinzukommen, daß die „stumme" rechte Gehirnhälfte gehört werden kann, ohne daß die linke Gehirnhälfte deshalb völlig abschalten würde.

Fester Schlaf

Unverständliches Lallen

Trance an der Oberfläche

Harmonisierung beider Gehirnhälften

Das Ende der Trance

Während der Trance sind Körper und Großhirn in Ruheposition. Sobald man diese Ruheposition beendet, wird die Trance wieder von unserer lauten, geschäftigen Tageswelt überlagert, und man kehrt zurück ins Hier und Jetzt.

Bewegung und frische Luft

Um aus der Trance herauszukommen, reicht meist eine kurze, rasche körperliche Bewegung. Ob Sie ein paarmal in die Hände klatschen oder aufstehen und Arme und Beine ausschütteln, bleibt Ihnen überlassen. Frische Luft ist sehr hilfreich. Ich lüfte meist ein paar Minuten oder gehe, wenn möglich, kurz an die frische Luft und verschaffte mir etwas Bewegung. Danach bin ich wieder ganz da.

... und nachher unter die Dusche

Damit der Kanal nicht verstopft

Jedes Medium ist nur ein Vermittler zwischen dem Fragenden und der Botschaft, die er für ihn erhält. Das Medium dient gleichsam als Kanal, durch den die Fragen und Botschaften fließen. Und wie jeder Kanal läuft es Gefahr zu verstopfen.

So wie ein Kanal mit Wasser und Bürste von den Rückständen alles dessen gereinigt werden muß, was da durch ihn hindurchgeflossen ist, muß sich auch das Medium immer wieder bewußt reinigen. Wenn man diese Regel vergißt, bleibt zu viel fremde Energie hängen – ein Problem, mit dem auch Therapeuten und Krankenschwestern zu kämpfen haben, eigentlich alle Angehörige helfender Berufe.

Probleme anderer abspülen

Es ist notwendig, dafür zu sorgen, daß man die Probleme anderer nicht zu den eigenen macht. Das ist gottlob einfacher, als es klingt:

Wenn ich meine Hände kurz unter fließendes Wasser halte, fließt viel von dem, was von meiner Arbeit an mir hängengeblieben ist, von mir ab. Nach einer längeren, intensiven Arbeit gehe ich auch unter die Dusche. Wasser reinigt und klärt eben nicht nur die sichtbaren Teile unseres Körpers.

Die reinigende Kraft des Wassers

Der Trick mit der Dusche ist alt und erfahrenen Müttern längst vertraut. Wie oft wurde uns als Kind mit der kalten Dusche gedroht, wenn wir „gesponnen" haben? Das Dumme daran ist: Es hätte geholfen, und wir hätten uns auch über die Wirkung gefreut, wäre da nicht die Temperatur des Wassers gewesen. Heute ist muß die Dusche nicht mehr kalt sein, und wir können es uns leisten, mehrmals täglich kurz darunter zu steigen, um uns von Belastungen oder Spannungen abzuspülen. Am besten wirkt eine lauwarme Dusche von etwa Körpertemperatur.

Auch ein Bad in Salzwasser kann wunderbar klärend und reinigend wirken – übrigens auch auf die Kanäle, durch die das Wasser hinterher abfließt. In der Geschirrspülmaschine wird es direkt zum Regenerieren benutzt. Eine ähnliche Wirkung übt es auch auf unseren Geist aus.

Salzwasser

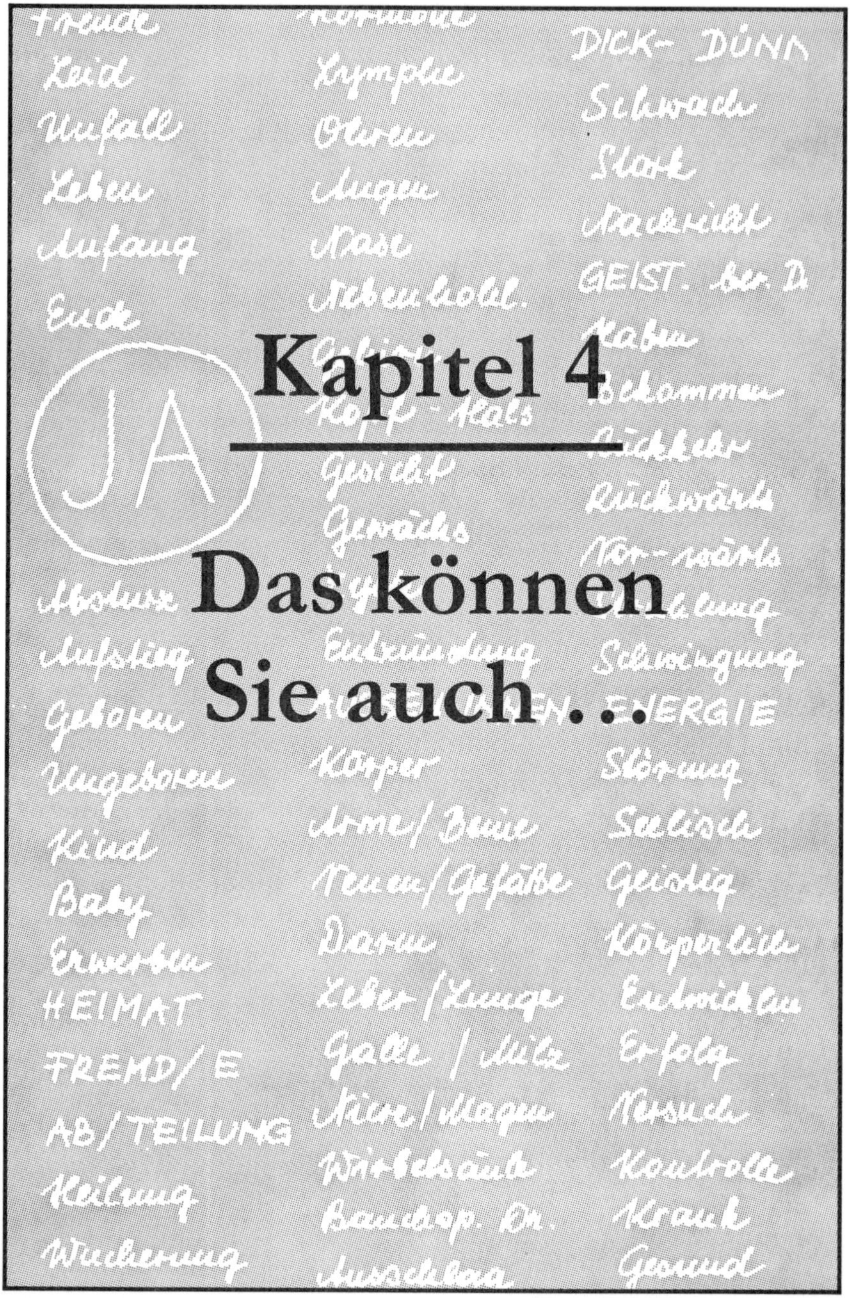

Kapitel 4

Das können Sie auch …

Wege zum Hellsehen

Sie können hellsehen. Die Fähigkeit dazu ist Ihnen, ist uns allen angeboren. Wie sehr jeder einzelne diese entwickelt und welche Begabung er dafür hat, ist von Mensch zu Mensch unterschiedlich.

Neben der biologischen Ausstattung gibt es ein paar Charakterzüge, die den Zugang zum Hellsehen erleichtern können. Das sind: die Fähigkeit zur Innenschau und zu tiefer Konzentration, zu Meditation oder doch zu Tagträumen, und ein intensiver Wissensdrang (wer nicht fragt, erfährt nichts; wer an die andere Wirklichkeit in der Absicht herangeht, es ihr jetzt einmal ordentlich zu zeigen, wird sie nie erreichen). Notwendig ist auch die innere Überzeugung, daß wichtige Informationen über das innere Ohr überhaupt empfangen werden können.

Oft sind es Leute um das vierzigste Lebensjahr, die diese Voraussetzungen sehr gut erfüllen. Oft sind es Menschen, die sich nicht mit dem zufrieden- geben, was ihnen andere als Antwort auf ihre wichtigen Fragen geben. Oft sind es Personen, die nach einem Sinn in ihrem Leben oder nach ihrer wahren Lebensaufgabe suchen. Sehr oft sind es Menschen, die unter großem Druck stehen und die mit fast übermenschlicher Energie immer wieder ungeheure Kräfte mobilisieren, um allen widrigen Umständen zum Trotz den nächsten Schritt zu tun.

Mitteilungen aus der anderen Wirklichkeit sind zunächst keineswegs spektakulär. Sie können als spontane Entschlüsse zu uns kommen, als intuitive Einfälle, als das Wissen, wer am Telefon sein wird, das gerade klingelt. Sie können als Ereignisse kommen, die unverhofft eintreten, als blitzartige Erkenntnis, als das klassische Licht, das Ihnen aufgeht.

— Hellsehen ist uns angeboren

— Geistige Offenheit

— Wenn Ihnen ein Licht aufgeht

Hellsehen setzt voraus, daß wir unser Bewußtsein verändern, daß wir uns öffnen für Mitteilungen von außerhalb unserer Persönlichkeit, und das bedeutet, daß wir bereit sein müssen, die Grenzen unserer Persönlichkeit zu durchbrechen.

Hellsehen heißt klar sehen

Hellsehen hat mit hell oder klar, ja mit wahr zu tun. Wer aber klar sehen will, muß damit anfangen, sich selbst klar zu sehen, sich richtig einzuschätzen. Er muß sich selbst und dann auch seiner Umgebung gegenüber ehrlich sein. Wahrheit läßt sich nicht manipulieren. Wer die Wahrheit manipuliert, manipuliert sich selbst.

Gefahren des Hellsehens

Wer hellsehen will, muß sich selbst gut kennen und sich auf sich selbst verlassen können. Er muß fest im Hier und Jetzt verankert sein.

Die Grenzen der eigenen Persönlichkeit

Das ist so wichtig, daß man es nicht oft genug betonen kann: Ohne sich selbst zu kennen, kann und darf man die Grenzen der eigenen Persönlichkeit nicht überschreiten. Wie soll man diese Grenzen überhaupt finden, wenn man sich nicht sehr gut selbst kennt? Wer seine Seele auf Wanderschaft schickt, muß sich darauf verlassen können, daß sie auch wieder zurückkommt.

Wie ernst ich diese Warnung meine, mögen die folgenden Beispiele zeigen:

Reise ohne Rückfahrkarte

Als allmählich bekannt wurde, daß ich eine Hellseherin war, bei der es immer wieder zu paranormalen Randphänomenen kam, lernte ich einen Wissenschaftler von der Universität Graz kennen, der mich privat darauf ansprach. Einer seiner Kollegen war psychokinetisch begabt und beschäftigte sich auch mit Pendeln, Rutengehen und ähnlichen Phänomenen.

Gefahren des Hellsehens

Nach einigen Gesprächen wurde vereinbart, daß mich ein Kleinbus mit Wissenschaftlern und ihren Frauen für ein „paranormales Wochenende" aufsuchen sollte. Für einge der Herren sah ich zunächst in die Zukunft. Aufgrund des Gesehenen waren sie von meiner Arbeit überzeugt und sicher, daß ich kein Scharlatan war.

Wir führten danach einige Tests durch, um herauszufinden, wie weit meine Begabung auch auf anderen Gebieten reichte. Einer bestand darin, einen Korken mit einer Nadel darin, an der als Fähnchen ein Stück Papier befestigt war, unter einem Glas zum Kreiseln zu bringen. Das gelang dem begabten Kollegen aus Graz und mir gemeinsam ohne Probleme.

Kurz vorher war das Buch *Gespräche mit Seth* erschienen, es war in Esoterikkreisen in aller Munde und beschäftigte auch uns an diesem Wochenende.

Die Gattin eines Gastes, die ich als suchend, wenngleich etwas verkrampft erlebt hatte, verfolgte alle Versuche und Gespräche mit auffälligem Interesse. Tatsächlich passierte es am späteren Abend: Als alle bereits müde wurden (es war kein Alkohol im Spiel gewesen), behauptete sie auf einmal, Seth zu hören.

Das war für uns sehr überraschend, da sie in ihrem ganzen Leben vorher keine Anzeichen einer übersinnlichen Begabung gezeigt hatte.

Sie begann rhythmisch zu sprechen: „Ich bin Seth, ich bin Seth" – immer wieder dieser Satz. Ich reagierte etwas skeptisch, ihr Mann war aber durchaus interessiert. Sie behauptete daraufhin, Seth sage ihr, alle Skeptiker sollten bitte den Raum verlassen. Was meine Skepsis eher erhöhte.

Wir hörten dann durch die geschlossene Tür stundenlang dieses rhythmische „Ich bin Seth". Ich begann mir Sorgen zu machen, weil ich klar erkannte, daß diese sehr liebenswerte und völlig normale Frau in einen Geisteszustand hineingerutscht war, der ihr nicht zuträglich war und mit dem keiner von uns

Ein „paranormales Wochenende"

Psychokinese

„Gespräche mit Seth"

Haller Hellseher-Karten

Gedanken

wirklich umgehen konnte. Erst als sie in einen erschöpften Schlaf fiel, verstummte ihr monotones „Ich bin Seth".

Am nächsten Morgen sprach ich besorgt mit ihrem Mann. Ich riet ihm, seine Frau zu beobachten und gut auf sie achtzugeben. Sie wachte etwas später auf und war immer noch überzeugt, in Zukunft auch weiterhin Seth empfangen zu können. Ich hätte mich für sie gefreut, war aber skeptisch, da sie außer dem rhythmisch wiederholten immer gleichen Satz nichts anderes als Seth gesagt hatte. Ich konnte jedoch nichts anderes tun, als ihrem Mann ans Herz zu legen, gut auf sie achtzugeben. Am Nachmittag reiste die Gruppe ab.

Wer sich auf der Suche verliert

Später erfuhr ich von dem Ehemann, daß er seine Frau erst nach einigen Wochen mit erheblicher Mühe aus diesem Rad wieder herausbekommen hatte. Er hatte dazu tatsächlich die fachmännische Hilfe eines Psychiaters benötigt, der sie erst medikamentös behandelt und dann mit Gesprächen wieder zurückgeführt hatte.

Nicht nur mir, uns allen war seither noch stärker als zuvor bewußt, daß nicht jeder veränderte Bewußtseinszustand für jeden Menschen gut ist. Seither gehe ich noch vorsichtiger mit derartigen Phänomenen um und empfehle auch allen Freunden, ihre Versuche in dieser Richtung rechtzeitig zu stoppen.

Wenn Geister nicht mehr loslassen

Eine andere Gefahr beim Überschreiten der Grenzen des Bewußtseins ist, daß man Wesen anzieht, die man nicht mehr los wird.

Okkultismus

Im 19. Jahrhundert kamen verschiedene Methoden auf, mit Geistern Kontakt aufzunehmen. In allen europäischen Städten schossen okkultistische Gesellschaften wie Pilze aus dem Boden, die derartige Phänomene erforschen wollten.

Gefahren des Hellsehens

Am bekanntesten ist das Tischerücken: Man setzt sich im Kreis um einen Tisch, auf dem ein großer Zettel liegt, auf dem ringsum Buchstaben des Alphabets stehen. Mitten auf dem Tisch steht ein Glas. Man faßt sich bei der Hand oder legt die Handflächen auf den Tisch, und wenn nun der Geist eines Verstorbenen angerufen wird, beginnt das Glas zu wandern, von einem Buchstaben zum anderen, und so gibt der Geist Antwort.

Wenn man den Geist eines Verstorbenen ruft, kann man damit durchaus liebe Angehörige erreichen, die einem wirklich wohlgesonnen sind. Nur darf man von ihnen nicht erwarten, daß sie alles in der Zukunft sehen, nur weil sie sich in der anderen Dimension befinden. Dies hängt von ihrem Entwicklungsstadium ab. Speziell frisch Verstorbene sind noch nicht charakterlich abgeklärt und können den Fragenden auch narren oder foppen.

Frisch Verstorbene können zwar noch nicht weiter in die Zukunft sehen, können aber sehr wohl über Dinge aus der Vergangenheit und der nahen Zukunft Auskunft geben. Man sollte diese Mitteilungen jedoch als das sehen, was sie sind: als ihre persönliche Meinung, nicht als die prophetische Aussage eines Engelwesens.

Die große Gefahr hierbei ist: Man kann auf diese Weise auch Verstorbene erreichen, die ihren Tod noch nicht wahrgenommen oder verkraftet haben und diesen angebotenen Weg dazu ausnützen, sich bemerkbar zu machen.

Wenn es bei reinen Mitteilungen bleibt, ist das nicht weiter gefährlich, solange wir diesen Mitteilungen nicht zuviel Ernst beimessen. Problematisch wird die Sache, wenn ein solches Wesen von den Gedanken eines anderen Besitz ergreift und gleichsam in seinen Körper einzieht.

Einige derartige Fälle sind mir bereits in meiner Praxis begegnet. Das klassische Heilmittel dagegen

---

Tischerücken und anderes

Verstorbene sind noch keine geistigen Führer

Tote zwischen den Welten

war jahrhundertelang die Teufelsaustreibung. In der klassischen Form halte ich sie eher für einen Aberglauben.

Das Mädchen mit der Männerstimme

Einmal hatten drei Schwestern um einen Termin angesucht. Eigentlich ging es um die Jüngste. Sie sei an sich liebenswürdig und nett, berichteten die älteren Schwestern, die mich bereits seit langem kannten. Doch beginne sie immer wieder plötzlich mit tiefer, fast männlicher Stimme unflätig zu schimpfen. Die Schwestern erzählten mir auch, daß sie in letzter Zeit häufiger „Tische gerückt" hätten. Mit einem: „Aha, da habt ihr niedrige Wesen angezogen" hatte ich bereits einen ersten Verdacht.

Ich versetzte mich zunächst in Halbtrance und sah nach, ob das Mädchen vielleicht an einer körperlichen Erkrankung litt und ich sie an eine psychiatrische Klinik verweisen mußte, oder ob es sich tatsächlich um einen niedrigen Geist handelte, der beim Tischerücken von ihr Besitz ergriffen hätte.

Keine körperlichen Ursachen

Als ich keine körperlichen Ursachen dieser absonderlichen Sprechweise fand, forderte ich das Mädchen auf, mit mir in mein privates Wohnzimmer zu kommen und sich auf meiner Couch zu entspannen. Sie ging zunächst nur widerstrebend mit mir mit. Bereits auf dem Weg bekam ich die Folgen ihrer Besessenheit zu spüren: Sie zeigte mir den Mittelfinger und beschimpfte mich mit tiefer Männerstimme aufs unflätigste. Doch gehorchte sie meinem sehr entschlossenen: „Komm jetzt!"

Als sie auf dem Sofa lag, versetzte ich mich wieder in Halbtrance und begann nun, mit ihrem Besetzer Kontakt aufzunehmen. Ich erklärte ihm, daß er im Bewußtsein eines fremden Körpers, noch dazu dem eines jungen Mädchens, nicht glücklich werden könnte, und bot ihm an, er möge zu mir kommen. Ich würde ihn bereitwillig übernehmen.

Ein gefährliches Angebot

Von meinen höheren Geistwesen wußte ich mich so beschützt, daß ich keinerlei Angst vor den Folgen

Gefahren des Hellsehens

dieses Angebots hatte. Ich war sicher, daß sie ihn im Moment des Wechselns übernehmen würden.

Zunächst geschah nichts. Also versuchte ich mein Überredungswerk auf einer weiteren Ebene.

Ich erklärte dem Besetzer des jungen Mädchens, es sei ihm vielleicht nicht bewußt, daß er nicht mehr lebe. Er möge sich einmal umsehen. Um ihn herum sei zwar Nebel, doch sehe er im Nebel einen hellen Lichtschein. Dorthin möge er gehen. Meine Geistwesen würden ihm Helfer schicken, die ihn empfangen würden. Sie würden ihn in ein weit schöneres Leben führen, als er es als Besetzer eines jungen Mädchens jemals führen könne.

Helfende Hände aus dem Nebel

Bildhaft sah ich vor meinem inneren Auge, wie sich ihm Hände aus dem Nebel entgegenstreckten. Im gleichen Moment verstummte die Stimme des Mädchens. Sie fiel erschöpft in einen Dämmerschlaf. Als sie nach zehn Minuten daraus erwachte, war sie wieder sie selbst.

Am Ziel

Ich war mir des Risikos der angebotenen Übernahme sehr wohl bewußt und wagte dies nur, weil ich nach zwanzigjähriger Verbindung mit meinen Schutzgeistern einen so klaren und deutlichen Kontakt zu ihnen habe, daß ich das Risiko eingehen konnte.

Anfängern würde ich in so einem Fall raten, für den Besessenen zu beten, es jedoch unbedingt dabei zu belassen. Sinnvoller ist es, jemanden zu Hilfe zu nehmen, der mit solchen Phänomenen Erfahrung hat, jedoch keinen Teufelsaustreiber! Um die Gefahr einer unerkannten Bewußtseinsspaltung auszuschließen, ist im Zweifelsfall auch ein Psychiater zu Rate zu ziehen.

Keine Experimente!

Solche Fälle, in denen ein Verstorbener, der sich noch nicht von der Erde gelöst hat, Besitz von den Gedanken eines anderen Menschen ergreift, sind gottlob selten. In 25 Jahren begegneten mir nur fünf derartige Fälle.

Rückführungen

Napoleon, Marilyn Monroe und James Dean

Groß in Mode sind derzeit Rückführungen. Jeder zweite oder dritte, den ich nach einer Rückführung gesprochen habe, war entweder Napoleon, eine Prinzessin oder sonst ein herausragendes Wesen. In Amerika ist das Resultat noch klarer: Zigtausende Menschen halten sich für Reinkarnationen von Marilyn Monroe oder James Dean.

Eine Rückführung ist für mich nur dann gerechtfertigt und sinnvoll, wenn man z. B. unter Angstzuständen leidet, die auch nach einer fachmännischen Therapie absolut unerklärlich sind. Dann kann eine Rückführung durch einen Fachmann eventuell zur Lösung des Problems führen.

Verantwortung und Risiko

Wenn Sie sich in die Hände eines Menschen begeben, der Sie in ein früheres Leben zurückführt, vergewissern Sie sich vorher, ob er diejenigen, die er rückgeführt hat, auch heil wieder aus der Sache herausbringt. Auf jeden Fall finde ich es gefährlich, wenn jemand einem Menschen, der bei einer Rückführung ein Problem aufreißt, nicht auch hilft, dieses zu lösen.

Jemanden mit einer Angst vor Feuer in eine frühere Existenz zurückzuführen, die auf dem Scheiterhaufen endete, erklärt zwar dessen Angst vor dem Feuer, führt den Betroffenen aber möglicherweise nur noch tiefer in das Problem hinein als heraus.

Nur in Absprache mit einem Psychologen, der die weitere Betreuung übernehmen würde, ist so etwas überhaupt zu verantworten.

Keine Experimente!

Ich persönlich halte Rückführungen ohne eine derartige medizinische Indikation und Betreuung eher für sinnlos, denn die Vergangenheit kann man nicht mehr ändern. Sehen Sie lieber auf Ihr jetziges Leben, und suchen Sie positiv gangbare Wege. Denn im Hier und Jetzt haben Sie die Möglickeit, noch etwas zu lernen und zu verändern.

Mit Maß und Ziel

Noch eine wichtige Warnung, ehe Sie Ihre eigenen hellseherischen Fähigkeiten trainieren: Bleiben Sie mit beiden Beinen auf dem Boden der Tatsachen. Überlegen Sie sich vor jeder Reise in die andere Wirklichkeit, was Sie dabei finden wollen. Oder, anders ausgedrückt, wozu sollten Sie mit dem Geist Napoleons Kontakt aufnehmen wollen, wenn Sie ihn im Geschichtsbuch jedesmal überblättert haben?

Gerade für Anfänger ist die Gefahr des Überdrehens sehr groß. Das gilt übrigens nicht nur für die hier geschilderten Phänomene wie Channeln oder Besessenheit. Auch beim Blick in die Zukunft mit Karten ist diese Gefahr sehr groß.

Menschen, die anfangen zu überdrehen, legen sich die Karten vor jeder noch so kleinen Entscheidung. Sie verlieren die nötige Ruhe und Distanz, um die Karten ruhig und konzentriert zu lesen, und sie sind immer weniger dazu fähig, ihren eigenen gesunden Menschenverstand zu gebrauchen. Je öfter Sie die Karten befragen, umso mehr zeigen sie nur noch Tagesergebnisse, nicht aber das Ergebnis einer größeren Entwicklung. Das macht kurzsichtig. (Das gleiche gilt übrigens auch für Gänseblümchen- und Gummibärchen-Orakel.) Wenn Sie seltener in die Karten schauen, werden Sie weiter sehen und die goßen Dinge erkennen.

Daher bitte ich Sie, wenn Sie jetzt anfangen, Ihre eigene Begabung zu außersinnlichen Wahrnehmungen zu pflegen, oder wenn Sie jetzt Ihre Fähigkeit des Hellsehens trainieren:

Beginnen Sie damit, daß Sie erst eine richtige innere Einstellung entwickeln.

Treffen Sie die kleinen Entscheidungen in Ihrem Leben selbst. Fragen Sie nicht ständig Ihre Karten oder Ihren Lebensberater oder Hellseher. So schützen Sie sich vor geistiger Abhängigkeit.

Randnotizen:
- Nicht abheben!
- Bewahren Sie Ihren gesunden Menschenverstand
- Die innere Einstellung

Haller Hellseher-Karten

Völlig neue Lebenseinstellung

Das vielleicht wichtigste Anliegen dieses ganzen Buches ist diese Bitte:

Bevor Sie anfangen, sich auf Ihre eigenen hellseherischen Fähigkeiten einzulassen, lernen Sie erst richtig denken.

Sie müssen es lernen. Ich wiederhole hier nochmals: Hellsehen führt Sie an die Grenzen Ihres Bewußtsein, Ihres Verstandes, Ihres Hoffens, Ihrer Selbsttäuschungen, Ihres Lebens. Damit Sie das unbeschadet überstehen, müssen Sie erst lernen, klar zu sehen, die Wahrheit zu sehen, und das beginnt bei der Wahrheit über sich selbst.

Wer sich über sich selbst etwas vormacht, wird niemals die höhere Wahrheit erkennen. Er muß erst sich selbst vollständig annehmen lernen, eine tragfähige innere Einstellung entwickeln. Denn nochmals: Sie wollen ja nicht den Verstand verlieren, wenn Sie Ihren Geist auf Reisen schicken. Also braucht er ein sicheres Zuhause, in dem er seinen vertrauten, festen Platz hat.

Die innere Einstellung

Hellsehen und Gottvertrauen

Hellsehen lernen hat viel mit Sehen lernen zu tun. Das Ziel ist, den wahren Weg für sein Leben sehen zu lernen. Dazu gehört, daß wir offen sein müssen für die Wahrheit. Das erleichtert uns eine gute Portion Gottvertrauen, oder, wenn Ihnen diese Formulierung lieber ist, das Gefühl der Geborgenheit in der Schöpfung.

Sehen lernen setzt klares, positives Denken voraus.

Gehen Sie nicht mit Scheuklappen durchs Leben. Betrachten Sie jeden Zustand aus mehreren Perspektiven. Es gibt keine Probleme, die nur absolut als negativ zu betrachten sind.

Es gibt keinen Zufall

Es gibt keinen Zufall. Denken Sie um: Es fällt Ihnen etwas zu. Versuchen Sie, herauszufinden, was

Die innere Einstellung

dahintersteckt. Kristallisieren Sie den Hintergrund heraus, dann erkennen Sie, was Sie an diesem scheinbar zufälligen Ereignis lernen können.

Lernen können wir aus allem

Ein Beispiel: Zu Beginn meines beruflichen Starts betrieb ich das Hellsehen noch nebenberuflich. Eines Tages erhielt das Finanzamt eine anonyme Anzeige, in der ich des illegalen „Geldscheffelns" bezichtigt wurde. Da ich damals wirklich nur minimale Einnahmen daraus bezog, hat mich das sehr geärgert. Das Finanzamt hat dann eine Prüfung durchgeführt, glaubte aber meiner Darstellung.

Der zuständige Beamte riet mir jedoch, das Hellsehen als Gewerbe anzumelden. Dieser Ratschlag war natürlich mit Sozialversicherung und Kammerumlage verbunden und zwang mich zu einer wichtigen Entscheidung: Ich beschloß, die Hellseherei, wenn ich sie schon mit Gewerbeschein betreiben muß, nun auch professionell zu betreiben.

Hellseherin mit Gewerbeschein

Wäre ich damals nicht angezeigt worden, hätte ich heute längst nicht die Erfolge, Fernsehauftritte usw. Der alte Spruch: Es gibt nichts Schlechtes, das nicht auch ein Gutes hat, hat sich bewahrheitet. Manchmal dauert es allerdings sehr lange, bis das Gute an einer scheinbar schlechten Sache erkennbar wird.

Die Schule des Lebens bietet uns unendlich viele Lernmöglichkeiten: Wer dreimal heiratet und jedesmal einen Partner erwischt, der ihn betrügt, hat aus den ersten beiden Ehen nichts gelernt.

Das Eigentümliche bei der Schule des Lebens ist nur: Es sind nie die anderen schuld. Der Schlüssel ist: Wir müssen an uns selbst arbeiten und uns selbst ändern. Erst wenn wir unser Bewußtsein verändert haben, bekommen wir auch im Außen einen anderen Spiegel.

Es sind nie die anderen schuld

Und noch etwas: Ein Selbstmord wäre die Vorstufe zum kompletten Wiederholen. Wollen Sie das wirklich? Wollen Sie sich alles, was Sie in Ihrem Leben bereits mühsam gelernt haben, noch mal von vorn

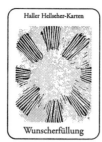

Haller Hellseher-Karten

Wunscherfüllung

Innere Einstellung

Angstfrei in der Gegenwart leben

erarbeiten müssen? Dies sollte man bedenken, ehe man einen solchen Schritt tut.

Der Mensch ist nicht auf sein irdisches Leben beschränkt. Er ist ein geistiges und ewiges Wesen, und unser irdisches Dasein ist nur ein kleiner Teil der vollen Bandbreite der Wahrheit. Wir haben die Möglichkeit, hier zu lernen und uns dadurch der göttlichen Wahrheit anzunähern. Unsere Aufgabe ist es, irgendwann aus der geistigen Unmündigkeit herauszukommen und die Verantwortung für unser Leben selbst zu übernehmen. Wenn wir es nicht freiwillig tun, werden wir dazu gezwungen werden. Die Zeit ist reif, und wir sollten nicht gegen den Strom rudern, sondern nur steuern, damit wir nicht kentern. Doch dazu ist es wieder wichtig, die Wahrheit sehen zu lernen. Unser Unterbewußtsein kennt kein Nein. Es liefert uns garantiert wahre Meldungen. Erst wenn wir diese ertragen, können wir auch die Zukunft sehen lernen und ins Jenseits sehen.

Wir können das tun, jeder von uns. Wir verfügen über ungeheure Machtmittel: die Macht des Wünschens und die Macht der Gedanken. Als mündige Wesen sind wir bereit, damit verantwortlich umzugehen. Eine positive geistige Haltung in der Lebensweise kann uns dabei eine wertvolle Hilfe sein.

Man geht erst über eine Brücke, wenn man davor steht.
Leben Sie in der Gegenwart, und genießen Sie es. Wenn sich Ihnen ein Problem stellt, suchen Sie die Lösung in der Zukunft.
Je angstfreier Sie werden, desto weniger wird Ihnen auch passieren.

Wer so denkt, wird feststellen, daß er bei den gesehenen Ereignissen der Zukunft aufgrund seiner guten inneren Einstellung Kurven gehen kann, das heißt, er kann viele gute Dinge früher haben und viele negative Ereignisse weitest umgehen – für sich selbst auf jeden Fall. Er kann andere warnen und versuchen, ihnen diese Einstellung weiterzugeben, damit sie diesen Weg finden können.

Vom Umgang mit der Angst

Wer Angst hat, sieht die Welt mit Scheuklappen. Angst ist immer subjektiv, immer selbstgemacht. Jeder von uns fürchtet sich vor etwas anderem, meist haben unsere Ängste etwas mit der Zukunft zu tun. Versuchen Sie, Ihre Ängste aufzuarbeiten und sie zu verlieren, denn nur so werden Sie den Weg in ein neues Bewußtsein finden.

Angst macht Scheuklappen

Gerade bei der Angst kommt das Prinzip der selbsterfüllenden Prophezeiungen zur Wirkung. Wenn Sie vor Krankheiten Angst haben, werden Sie eher krank werden als jemand, der sich davor nicht fürchtet. Wenn Sie Angst haben, entführt zu werden, laufen Sie viel größere Gefahr, daß Ihnen dieses passiert als jemand, der sich ohne Angst in der Öffentlichkeit bewegt.

Selbsterfüllende Prophezeiungen

Schreiben Sie einmal auf ein Blatt Papier, wovor Sie gerade Angst haben, was Ihnen derzeit Sorgen bereitet – mit Datum. Sehen Sie dieses Blatt in einem halben Jahr wieder an. Sie werden sehen, 80 Prozent Ihrer Befürchtungen waren völlig unnötig.

Ängste aufschreiben

Gehen Sie mit Problemen daher so um, daß Sie sie erst lösen wollen, wenn sie da sind. Fürchten Sie sich nicht schon vorher vor dem, was sein könnte.

In der letzten Zeit häufen sich bei mir Klienten, die Angst um ihre Arbeit haben oder neue Arbeit suchen. Dabei sehe ich bei vielen Menschen die Scheuklappen, mit denen sie kommen. Sie sollten diese Scheuklappen öffnen, damit sie auch rechts und links sehen können. Sie sehen sich nur im gewohnten Beruf oder in den klassischen Berufen. Immer wieder erlebe ich, daß wir einen Ausweg finden, wenn wir nach ganz neuen Möglichkeiten suchen.

Angst vor der beruflichen Zukunft

Keine Angst vor einem Ortswechsel

Haller Hellseher-Karten
Haus

Lösen Sie sich von dem Standpunkt: Ich habe hier ein Haus gebaut, hier gehe ich nicht weg. Wenn ich auswärts eine weit bessere Möglichkeit für Arbeit oder Lebenspartnerschaft sehe, sollte ich lernen, das Erstarrte, materiell Gewohnte nicht überzubewerten. Denn auch am neuen Standort werden positive Gedanken und Fleiß neue Möglichkeiten eröffnen. In dieser Hinsicht sind uns die Amerikaner voraus, die einfach packen und sich freuen, wenn sich in 2000 Kilometern Entfernung eine neue berufliche Möglichkeit bietet. Ein Haus über den Wert einer neuen Partnerschaft zu stellen, ist ein trauriger Ausdruck eines unzeitgemäßen Materialismus. Man kann am neuen Standort mit dem Partner etwas Passendes erwerben.

Die Umgewöhnung der Kinder in einer neuen Schule mit Angst zu betrachten, ist ebenfalls nicht notwendig. Schulwechsler werden immer weniger die Ausnahme sein und daher immer weniger zum Außenseiter. Viele Diplomatenkinder wurden durch häufige Standortwechsel der Eltern besonders weltgewandt und intelligent.

Wenn ich in die Zukunft Europas sehe, sehe ich auch, daß wir gezwungen werden, flexibler zu sein, und daß uns dies guttut. In Europa wird sich mehr ändern, als man denkt.

Vor Angst wie gelähmt

Wenn Sie vor einer Situation stehen, die Sie nicht überblicken können, kann diese sehr bedrohlich werden. Sie sind dadurch wie gelähmt, können nicht mehr klar denken, drehen sich im Kreis, was immer Sie wollen.

Was kann im schlimmsten Fall passieren?

Malen Sie sich aus, was im schlimmsten Fall passieren kann. Meist werden Sie feststellen, daß das bei Licht besehen gar nicht so schlimm ist. Ich denke mir oft: „Das Schlimmste ist, daß ich daran sterben kann, und davor habe ich keine Angst." – Dieser Satz hat mir schon in so mancher Situation geholfen, einen klaren Kopf zu bewahren.

Die innere Einstellung

Es ist dunkel, Sie gehen eine menschenleere Straße entlang, die Neonlampe flackert nur, ab und zu rast ein Auto an Ihnen vorüber, und die nächste belebte Straße ist weit weg. Sie gehen allein nach Hause, und plötzlich hören Sie hinter sich Schritte. Männerschritte. Sie kommen langsam näher. Sie merken, wie sich Ihnen die Nackenhaare aufstellen.

> Der Verfolger im Dunkeln

Durch verschrecktes Verhalten, durch eine ganz bestimmte Körperhaltung, durch schnellere Schritte signalisiert man dem möglichen Täter seine Angst, seine Schwäche. Das ist ein Prozeß, der völlig unbewußt abläuft. Durch gezieltes Verhalten kann man diesem Vorgang jedoch die Spitze abbrechen.

> Absage an die Angst

Das Rezept lautet „ganz einfach": Sehen Sie der Gefahr ins Auge. Auch wenn Sie sich noch so sehr fürchten. Stellen Sie sich der Stimme im Dunkeln, den Schritten, dem Unbekannten.

Potentielle Vergewaltiger verlieren jedes Interesse, wenn das designierte Opfer seine Angst überwindet, die unbewußten Körperreaktionen Lügen straft und zum begeisterten Mitspieler wird. Denn um den Beischlaf an sich geht es ihnen nicht.

> „Gehen wir zu mir oder zu dir?"

Mir selbst passierte einmal eine Geschichte, die auch ganz anders hätte ausgehen können. Ich ging in ein Lokal, wo Freunde von mir an einem Tisch saßen und mit einem Fremden um Geld spielten. Es ging um hohe Beträge, und die Einladung, mitzuspielen, schlug ich dankend aus, leistete ihnen jedoch gern Gesellschaft. Mir fiel bald auf, daß der Fremde ständig verlor. Plötzlich schlug seine Stimmung um. Er sprang auf, kippte den Tisch um und hatte mit einem Male ein Klappmesser in der Hand. Mit überschnappender Stimme schrie er: „Ich bring euch alle um!" Alle wichen sicherheitshalber etwas zurück.

Haller Hellseher-Karten

Feind

Ich hatte den Platz neben ihm gehabt. Nun packte mich der heilige Zorn, und ich dachte mir, was bildet sich dieser grüne Junge ein. Wie eine Mutter, die einen Blödsinn ihres Kindes verhindern wollte,

> Der heilige Zorn und eine kräftige Ohrfeige

sprang ich auf, gab ihm mit voller Kraft eine deftige Ohrfeige und schrie ihn an: „Rotzbengel, gib das Messer her, sonst erschlag ich dich!"

Wenn er mit allem gerechnet hätte, damit nicht. Einen Augenblick lang stand er vor Verblüffung wie gelähmt da. Er ließ die Kinnlade heruntersinken und zugleich die Hand mit dem Messer. Das nutzten nun meine Bekannten aus, und im Nu hatten sie ihn entwaffnet.

Angst erzeugt Angst

Diese Reaktion war nur möglich, weil ich nicht lange darüber nachgedacht hatte, was alles passieren könnte. Ich hatte überhaupt keine Angst. Was ich damit sagen will: Angst erzeugt Angst. Diesen Kreislauf jedoch können Sie durchbrechen. Jeder von uns kann das. In jeder Situation.

Die bösen anderen sind in uns selbst

Der Mensch neigt dazu, Schuld und eigenes Versagen immer anderen zuschieben zu wollen. Das findet auch auf der kollektiven Ebene statt: Wenn ein Volk Probleme hat, sind immer „die Ausländer" oder jedenfalls „die anderen" daran schuld. Dieses Verfahren lenkt wunderbar von eigenen inneren Schwierigkeiten ab. Das ist Unsinn. Halten Sie innerhalb Ihrer eigenen vier Wände Ruhe und Frieden. Alles andere regelt sich dann von selbst.

„... und warte, bis er die Leiche deines Feindes vorüberträgt."

Sollten Sie aber nachweisbar von einem anderen durch handgreifliche Aktionen, böse Briefe oder ähnliches verfolgt werden, beherzigen Sie zunächst den alten chinesischen Spruch: „Setz dich ans Ufer des Flusses und warte, bis er die Leiche deines Feindes vorüberträgt."

Planen Sie keine Vergeltungsmaßnahmen, sondern bringen Sie Distanz zwischen sich und diesen Menschen. Wenn Sie ihm Böses senden, wird das auf Sie zurückfallen. Je mehr Sie sich von ihm fernhalten, räumlich wie gedanklich, umso eher wird sich die negative Schwingung des anderen beruhigen.

Ein Stein, der in Watte fällt, knallt nicht.

Stellen Sie sich vor, Sie lassen einen Stein in Watte fallen. Es wird nicht knallen. Stellen Sie sich vor, Sie

Die innere Einstellung 155

lassen ihn auf eine harte Unterlage fallen. Der Zündfunke kann ein ganzes Feuerwerk entzünden.
Sie sind die Unterlage, Sie haben es in der Hand.
Auch wenn jemand mit magischen Mitteln, mit Verwünschungen und Drohbriefen, mit Zauber und Voodoo-Methoden gegen Sie vorgeht, sind Sie keineswegs hilflos.
Eine Freundin von mir hatte eine Beziehung zu einem sehr intelligenten Mann, der sich auch mit Karten, Runen, Voodoo usw. beschäftigte. Er fragte mich, ob seine Beziehung zu meiner Freundin dauerhaft sein würde. Leider mußte ich ihm dies verneinen. Seine Eifersucht werde dem im Wege stehen.
Er behauptete, dies sei unmöglich. Einige Monate später, es war Heiligabend, betrank er sich sinnlos, vor allem aus Eifersucht auf ihren verstorbenen Verlobten. Die Situation eskalierte, indem er tätlich wurde und sie würgte. Überflüssig zu sagen, daß die Beziehung damit beendet war.

Er konnte dieses Ende jedoch nicht akzeptieren und begann sich – ganz typisch – in die Überzeugung hineinzusteigern, daß ich an allem schuld sei. Von diesem Zeitpunkt an erhielt ich Briefe mit keltischen und Voodoo-Verwünschungen gegen meinen Beruf und gegen mein Leben. Sie waren anonym. Ich reagierte irritiert, war aber nicht weiter geängstigt.

Verwünschungen und Flüche

Haller Hellseher-Karten

Brief

Fatalerweise hatte ich daraufhin allerdings tatsächlich ein dreiwöchiges Loch in meinen Terminkalendern. Plötzlich blieben die Kunden aus.
Während dieser Zeit kam die Freundin zu Besuch, und ich erzählte ihr von diesem Loch. Halb lachend fügte ich hinzu: „Da geht was nicht mit rechten Dingen zu!" Sie wurde rot und sagte: „Ich weiß, woher es kommt." – Er hatte ihr gesagt, daß er mich verwünschte, ihr aber angedroht, daß es auch sie treffen werde, falls sie reden würde. Solange sie keine Auswirkungen seiner Drohung gesehen hatte, hatte sie aus Angst geschwiegen.

Hexentips gegen böse Wünsche

Der geistige Spiegel

Die gläserne Glocke

Haller Hellseher-Karten

Unglück

Der Kranz aus Licht

Die Handvoll Reis

Also mußte ich etwas unternehmen. Da ich nun die Quelle kannte, konnte ich gezielt Gegenmaßnahmen ergreifen.

Mein erster Schritt war, daß ich mir einen Spiegel vorstellte, der so groß war, daß er mich stehend verdeckte. Ich stellte mich geistig hinter ihn und hielt ihn in die Richtung, in der der Mann wohnte. Damit verband ich ganz stark den Gedanken: Was immer er mir schickt, wird dieser Spiegel auf ihn zurückwerfen.

Nachdem er auch meine Arbeit angegriffen hatte, stellte ich mir auch eine große gläserne Käseglocke vor, die über mich, meinen Arbeitstisch und meine Klienten von oben herabgesenkt wurde. Sie schützte uns vor allen äußeren Einflüssen.

Diese beiden Übungen sorgten bereits für Ruhe.

Vierzehn Tage später kam ein Anruf von besagtem Herrn, in dem er mich flehentlich bat, mit seinen magischen Verwünschungszeichnungen zu mir kommen zu dürfen. Ich müsse sie für ihn verbrennen. Nur so lasse sich die magische Wirkung aufheben, die sich leider gegen ihn selbst gerichtet hatte. Er war inzwischen arbeitslos geworden und fürchtete nun um sein Leben, hatte er mir doch nicht nur berufliche Mißerfolge gewünscht, sondern auch den Tod. Ich ließ ihn zu mir kommen und hielt ihm leicht schmunzelnd eine Standpauke.

Sie sehen also: Sie brauchen sich auch vor solchen magischen Riten nicht zu fürchten, Sie können sich wehren. Es liegt ganz bei Ihnen.

Ein weiterer guter Schutz ist folgender: Stellen Sie sich einen weißen Lichtkranz rund um Ihren Körper vor, durch den nichts Dunkles, Negatives eindringen kann.

Oder drehen Sie eine Handvoll Getreidekörner oder Reis in Ihrer geschlossenen Faust siebenmal über Ihrem Kopf, verbinden Sie damit den geistigen Wunsch nach Befreiung, waschen Sie dann die Körner durch ein Sieb ab, und werfen Sie sie den Vögeln

Die innere Einstellung 157

zum Fraß vor. Die Vögel werden sie davontragen wie die Bedrohung.

Das wichtigste ist jedoch auch hierbei Ihre geistige Einstellung. Wenn Sie nicht daran glauben, wird es kaum wirken können. Glauben Sie aber daran, so haben Sie zweifellos die gleichen Erfolge wie ich mit meinem gedachten Spiegel und der ebenso gedachten Glasglocke.

Ihre geistige Einstellung

Vom Umgang mit der Krankheit

Wir sind anfällig für Krankheiten, wenn wir uns schlecht fühlen, wenn wir Liebeskummer oder Sorgen haben, wenn wir traurig sind oder an unterdrückter Wut leiden. Krankheit ist ein Zustand, in dem wir unsere übliche Kraft, unsere Energie verloren haben und uns nicht vor den Krankheitserregern schützen können wie sonst.

Unsere Gedanken sind Herr über unsere Krankheiten

Wir können uns in Krankheiten hineinsteigern oder sie abwehren – es liegt bei uns. Wer vor Zukunftsängsten kein Auge zumacht, lädt Krankheiten geradezu ein, sich in seinem Körper breitzumachen. Wer aber „richtig" denkt, bevorstehenden Dingen nicht mehr Aufmerksamkeit schenkt, als sie benötigen und sich immer wieder an kleinen Erfolgen freut, wer also bewußt, positiv und in der Gegenwart lebt, bei dem haben Krankheiten keine Chance. Wer mit sich selbst im reinen ist, wer mit seiner Natur im Einklang ist und über seine volle Kraft verfügt, wird oder bleibt nicht krank.

Schmerzen als Signal des Körpers

Wenn Sie trotzdem krank werden: Akzeptieren Sie Schmerzen dankbar als ein Zeichen des Körpers, das Sie lehren kann, den richtigen Weg denken und sehen zu lernen.

Achten Sie einmal darauf, was Ihnen in welcher Situation weh tut. Wenn die Luft um Sie herum verpestet ist, haben Sie möglicherweise bald Asthma. Wenn Sie sich immer wieder über den Partner (oder

Die Sprache des Körpers

die pubertierenden Kinder) ärgern, Ihren Zorn aber hinunterschlucken, brauchen Sie sich nicht zu wundern, wenn Ihnen nach einer Weile der Hals schmerzt. Nehmen Sie Ihren Körper wörtlich. Er sagt Ihnen schon, wo die Ursache Ihrer Schmerzen liegt. Steifer Hals? Halsstarrigkeit? Was wollten Sie nicht mit einer Kopfwendung sehen? – Verbrannte rechte Hand? Woran haben Sie sich gerade die Finger verbrannt? Die Sprache unseres Körpers ist sehr bildhaft und aufschlußreich.

Haller Hellseher-Karten

Neue Erkenntnis

Wenn Sie so nicht weiterkommen, könnten Sie sich die Karten hernehmen und nachschauen, wo das Problem liegt, es sich ins Bewußtsein rufen und mögliche Wege zu seiner Lösung ansehen.

Bleiben Sie möglichst nie lange in der geistigen Leideform, sonst stecken Sie auch bald in einer körperlichen Form des Leidens. Schmerzen sind ein deutlicher Hinweis für uns Menschen, daß wir unsere Einstellung und unseren Lebensweg ändern müssen, um uns wieder wohl zu fühlen.

Beim Kartenlegen ist die Schlüsselkarte hier die Neue Erkenntnis. Legen Sie dazu Ihre eigene Karte nach oben und dann immer sieben Karten aus dem gemischten Paket darunter, bis sie erscheint. Aus dem Kontext, aus den benachbart erscheinenden Karten geht die Antwort hervor.

Vom Umgang mit der Liebe

Die Liebe ist eines der wichtigsten Themen in meiner praktischen Arbeit. Die richtige Einstellung kann gerade in Liebesdingen das Leben sehr erleichtern. Hier ein paar Anregungen vom neuen Partner bis zur Trennung.

Der Neue – kein Mann fürs Leben?

Wenn Sie erkennen, daß ein neuer Partner nicht für eine dauernde Zukunft in Frage kommt, genießen Sie die Gegenwart mit ihm. Sehr oft habe ich bei Klienten gesehen, daß der nächste bleibende

Die innere Einstellung 159

Partner erst nach Jahren kommen würde. Beziehungen haben in den Jahren bis dahin aber das Leben lebenswert gemacht, wenn der betreffende sie liebevoll annehmen konnte.

Es ist sehr schön, mit einem Menschen nur über eine Brücke zu gehen, es muß nicht der gesamte gemeinsame Lebensweg sein.

Oben haben wir über das Wünschen gesprochen. Beim Thema Geld hatte ich die Warnung ausgesprochen: Wünschen Sie sich kein Geld, wünschen Sie sich das, was Sie brauchen.

Von der Macht des Wünschens: Der Traumpartner

Auch auf dem Gebiet der Partnerschaft möchte ich Sie vor einem verbreiteten Fehler warnen:

Wünschen Sie sich niemals einen schönen Mann. Schönheit ist ein problematischer Wert. Es kann Ihnen passieren, daß Ihr schöner Partner Sie ständig betrügt. Abgesehen davon: Liebe macht nicht nur blind, Liebe macht auch schön: Gleich, was Ihre Freundinnen vom Aussehen Ihres Partners denken, er wird Ihnen schön erscheinen.

Was Sie sich statt dessen wünschen sollen? Wie wäre es mit „Glück in der Liebe?"

Glück in der Liebe

Wenn Sie immer wieder an den Falschen geraten ...

Achten Sie bei der nächsten Partnerschaft darauf, daß Sie zu Beginn der Bekanntschaft nicht mit der gleichen Grundhaltung in diese hineingehen wie in die vorige. Das ist leichter gesagt als getan. Daher wieder ein Beispiel:

Immer wieder die gleichen Fehler?

Sie lernen bei einer Veranstaltung einen Mann kennen, der nach den ersten fünf Minuten des Gesprächs zu jammern beginnt: „Meine Frau versteht mich nicht, meine Ehe ist eigentlich nicht mehr wichtig ..." Wenn Sie auf diesen Mann eingehen, werden Sie wahrscheinlich noch fünf Verhältnisse mit verheirateten Männern haben, bis Sie endlich begreifen, daß Sie ihn nicht bedauern, sondern ihm lakonisch sagen sollten: „Wunderbar, du bist mir sympathisch. Wenn du geschieden bist, können wir uns gerne treffen."

„... das macht doch nichts ..."

Geraten Sie immer wieder an Männer, die nichts für Sie tun, sei es finanziell, sei es handwerklich-praktisch? Achten Sie einmal darauf, ob Sie ihm nicht in den ersten 10 Minuten des Gesprächs signalisieren: „Es macht ja nichts, wenn du keine Zeit hast, dann warte ich eben, und du kommst in 14 Tagen", oder: „Wenn du kein Geld hast, kommst du eben zu mir essen", oder: „Wenn du von der alten Liebe noch nicht losgekommen bist, werde ich dich trösten." Nach solchen Meldungen darf es Sie nicht wundern, wenn Sie immer wieder auf Partner stoßen, die dies schamlos ausnutzen. Sie haben es selbst heraufbeschworen. Wenn jemand von Geldnot jammert, wäre die richtige Antwort: „Naja gut, dann zahlt vorläufig jeder selbst."

Lassen Sie sich nicht schamlos ausnutzen

Immer wieder erlebe ich auch Menschen, die wie süchtig auf Partner reagieren, die sie nicht wertschätzen und respektlos behandeln (das fängt klein an, wenn sie sich eine Woche lang täglich melden, dann 14 Tage lang nicht rühren, plötzlich wieder vor der Tür stehen und ähnliches). Meist wurden diese Menschen bereits als Kinder von ihren Eltern wenig geachtet. Daher fällt es ihnen schwer, diese Forderung beim Partner einzubringen. Das Fatale daran ist, daß diese gedemütigten Menschen mit vermeintlich abgöttischer Liebe an ihrem seelischen Peiniger hängen. Davor möchte ich Sie besonders warnen, dies ist nicht Liebe, sondern Sucht.

Sehnsucht macht süchtig

Sie sind süchtig, wie man nach Nikotin, Drogen oder Alkohol süchtig sein kann. Bei dieser Art von Beziehung kommt nach einem längeren Entzug des Partners der Moment der Erleichterung, wenn der Partner endlich wieder auftaucht. In diesem Moment der Erleichterung stößt Ihr Körper Endorphine aus. Sie bewirken ein ungeheures Glücksgefühl. Nach die-

Die innere Einstellung

ser Ausschüttung werden Sie süchtig. Dies verwechseln viele Menschen mit Liebe. Wenn Ihnen dieser fatale Kreislauf bewußt wird, haben Sie bereits den ersten Schritt zur Lösung des Problems getan.

Eine Tafel Schokolade bewirkt die gleiche Endorphinausschüttung. Gegen das drohende Übergewicht können Sie laufen oder radfahren gehen, auch das führt zu Endorphinausschüttungen und kann nebenbei Ihre Fähigkeit zum Hellsehen wunderbar trainieren. Auch jede Art von sexueller Befriedigung bewirkt die gleiche Endorphinausschüttung – Sie müssen deswegen nicht in eine Abhängigkeit von einem Partner geraten, der Sie nicht achtet.

Glückshormone ohne Frust

Liebe sollte eigentlich nie leiden machen. Wenn dies der Fall ist, ist bereits etwas faul. Damit meine ich nicht die kleinen Krisen, die es in jeder Beziehung gibt. Toleranz und freies Denken ist für Partnerschaften eine der wichtigsten Grundsätze, die mir von meinen höhren Führern immer wieder besonders ans Herz gelegt wurden.

Toleranz und freies Denken

Wenn Sie nicht verzeihen können ...

Seitensprünge kommen in den besten Beziehungen vor – meist bei „ihm" aus einem momentanen Jagdtrieb heraus, bei „ihr" aus momentanem Frust heraus, weil sie sich zu wenig beachtet fühlt. Wenn ich sehe, daß ein Partner einen einmaligen Seitensprung des anderen jahrelang immer wieder aufwärmt, kann man ihn eigentlich als den wahren Verursacher des Scheiterns der Ehe bezeichnen, auch wenn der andere im klassischen Sinne „schuldig" ist.

Seitensprünge nicht überbewerten

Wenn Ihr Partner Sie unglücklich macht ...

Machen Sie niemals Ihr eigenes Glück vom Verhalten eines anderen abhängig. Sie begeben sich damit in unnötige Abhängigkeit.

Die Außenwelt ist kein Gefängnis von bösen Umständen. Sie ist weder gut noch schlecht, sie ist nur das, was wir in sie hineinlegen. Konkret heißt das: Sie sind nicht unglücklich, weil Ihr Partner schnarcht, sondern weil Sie sich daran stören.

Sie sind nicht unglücklich, weil Ihr Partner schnarcht, sondern weil Sie das stört

Suchen Sie in allen Lebenssituationen, gleich ob Liebe oder Beruf, auch immer das Gespräch. Teilen Sie Ihrem Gegenüber Ihre Bedürfnisse mit, und sprechen Sie dabei ruhig und in der Ich-Form. Sätze wie: „Warum tust du nicht …", „Du bist schuld …", „Sie wollen ja immer …" sind tödlich. So fühlt sich Ihr Gegenüber in die Ecke gedrängt, geht in Verteidigungsstellung und kapselt sich ab. Sprechen Sie in Sätzen, die mit „Ich brauche …", „Ich möchte …", „Ich empfinde …" beginnen. Nur mit Ich-Botschaften werden Sie sein Inneres erreichen und den Weg für eine positive Lösung finden. Schuldzuweisungen können Ihnen den Weg in die Zukunft verstellen.

Ich-Botschaften

Sollte Ihr Gegenüber Sie nicht zu Wort kommen lassen, einigen Sie sich vorher auf eine Redezeitbeschränkung: Jeder darf z. B. fünf Minuten lang sprechen und dabei nicht unterbrochen werden. – Für den Umgang mit Chefs ist das allerdings nicht zu empfehlen, hier müssen Sie diplomatischer um das Wort kämpfen. Aber auch hier gilt: Formulieren Sie Ihre Bedürfnisse in der Ich-Form.

In den meisten Fällen sind Frauen unglücklich, weil ihr Partner sie nicht oder zu wenig beachtet.

Der Kampf um Aufmerksamkeit

Wenn Ihr Partner nach der Arbeit für nichts anderes mehr offen ist außer für Fernsehen und Bier, wird die Sache kompliziert und schwierig. Wenn Sie diese Beziehung retten wollen, ein Gespräch aber nichts fruchtet, bleibt Ihnen nur die Schocktherapie, um ihn wachzurütteln.

Den wenigsten Aufwand bereitet folgende Taktik: Stellen Sie sich unverhofft in einem verführerischen Negligé oder nackt mit einem Glas Sekt vor ihn hin, und warten Sie seine Reaktion ab. Selbst wenn sie anfangs nur aus einem mürrischen „Was ist denn mit dir los?" besteht, kann das ein erster Schritt aus seiner Interesselosigkeit sein.

Hat es geholfen? Wenn nein, sind stärkere Kaliber angebracht. Gehen Sie einige Male abends ohne ihn aus, und kommen Sie ohne Kommentar spät nach Hause. Fängt er nun noch immer kein Gespräch mit Ihnen an? Dann lassen Sie sich von einem guten Kollegen abholen. Allerdings sollten Sie diesem gegenüber mit offenen Karten spielen, denn schließlich wollten Sie Ihre Beziehung ja retten ...

Wenn ihm das immer noch egal sein sollte, dann wäre zu überlegen, ob Ihre Beziehung überhaupt noch als solche zu bezeichnen ist.

Wenn Sie unzufrieden sind ...

Wenn Sie sich in einer Lebenssituation unglücklich fühlen, überlegen Sie, ob es für Sie eine Verbesserung wäre, sich aus dieser Situation zu lösen.

> Hören Sie auf zu jammern

Wenn ja, hören Sie auf zu jammern, und lösen Sie sich daraus. Wenn nein, hören Sie ebenfalls auf zu jammern, denn damit treiben Sie sich nur in eine negative Stimmung, und gehen Sie daran, das Beste daraus zu machen.

Ein nörgelnder und trinkender Ehemann ist zunächst einmal ein Spiegel Ihrer eigenen Unzufriedenheit. Gegen ihn anzunörgeln und mitzutrinken ist sicher der schlechteste Weg, damit umzugehen. Auch ihn zu verlassen ist nur die zweitbeste Lösung, denn dann dürften Sie bald wieder mit derselben Problematik konfrontiert sein.

> Beseitigen der Ursachen

Beseitigen Sie statt dessen die Ursachen Ihrer Unzufriedenheit. Beginnen Sie an seiner Seite ein eigenes Leben. Besuchen Sie mit Freundinnen Theater und Kurse, betreiben Sie Sport, reisen Sie zu Ihren Verwandten, kurz: Tun Sie, was Sie wirklich wollen.

Helfende Zukunftsvision

Wenn Sie glücklich und entspannt zurückkommen, wird sich das auf Ihre Beziehung auswirken. Sie kann sich dadurch beruhigen und wesentlich schöner werden.

Reicht dazu Ihre Kraft nicht, so stellen Sie sich Ihre Situation bildhaft vor, wie sie in fünf Jahren sein wird. Verwenden Sie hierzu eventuell die Karten oder auch die Technik einer geführten Meditation (das erkläre ich weiter unten in diesem Kapitel). Schauen Sie, was sich bis dahin verändert hat, wie Sie sich in dieser Situation dann fühlen werden.

Eine solche Vision kann Ihnen helfen, Wege aus dem Dunkel der Gegenwart zu erkennen. Positive Zielvorstellungen machen Sie stark, der Erfolgsgedanke überträgt sich auf Ihr Gegenüber, und Sie werden in Ihrer Eigenständigkeit akzeptiert.

Der Tod auf der Partnerschaft

Immer wieder sehe ich in meinen Beratungen sehr deutlich, ob tatsächlich der symbolische Tod auf der Beziehung liegt oder ob diese noch zu retten ist. Die Karten zeigen mir auch, ob sich nach einer eventuellen Trennung ein besserer Partner findet oder nicht. Bei der Suche nach Wegen aus der Krise können die Karten also eine ganz wesentliche Entscheidungshilfe sein.

Haller Hellseher-Karten

Neuer Partner

Ihr Partner könnte am Anfang irritiert reagieren. Oft hört man Kommentare wie: „Zehn Jahre lang bist du nicht ausgegangen – warum willst du das jetzt auf einmal?" Erklären Sie ihm liebevoll, daß Sie Bereicherung brauchen, und gehen Sie trotzdem. Nach einer Weile wird er sich beruhigen.

Problemlösung in kleinen Schritten

Hier ist eine Vision besonders wertvoll, da uns kleine Rückschläge weniger entmutigen können, wenn wir ein klares Ziel vor Augen haben. Wenn Sie in die Zukunft sehen, wird Ihnen die Problemlösung leichter fallen, weil Sie sich auch mit kleinen Schritten zufriedengeben können.

Noch ein Tip, der Rückschläge vermeiden hilft: Machen Sie nicht den dritten Schritt vor dem zweiten.

Die innere Einstellung 165

Wenn alles nichts hilft, könen Sie immer noch weggehen. Denn eine unglückliche Ehe ist keine Ehe mehr, denn nur wo Liebe ist, ist auch Ehe.

Wenn Sie dem anderen ganz gehören ...

Wie selbstverständlich sagen wir „mein Partner", „mein Freund", „mein Schatz". Und wie selbstverständlich verbinden wir damit den Gedanken, daß der andere tatsächlich ein wenig uns gehört. – Vorsicht, dieses Pflaster ist gefährlich. Besitzdenken führt zum Tod von Beziehungen.

Ein vermögender Mann, der sich sehr um mich bemüht hatte und mit dem ich auch einige Jahre verbrachte, betrachtete mich in dieser Weise als seinen Besitz. Er stellte mir nach seinem Tod ein hohes Erbe in Aussicht, und ich überlegte ernsthaft, ob ich ihn heiraten sollte. Nach einiger Zeit bemerkte ich jedoch, daß es ihm dabei gar nicht um mich als Person ging. Was ihn selig machte, war, wenn in der Kasse die nächste Million klingelte. Ich hätte an seiner Seite in seiner Branche mitzuarbeiten, das Erworbene zu mehren und genauso zu denken wie er.

Wie sehr er andere Menschen und Beziehungen unter diesem Aspekt des Besitzes und der Kosten-Nutzen-Rechnung sah, wurde mir deutlich, als ich feststellte, daß er nebenher bevorzugt mit nützlichen Sekretärinnen Beziehungen begann.

Endgültig ging unsere Beziehung zu Bruch, als ich merkte, daß er nicht einmal fähig war, meine Liebe zu erkennen, sondern sich ernsthaft einbildete, daß ich ihn nur wegen seines Geldes lieben würde.

Ich versuchte, an dieser Beziehung noch eine Weile festzuhalten, bis ich schwerstes Asthma und Gelenkschmerzen bekam. Erst dann begriff ich endlich, daß ich loslassen mußte. Was eine liebe Kollegin mit den Worten kommentierte: „Du bist halt so eine starke Frau, und wo andere von einem Teelöffel genug

Du bist mein, ich bin dein ...

Haller Hellseher-Karten

Sachwert

Menschen als Nutzenfaktor

haben, brauchst du eine Kohlenschaufel voll." – Heute verbindet mich mit diesem Mann eine lockere Freundschaft, und ich wünsche ihm viel Glück.

Wie hatten es meine Wesen ausgedrückt: Du wirst alles erleben, um alles zu verstehen. Heute weiß ich, daß auch diese Beziehung nur ein Schritt auf diesem Weg zu tieferem Verständnis war: Ich selbst hatte den Fehler gemacht, alles für ihn zu tun, anstatt für mich selbst zu sorgen. Hatte er mich als seinen Besitz betrachtet, so hatte ich seinen Besitz eine Zeitlang als vermeintliche Absicherung für mein Leben angesehen.

Die trügerische Sicherheit des Geldes

Vom Ende der Partnerschaft

Zu den Freiheiten, die uns das Universum gibt, gehört das Recht, sich von einem Partner zu trennen, wenn man ihn nicht mehr liebt. Es ist jedoch dies in einer humanen, liebevollen Form zu tun. Wenn Sie sich trennen, dürfen Sie nicht auf Ihren ehemaligen Partner haßerfüllt reagieren!

Trennung in Würde und Achtung

Verfallen Sie auch nicht in Selbstmitleid, weil Ihr Partner jetzt eine andere liebt. Damit sehen Sie nur in die Vergangenheit, die jedoch unabänderlich ist.

Lernen Sie, in die Zukunft zu sehen, aus der Vergangenheit Ihre Erfahrungen zu verwerten, und öffnen Sie sich für neue Freude. Je schneller Sie loslassen können, umso schneller werden Sie auch neues Glück in der Liebe gewinnen.

Mit Blick in die Zukunft

Beim Loslassen kann das Hellsehen helfen, indem es die Zukunft verkürzt. Vielleicht sehen Sie mittels Hellsehen oder Karten auch, ob es für Sie nicht besser ist, zwischendurch eine lockere Liebschaft zu pflegen, ehe Sie sich in die relative Enge einer neuen dauerhaften stürzen.

In jedem Fall müssen Sie die alte Beziehung abschließen, ehe Sie eine neue eingehen: Mit zwei Paar Schuhen übereinander geht sich's schlecht.

Zwei Paar Schuhe übereinander

Die innere Einstellung 167

Außerdem bewahrt Sie das vor Schuldzuweisungen wie: „Wegen dir habe ich meinen alten Partner verlassen." So eine Formulierung ist ein Todesstoß für jede Beziehung.

Schließen Sie Dinge, die hinter Ihnen liegen, auch gedanklich ab. Sonst leben Sie ständig in der Vergangenheit. Wenn Sie nur rückwärts sehen, werden Sie wie Lots Weib „zur Salzsäule erstarren". Lots Weib war nicht fähig, freudig in die Zukunft zu sehen. Erstarren können auch unsere Gelenke, meist an Arthritis, einer typischen Alterskrankheit. Und was das Salz angeht: Denken Sie nur an winterliches Streusalz: Wohin es gelangt, dort wachsen keine Bäume mehr, von Blumen ganz zu schweigen. – Das gilt auch für Ihren Garten, weshalb Bierfallen zur Schneckenbekämpfung nicht nur für die Schnecken humaner sind als der Salzstreuer.

Eine gewisse Leidenszeit müssen und dürfen Sie sich selbstverständlich einräumen. Diese dient dem Verarbeiten der Gefühle. Dann sollten Sie jedoch loslassen und in die Zukunft sehen. Lassen Sie Neues zu. Wenn Ihr Herz noch am Alten hängt, verhindern Sie damit Neues.

Denken Sie sich eine gerade Straße, endlos lang. Sie reicht bis zum Horizont. Unsere Straße führt in ein warmes Licht. Stellen Sie sich geistig Ihren alten Partner auf dieser Straße vor, sehen ihn, wie er von Ihnen weggeht, immer kleiner wird und schließlich im Licht verschwindet. Auch Sie werden auf diesem Weg frei.

Eine weitere gute Übung ist die, etwas unwichtig werden zu lassen oder zu vergessen. – Sie stellen sich das Leben mit Ihrem alten Partner vor und räumen die Erinnerung wie abgetragene Schuhe in eine alte Schachtel. Dann holen Sie tatsächlich eine Schnur, binden den Schuhkarton damit zu und machen viele, viele Knoten hinein. Sie nehmen die Schachtel und gehen damit langsam und bewußt möglichst tief in

Haller Hellseher-Karten
Fröhlichkeit

Vergangenes abschließen und in die Zukunft sehen

Hilfe beim Loslassen

Vergangenheit im Schuhkarton

Wegstellen und loslassen

Ihrem Haus hinunter, am besten in den Keller. In der dunkelsten und entlegensten Ecke stellen Sie die Schachtel ab. Sie drehen sich um.

Wenn Sie ein Paar alte Schuhe, die Sie jahrelang getragen haben, in den Keller stellen, würden Sie sich auch sagen, sie waren jahrelang schön und gut, doch jetzt brauche ich sie nicht mehr, und sie sind unwichtig geworden. Ja, noch mehr, nach einiger Zeit werden Sie diese Schuhe in der dunklen Ecke des Kellers vergessen haben, obgleich sie existieren.

Vom Umgang mit sich selbst

Nicht unwesentlich wurde meine eigene hellseherische Erfahrung durch Rückschläge geprägt. Jahrelang machte ich immer wieder den gleichen Fehler, ohne zu sehen, daß er eigentlich bei mir lag. Sie sehen, auch Hellseher sind manchmal kurzsichtig. Gerade das hat aber meine Hellsichtigkeit in besonderer Weise geformt.

Mit voller Kraft gegen den Strom

Jahrelang hat sich mein privates und berufliches Streben in einer Weise abgespielt, die am schönsten in einem Traumbild geschildert werden kann. Ich fuhr an die nahe Donau, bestieg mein Ruderboot und ruderte mit voller Kraft stromaufwärts. Immer wieder war ich nach einiger Zeit so erschöpft, daß ich einschlief. Die Strömung trug mich stromabwärts, und erst unterhalb meines Startpunktes erwachte ich wieder. Das wiederholte sich etwa 10 Jahre lang, bis ich endlich auf den Gedanken kam, daß offenbar nicht stromaufwärts, sondern stromabwärts mein eigentliches Ziel war. Ich brauchte nur zu steuern und kam leicht am Ort meiner Bestimmung an.

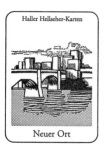
Haller Hellseher-Karten

Neuer Ort

Wenn Sie keine Dankbarkeit ernten ...

Für wen tun Sie das alles?

Lernen Sie zu unterscheiden, für wen Sie etwas tun: für sich, für andere, oder gar nur für Ihr Ansehen?

Die innere Einstellung

Erster Schritt: Erwarten Sie keine Dankbarkeit, wenn Sie etwas für einen anderen Menschen tun. Helfen Sie anderen, oder tun Sie Gutes aus sich heraus – weil es Ihre Pflicht als Mitmensch ist, weil es Ihnen richtig erscheint oder weil es Ausdruck Ihrer Liebe ist. Liebe aber verlangt keine Gegenleistung.

Liebe ohne Gegenleistung

Wenn Sie sich über die Undankbarkeit anderer beklagen, gehen Sie mit einer falschen geistigen Einstellung an Ihr eigenes Helfen heran. Wenn Sie Dankbarkeit erwarten, zwingen Sie dem anderen eine Verpflichtung auf. Er wird das spüren und sich dagegen wehren. So erzeugen Sie eine ungute Stimmung zwischen Ihnen und dem anderen.

Werfen Sie keine „Perlen vor die Säue". Im Klartext: Borgen Sie nicht immer wieder jemandem Geld, von dem Sie wissen, daß er dank Ihrer Großzügigkeit nie lernen wird, damit umzugehen. Sie sind kein schlechter Mensch, wenn Sie hier einmal nein sagen.

Keine Perlen vor die Säue werfen

Helfen Sie sich selbst. Sie müssen nicht *zu* gut sein. Es heißt: Liebe deinen Nächsten wie dich selbst. Von mehr hat der liebe Gott nichts gesagt.

Helfen Sie, weil es Ihnen selbst ein Bedürfnis ist.

Beobachten Sie sich auch, ob Sie nicht immer wieder schwächere Menschen um sich scharen, denen Sie helfen möchten. In Beziehungen wird das meist schwierig. Wenn Sie diese Neigung verspüren, wurden Sie vermutlich als Kind nie in Ihrem eigenen Wert erkannt und anerkannt und kämpfen damit noch immer. Sobald Sie Ihre Einstellung ändern, können Sie auch in Ihren verschiedenen Lebensbereichen mit Menschen zusammen sein, die nicht nur auf Ihre Hilfe angewiesen sind und Sie trotzdem lieben. Dann haben Sie Ihr Ziel erreicht.

Hilfe – ja, bitte, Abhängigkeit – nein, danke

Wenn Sie keinen Fortschritt sehen ...

Wenn Sie ein Ziel anstreben, etwas in Ihrem Leben verändern wollen, haben Sie oft das Gefühl, auf dem

Freude an kleinen Schritten

Stand zu treten. Damit sind Sie in guter Gesellschaft: Die Welt wurde nicht an einem Tag geschaffen, der Mount Everest läßt sich nicht an einem einzigen Tag besteigen.

Der einzig gangbare Weg ist in den meisten Fällen der, daß Sie sich kleine Zwischenziele setzen. So wie man einen hohen Berg nur in Etappen besteigen kann. Andernfalls werden Sie nie zum Gipfel kommen. Nach jeder Etappe sollten Sie sich über das Erreichte freuen, Ihren Erfolg genießen und sich mit einer Kleinigkeit belohnen. So haben Sie genügend Energie, um zum Endziel zu kommen.

Zum Thema „innere Einstellung" ließe sich noch vieles sagen. Sie haben aber sicher inzwischen gesehen, um was es mir hier geht:

Völlig neue Lebenseinstellung

Versuche, Glück durch eine Änderung der Lebensumstände zu erreichen, schlagen meist fehl. Es ist nur durch eine Änderung unseres Bewußtseins zu erreichen.

Die Pforte, durch die man dabei muß, ist eng, und es ist nicht einfach. Doch die Zahl derer, die diese Pforte suchen, steigt in letzter Zeit ständig, und für diese ist mein Buch gedacht.

Vom Sehen zum Hellsehen

Bisweilen kommt es vor, daß jemand, der ansonsten überhaupt nicht medial veranlagt ist, einen hellen Moment hat – im wahrsten Sinne des Wortes.

Einmal erlebte ich dies bei meinem Sohn, der sehr technisch orientiert ist und vorher wie hinterher keinerlei Tendenz zu außersinnlichen Wahrnehmungen erkennen ließ: Eines Tages wollte ich dringend mit dem Auto wegfahren, ging in die Garage – und fand sie leer. Völlig entsetzt stand ich davor. Verstört ging ich wieder hinauf in die Wohnung und sagte entgeistert zu meinem Sohn: „Mir haben sie das Auto gestohlen, ich muß die Polizei anrufen." Er sagte völlig ohne nachzudenken: „Unsinn, Mutti, das hast du nur auf einem Parkplatz stehen lassen – irgendwo außerhalb." Ich wollte bereits protestieren, als mir siedendheiß einfiel: Er hatte recht. Ich hatte meinen Freund 60 km entfernt getroffen, war mit ihm ausgegangen und fuhr dann mit ihm in seinem Wagen zurück nach Hause. In dieser Situation hatte keiner von uns an das zweite Auto gedacht. Erst am nächsten Tag vermißte ich es schmerzlich.

Spontan die Wahrheit sehen

Eine derartige instinktive, spontane Reaktion ist oft die beste. Achten Sie bei jedem neuen Projekt, bei allen Plänen auf sie. Oft enthält der erste Eindruck bereits die Aussage, zu der Sie nach einer gründlichen Prüfung auf Umwegen wieder gelangen.

Der erste Eindruck ist unbezahlbar

Vor einigen Jahren vermißte ich eine meiner drei Katzen. Damals zeigte meine Tochter bereits die Begabung, auf spontan an sie gerichtete Fragen nach dem Aufenthaltsort verlorener Gegenstände eine zutreffende Antwort zu wissen. Ich gestehe, daß ich diese Begabung nicht ungern sah und davon manchmal profitierte. Also: Ich vermißte meine Katze, und meine Tochter kam heim. Statt mit einer Begrüßung empfing ich sie mit den Worten: „Die Daisy ist verschwunden. Wo ist sie? Sag es mir." Sie drehte sich wortlos um, rannte auf den Dachboden und öffnete die Tür. Ziemlich erschöpft kam unsere Daisy heraus; auf dem Dachboden herrschten Temperaturen von 60 Grad, es war ein heißer Sommertag, und sie litt bereits unter dem Flüssigkeitsverlust. Sie war morgens früh mit einem Handwerker auf den Dachboden gelaufen und dort versehentlich eingeschlossen worden. – Das allerdings hatte meine Tochter nicht wissen können. Inzwischen trainiert sie ihre Begabung zu außersinnlichen Wahrnehmungen weiter und ist bereits mit Karten recht erfolgreich.

Instinktiv die Antwort sehen

Wer keine derartigen spontanen ersten Eindrücke kennt, muß das Hellsehen von einer grundlegen-

Sehen lernen

ren Warte aus wieder lernen. Der erste Schritt besteht darin, wieder sehen zu lernen.

Das beschränkt sich nicht auf die Augen, sondern umfaßt alle unsere Sinne, unsere gesamte Wahrnehmungsfähigkeit. Nehmen Sie einmal nur eine Stunde lang täglich alles um Sie herum bewußt wahr: die Sonne, die Wärme, das Rauschen der Blätter am Baum, das Streicheln des Windes auf der Haut, die Vögel und die tausend kleinen Geräusche des Alltags.

Öffnen Sie Ihre Sinne auch auf der inneren Ebene: Lernen Sie wieder, Schönes zu sehen. Erkennen Sie die Schönheit und den Wert von Kleinigkeiten in Ihrem Leben.

Hellsehen heißt Licht sehen

Hellsehen heißt Licht sehen, heißt klar sehen. Nur wer im Hier und Jetzt klar sieht, kann auch über den Zaun sehen. Menschen, die unter Druck stehen, fällt das Wahrnehmen von jenseits des Zauns häufig als Geschenk zu. Sie erhalten einen leichteren Zugang, wenn sie trotz ihres Leidensdrucks positiv denken und den Wunsch in sich tragen, zu einem guten Endziel zu kommen. Dann regieren nicht ihre Ängste, sondern sie werden spüren, fühlen oder hören, wie sie aus diesem Leidensdruck herauskommen.

Der Weg durch die Stille

Allein in der Wüste

Viele schamanisch orientierten Völker schicken ihre Kinder auf der Schwelle zum Erwachsenwerden in die Wüste – ja, auch Jesus hat das durchgemacht. Sie verbringen einige Tage fastend allein in der Wildnis, um dort einen Traum über ihre künftige Bestimmung zu erhalten. Wenn die Jugendlichen in dieser Weise auf sich allein gestellt sind, geraten sie an die Grenzen ihrer Persönlichkeit und erkennen sich selbst und ihren weiteren Weg oft sehr klar. Wichtig dabei ist das Alleinsein, ohne menschliche Kommunikation.

Ein Bergsteiger hat mir erzählt, daß er nach acht Tagen, die er allein in den Bergen verbrachte, ohne

Haller Hellseher-Karten

Belastbarkeit

Vom Sehen zum Hellsehen

mit jemandem zu sprechen, alles gespürt hat, was zu Hause vor sich ging. Nach acht Tagen der Stille und der Gefahr, in denen er auf sich allein gestellt war, hatte er den Zugang zu außersinnlichen Wahrnehmungen gefunden. Er hatte alles ganz richtig gesehen und dabei auch Aufschluß über seinen weiteren Weg erhalten. Ihm war klar, so sagte er, daß er dies im Lärm der Stadt niemals erlebt hätte.

Visionen nach acht Tagen ohne menschliche Gesellschaft

Die Ruhe, die Stille ist eine wesentliche Voraussetzung fürs Hellsehen oder -hören. Sie kann selbstgewählt oder erzwungen sein. Einen ersten Schritt können Sie jedoch bei sich zu Hause ohne viel Mühe setzen: Lassen Sie nicht ständig Fernseher oder Radio laufen. Dauerberieselung ist ein Hindernis, wenn Sie diesen Weg gehen wollen.

Keine Dauerberieselung

Eine absolute Steigerung ist möglich, wenn Sie tagelang nicht sprechen. Exerzitien in der katholischen Kirche, Schweigegelübde und ähnliches sind hier sehr hilfreich. Nicht ohne Grund sind Klöster der Hort der Spiritualität, nicht ohne Grund verspüren wir eine ganz eigenartige Atmosphäre, wenn wir ein bewohntes Kloster besichtigen.

Exerzitien und Schweigegelübde

Wenn man nicht ständig redet, wird man fähig, in sich hineinzuhören. Es kommen Gedanken hoch, die nicht mehr nur mit Logik zu tun haben.

Wenn Sie dies auf sich nehmen, sind Sie nach einiger Zeit auf dem besten Weg, auch die Gedanken anderer und Zukünftiges wahrzunehmen. Gerade das Hören war uns allen einmal sehr vertraut. Denken Sie an Athena, die Achill im Streß erscheint und zu ihm spricht, denken Sie an Abraham oder Moses.

Die Götter wieder hören

Der Weg durch die Dunkelheit

Bilder, die wir nur vor unserem inneren Auge sehen, nennen wir in der Regel nicht Halluzinationen, sondern Träume. Die Traumforschung nimmt an, daß ein guter Teil unserer Träume die Verarbeitung von

Visionen und Träume

Die Quellen der Träume

eigenen Erlebnissen ist und aus unserem eigenen Unterbewußtsein kommt. Ein anderer Teil aber enthält Aussagen und Warnungen, die nicht aus unserem eigenen Wissen geboren sein können. Sie empfängt unser Gehirn aus dem immensen Feld des universellen Wissens, das C. G. Jung als das kollektive Unbewußte bezeichnete.

Die Sprache der Träume ist bildhaft und symbolreich, was die reiche Tradition von Traumlexika seit der Antike erklärt. Ein Beispiel ist folgender Traum:

Der Ausweg in die Welt der Gefühle

Kurz vor der Trennung von meinem Mann träumte ich, mein Mann habe mich in einer canyonartigen Gegend auf einer Hochebene in ein Lager mit zehn Meter hohen Stacheldrahtzäunen und Wachtürmen gesteckt, das Soldaten mit MPs bewachten. Auf einer Seite gab es keinen Zaun, sondern einen unendlich tiefen Abgrund und unten einen reißenden Fluß. Dieser war mit einem Stacheldrahtgitter im Abstand von 50 x 50 Zentimetern überspannt. Im Traum überlegte ich, wenn ich nun die Nahrung verweigere und ganz dünn werde, habe ich die Chance, beim Sprung in den Abgrund durch das Raster des Stacheldrahts durchzuschlüpfen. Sollte ich danebenspringen, wäre es halt Schicksal, und ich wäre tot.

Einige Wochen drauf hatte ich den Folgetraum. Ich sah mich dünn genug und beschloß zu springen – spürte mich fallen, und zwar unverletzt durch das Raster hindurch. Durch die große Höhe tauchte ich sehr tief ins Wasser, was mir das Leben rettete, denn man schoß mit den MPs hinter mir her, und die Wassermassen über mir fingen die Schüsse ab.

Die Strömung des Flusses riß mich mit sich fort. Ich war unter Wasser frei von Angst, sah die Sonne auf der Oberfläche spiegeln, hielt die Luft an und ließ mich treiben. Die Schüsse verstummten, und ein warmer Geysir trug mich hinauf. Ich tauchte in einem warmen Badesee auf, weit weg von dem Lager, inmitten sanft ansteigender Hügel.

Vom Sehen zum Hellsehen

Drei Monate danach hatte ich mich von meinem Mann getrennt, völlig sicher in dem Bewußtsein, daß dies der richtige Weg in meinem Leben war.

Der richtige Weg

Man kann jetzt anfangen, die einzelnen Motive zu deuten. Wasser steht für Gefühle, der Sprung in die Tiefe steht für den Sprung ins Ungewisse meiner Zukunft, die Umgebung des Badesees vermittelte Wärme und Schutz fern jeglicher Bedrohung – und so war es dann ja auch.

Ein anderer Traum wurde mir medial sogar von meinen Helfern im Jenseits gedeutet: Ich träumte, ich werde verfolgt, dabei erwischt und festgehalten. Nun wurde meiner Lieblingskatze das Fell in Streifen abgezogen, und ich hörte mich im Traum schreien und wimmern. Meine Wesen erklärten mir zu diesem Thema: „Man wird dir dein Ego in Streifen abziehen, bis du keines mehr hast ... dann wirst du ein neues, göttliches Bewußtsein bekommen." – Die Lieblingskatze stand für mein Ego. Dieser Symboltraum spiegelte die Angriffe meiner Umgebung auf mein Ego.

Ego in Streifen

Andere erfahren im Traum die Lösung für wissenschaftliche Probleme, die sie beschäftigen:

Erfindungen im Traum

August Kékulé von Stradonitz träumte in einer Halbtrance, angeregt durch das Symbol der Schlange, die sich in den Schwanz beißt, die atomare Struktur des Benzolrings. Nils Bohr erlebte im Traum den Anstoß für sein Atommodell.

Der Amerikaner Elias Howe erhielt die fehlende Lösung für die Konstruktion der Nähmaschinennadel: Er träumte, Wilde hätten ihn gefangengenommen und vor ein Stammesgericht geschleppt. Der Häuptling stellte ihn vor die Wahl, entweder die Nähmaschine innerhalb von 24 Stunden fertigzustellen oder durch die Speere seiner Krieger zu sterben. Howe konnte die Aufgabe, an der er schon so lange feilte, auch im Traum nicht erfüllen – die Speere der Wilden senkten sich über ihn – und Howe fiel auf, daß sie alle oberhalb der Spitze augenförmige Schlitze hatten. An diese Stelle setzte er nun das Öhr der Nähmaschinennadeln.

Der Träumer als Hellseher für andere

Es gibt auch das Phänomen der Träume für andere. Hier wird der Träumer zum Sprachrohr für Mitmenschen, die zu „blind" sind, um selbst die Wahrheit zu sehen, also zum schlafenden Hellseher.

Ein solcher Fall war Cäsars Frau Calpurnia, die vor der Ermordung ihres Mannes Alpträume hatte, in denen sie den Zerfall ihres Hauses sah. Cäsar nahm diese Träume seiner Frau sehr ernst und befragte zusätzlich die Seher, die ebenfalls warnend reagierten. Er wollte daraufhin die fatale Senatssitzung der Iden des März absagen, doch einer der Verschwörer fragte ihn, ob er allen Ernstes den versammelten Senatoren melden lassen wolle, sie sollten wieder heimgehen und ein andermal wiederkommen, wenn Calpurnia besser geträumt hätte. Die Folgen sind bekannt.

Traumergebnisse auf Abruf

Dieses Träumen für andere kennen wir ja bereits von Edgar Cayce, der sich jeweils mit einer ganz bestimmten Frage in Trance begab. Allerdings hat Cayce weniger gesehen als vielmehr gehört. Auch ich mache beim Hellsehen für andere grundsätzlich nichts anderes, sieht man einmal davon ab, daß meine Trance leichter ist als seine.

Auch eine Meditation ist nichts weiter als ein gesuchter Traum.

Meditationsgeübte werden diesen Gedanken nicht weiter erstaunlich finden. Sie wissen aus Erfahrung, daß die Informationen in Meditationen in erster Linie als Bilder und Farben, in zweiter Linie als Gefühle und erst in dritter Linie als Worte auftauchen.

Der Weg durch die Hände

Vielleicht spüren Sie auch in den Händen die Antwort. Bei der Suche nach Vermißten arbeite ich vielfach mit Landkarten, über die ich mit den Händen fahre. Dort, wo ich etwas spüre, ist dann die Antwort auf eine zuvor gestellte Frage zu finden – meine Prophezeiungen für die nächsten Jahre am Schluß dieses Buches sind mit Hilfe einer Weltkarte entstanden.

Wenn Sie auch mit Hilfe Ihres Fingerspitzengefühls sehen üben wollen, erfahren Sie im nächsten Kapitel, wie mein Plakat entstand. Vielleicht ist es ja für Sie ein geeignetes Hilfsmittel.

Meiner Erfahrung nach ist es sehr förderlich, alle Techniken gleichwertig zu mischen. Wenn man Bilder sieht und Stimmen hört, festigt es die Wahrnehmung, wenn man den Begriff auch unter den Fingern spürt. Durch eine Mischung der Methoden erhält man außerdem Informationen auf mehreren Ebenen und dadurch eine klarere Aussage.

| Fingerspitzengefühl

| Hellsehen mit allen Sinnen

Der Körper hilft mit:
Wege in die Trance

Einige Verhaltensweisen, die Visionen fördern, werden in der Bibel beschrieben. Fasten, gemeinsames Gebet, Schlafen, prophetische Verzückung. Andere entstammen östlichen Traditionen: Reiki, Yoga, Meditation. Weitere sind etwa autogenes Training, Trommeln, der Blick in den blauen Himmel oder in eine brennende Kerze.

Allen gemeinsam ist das Ziel, die Hirntätigkeit aus dem wachen Frequenzbereich zwischen 40 und 14 Hertz in den Bereich von Schlaf und Trance zwischen 4 und 13 Hertz zu senken (siehe oben ab Seite 108).

Das Prinzip, das hinter all diesen Techniken steht, heißt: Langeweile für die linke Gehirnhälfte. Stimmen und Bilder kommen aus der rechten Gehirnhälfte. Daher muß die dominante linke Hemisphäre zunächst einmal ausgeschaltet werden.

Uns gelingt das erfahrungsgemäß am leichtesten, wenn wir ihr eine Aufgabe geben, die sie langweilt. Jeder kennt das berühmte „Schäfchen zählen" vor

| Langeweile für die linke Gehirnhälfte

Schäfchen zählen	dem Einschlafen. Was uns schon unsere Mütter und Urgroßmütter gegen Schlaflosigkeit empfahlen, ist nichts anderes als der Versuch, links „auszuknipsen". Das Gehirn stellt sich anfangs der Aufgabe. Die Bilder kommen von rechts, die Zahlen von links. Während die rechte Hemisphäre mit ihrer Aufgabe, Bilder zu produzieren, zufrieden ist, schaltet die linke Seite bald ab. Sie fühlt sich mit dem stereotypen Mitzählen immer gleicher Bilder unterfordert.
Rückwärts zählen	Eine weitere Methode, sich in den Alpha-Zustand zu versetzen, besteht darin, an 10 aufeinanderfolgenden Tagen beim Schlafengehen von 100 bis 0 rückwärts zu zählen. An den nächsten 10 Tagen zählen Sie von 50 bis 0, an den darauffolgenden 10 Tagen beginnen Sie erst bei 25, an den nächsten 10 Tagen reicht es bereits aus, von 10 rückwärts zu zählen. Nach 40 Tagen dieses Trainings brauchen Sie nur noch von 5 rückwärts bis 0 zu zählen, um sich in den Alpha-Zustand zu versetzen. Ich kann mir sehr gut vorstellen, daß dieses Verfahren erfolgreich ist, auch wenn ich es noch nie ausprobiert habe.
Alpha-Atmung	Auch der Atem ist eine jedem Menschen leicht zugängliche Möglichkeit, seinen Bewußtseinszustand zu verschieben.
Wichtig: der gerade Rücken	Die Alpha-Atmung ist ein Weg zum Empfang von Stimmen und Bildern. Dafür ist es sehr wichtig, daß der Rücken gerade bleibt. Entweder sitzt man aufrecht auf einem Stuhl oder im Lotus-Sitz auf dem Boden oder man liegt gestreckt auf dem Boden. Die Wirkung der Atmung wird noch verstärkt, wenn man die geschlossenen Augen leicht zur Mitte der Stirn hin verdreht und die Zungenspitze gegen den oberen Gaumen rollt.
Bauchatmung mit „Verstand"	Die Atemübung beginnt mit fünf Minuten Bauchatmung. Dabei ist es besonders wichtig, daß der Atmende mit seiner gesamten Aufmerksamkeit den Weg der Atemluft durch den Körper verfolgt. Die linke Hand liegt auf dem Herzen, die rechte über

Vom Sehen zum Hellsehen

der linken. Für fünf Minuten konzentriert sich der Atmende auf den Schlag seines Herzens.

Dann beginnt die eigentliche Alpha-Atmung. Man atmet während sechs Herzschlägen tief ein, hält für drei Herzschläge den Atem an, atmet während sechs Herzschlägen langsam wieder aus und hält wiederum für drei Herzschläge den Atem an. Diesen Rhythmus sollte der Atmende fünfzehn Minuten hindurch beibehalten. Nach rund einer Woche ist man in der Regel in der Lage, diese Atmung auch mit geöffneten Augen zu praktizieren.

Atmen – anhalten – atmen – anhalten

Nun kann man den Rhythmus so weit verlangsamen, bis man bei einem Takt 12:6:12:6 angelangt ist. Mit ihm verliert man das Gefühl, überhaupt noch zu atmen.

Atmung verlangsamen

Wer in diesem Zustand noch keine Bildfolgen erlebt, kann mit einem Yantra, einer einfachen Zeichnung, nachhelfen. Kleben Sie ein weißes Quadrat auf eine etwas größere schwarze Fläche. Im Zentrum des weißes Quadrats sitzt ein kleiner schwarzer Punkt, der unser Bewußtsein symbolisiert. Nun atmen Sie etwa eine halbe Stunde im Alpha-Rhythmus. Wenn Sie das einige Tage lang wiederholen, stellen sich spätestens am fünften Tag ganz unbeschreiblich intensive Bild- und Gefühlserlebnisse ein.

Einfachste Halluzinationshilfe: das Yantra

Wir haben ein mächtiges Hilfsmittel, um gezielt in eine Trance zu gleiten: unseren Willen. Jeder Mensch kann sich selbst bei der Hand nehmen und in das Reich der Visionen führen. Im autogenen Training nach Schulz werden nacheinander die einzelnen Gliedmaßen und Organe angesprochen, ihnen wird suggeriert, daß sie ruhig und warm werden. Tatsächlich ist es bei einem Menschen mit Durchblutungsproblemen schon nach wenigen Tagen möglich, während des Trainings einen Temperaturanstieg in den Füßen zu messen.

Autogenes Training

Die Tiefenentspannung, die nun eintritt, kann auch als Einstieg in eine Meditation dienen. Diese kann durch Autosuggestion gesteuert werden. Denken Sie an Edgar Cayce, dem stets ein bestimmter Auftrag mit in die Trance gegeben wurde.

Progressive Muskelentspannung nach Jacobsen fußt auf dem Prinzip, zunächst einmal genau das Gegenteil des Angestrebten zu tun, ganz so, wie ein Speerwerfer zunächst einmal nach hinten ausholt, um dann weit nach vorne zu werfen. Die Muskeln des Körpers werden nacheinander für einige Sekunden so stark wie irgendwie möglich angezogen und dann in einem willentlichen Akt losgelassen. Dadurch steigt nicht nur die Durchblutung der Muskulatur. Der Übende bekommt sehr schnell ein Gespür für den Grad seiner Anspannung. Mit der Zeit braucht er die Kontraktionsübungen gar nicht mehr auszuführen, sondern kann seine Muskeln willkürlich und gezielt locker lassen.

Ein „Geheimtip" unter den Wegen in die Trance ist Ausdauersport. Beim **Joggen, Schwimmen** oder **Wandern** wird unsere linke Gehirnhälfte unterfordert, die körperliche Bewegung verhindert aber, daß wir einschlafen – die ideale Voraussetzung für eine Trance. Sie sollten sich dabei natürlich nicht angeregt unterhalten, und Sie sollten immer die gleiche Bewegung auch ausführen können, ohne daß Sie dabei groß auf Ihre Umgebung achten müssen. Beim **Radfahren** in der ungarischen Pußta beispielsweise können sich durchaus meditative Bilder einstellen, in der Großstadt könnte dieser Versuch tödlich enden.

Das Geheimnis liegt im Stoffwechsel verborgen: Unser Körper reagiert auf große Anstrengung mit der Produktion körpereigener Morphine. Und die fördern das Entstehen von Halluzinationen.

Eine sehr eindrucksvolle Übung, um in die Welt der außersinnlichen Wahrnehmungen zu wechseln, stammt aus dem indischen Kulturkreis. Sie führt Sie direkt in die innersten Bereiche der Seele. Setzen Sie sich für diese Übung in einem dunklen Raum vor einen Spiegel, und stellen Sie eine Kerze so neben sich, daß Ihr Gesicht beleuchtet wird. Schauen Sie unverwandt in den Spiegel, und bemühen Sie sich dabei, Ihren Lidschlag so gut wie möglich auszuschalten. Das mag schwer vorstellbar sein, ist in Wirklichkeit aber gar nicht so schwierig. Nach den ersten Minuten, in denen Sie zugegebenerweise stark mit dem Zwinkern kämpfen müssen, geht es ganz mühelos. Sollten Tränen kommen, so lassen Sie sie fließen. Tränen wirken reinigend.

Mit unterdrücktem Lidschlag

Rund 40 Minuten lang sollten Sie mit offenen Augen vor dem Spiegel sitzen, und zwar drei Wochen lang jeden Tag zur gleichen Zeit. Schauen Sie unermüdlich in Ihr Spiegelbild, und versuchen Sie, dabei an so wenig wie möglich zu denken. Nach wenigen Tagen passiert etwas sehr Merkwürdiges: Ihr Gesicht verliert seine Konturen und begegnet Ihnen in neuen Gestalten wieder. Reinkarnationstherapeuten führen diese Erscheinungen auf frühere Leben zurück, die Ihnen aus dem Spiegel entgegensehen, einige Tiefenpsychologen sehen darin jene Masken, die Sie sich in Ihrem Leben aufzusetzen pflegen.

Nach etwa einer Woche folgen die Masken aufeinander wie die Bilder eines Films. Sie können Probleme bekommen, sich während der Meditation an Ihr eigentliches Gesicht zu entsinnen. Und dann bleibt irgendwann zwischen dem 18. und dem 21. Tag der Spiegel überhaupt leer, wenn Sie hineinblicken. Schließen Sie nun Ihre Augen, und begeben Sie sich auf die Reise durch jene andere Welt.

Und dann bleibt der Spiegel leer

Diese Form der Meditation existiert übrigens nicht nur bei den Indern. In Variationen findet man sie quer über den Erdball. So sitzen beispielsweise die Indianer mit starren Augen vor ihrem Spiegelbild im Wasser und warten stundenlang darauf, ihr Krafttier zu erblicken. Und auch aus der Antike sind uns ja Orakel bekannt, in denen Wasser zur Quelle der Trance des Propheten wurde.

Während der Dreharbeiten für einen Kulturfilm über Medien und Religion in Burkina Faso erlebte ich auch in Afrika, daß sich Medien mit Hilfe eines Blicks in den Spiegel konzentriert haben.

Brennende Kerze und blauer Himmel

Ich selbst verwende auch gern eine brennende weiße Kerze oder, tagsüber, einfach ein Stück blauen Himmel als Konzentrationshilfe. Ich sehe starr hinein, bis sich meine linke Gehirnhälfte langweilt und abschaltet und die „Bahn" frei ist für die Mitteilungen aus der anderen Wirklichkeit.

Trommeln

Ein anderes Hilfsmittel für die Reise in die andere Wirklichkeit, das wichtigste vielleicht, ist die Trommel. Schamanen in aller Welt dient sie als treuer Begleiter; ihre tiefen Töne dringen tief in unser Gehirn ein, und im richtigen Tempo geschlagen, bringt sie unser Gehirn auf einer Wellenlänge zum Mitschwingen, die dem Alpha-Zustand entspricht.

Das Loch in die andere Wirklichkeit

Bei einer klassischen Trommeltrance stellt man sich vor, man schlüpft durch ein tatsächliches Loch im Boden in die Unterwelt. Wie das im einzelnen aussehen kann und was der geübte Schamane dort bewirken kann, beschreibt unter anderem Leo Rutherford sehr anschaulich (siehe Literaturverzeichnis). Ich möchte Sie hier nur an eine Spielregel erinnern: Bleiben Sie am Anfang Beobachter. Nehmen Sie nichts aus der anderen Wirklichkeit mit, und verändern Sie dort nichts.

Fasten und Ernährung

Ein beliebtes Konzentrationsmittel, um besser sehen zu können, ist das Fasten. Wenn die Arbeit des Verdauens entfällt, wird im Körper ungeheure Energie frei.

Körpereigene Morphine

Das Fasten setzt außerdem bereits nach zwei bis drei Tagen körpereigene Morphine frei. Wer schon einmal für einige Tage die Nahrungsaufnahme eingestellt und sehr viel Wasser getrunken hat, weiß, was für überraschend euphorische Gefühle dabei auftauchen können.

In diesem leichten Schwebezustand wird man aufnahmebereit. Umgekehrt lähmt zu viel Essen und blockiert den Geist. Ich selbst spüre das täglich bei meiner Arbeit: Wenn ich mittags zu viel esse, fällt mir nachmittags die mediale Arbeit sehr schwer. – Leider führt das dazu, daß ich dann abends das Essen umso mehr genieße, und die Folge ist, daß ich nicht ganz so schlank bin, wie ich gern wäre.

Essen und mediale Arbeit

Der Termin der Fastenzeit im christlichen Kalender paßt sehr gut für den Einstieg ins Hellsehen und -hören über das Fasten: Im Frühjahr tut uns das Entschlacken besonders gut. Auch die Verbindung der Fastenzeit mit dem Gedanken an Tod und Auferstehung Christi ist sinnvoll: Durch das Fasten können wir unseren Geist besonders gut sammeln und mit ihm die Grenze des Todes überwinden.

Fastenzeit im Frühjahr

Auch die Frage, was wir essen, hat Auswirkungen auf unsere geistig-seelische Verfassung. Ein besonders heikles Thema ist das Essen von Fleisch.

Zunächst ist es reine Energieverschwendung. Denn mit dem vegetarischen Futter, das die Tiere bis zur Schlachtung erhalten, kann man viele Menschen ernähren. Doch das ist nicht alles.

Fleisch essen oder nicht?

Ich empfinde die Schwingung von Vegetariern als feiner als jene von fleischessenden Menschen – ich erlebe sie eigentlich als fortgeschrittene Gruppe von Menschen. So wie es ein reiner Pflanzenfresser inmitten von Raubtieren schwer hätte, zu bestehen, könnte ich die gröbere Schwingung der fleischessenden Menschen den ganzen Tag lang kaum verkraften, wenn ich mich rein vegetarisch ernähren würde. Solange ich von Menschen mit materieller Einstellung umgeben bin – und dazu gehört auch das Essen von Fleisch –, bin ich gezwungen, mich ebenso zu ernähren, um in ihrer Gegenwart zu bestehen. Machen wir uns nichts vor: Wir gehen in unserer mate-

Wir gehen miteinander um wie Raubtiere

rialistischen heutigen Welt miteinander um wie Raubtiere. Man liebt bestenfalls die eigene Gruppe; was darüber hinausgeht, wird kritisch.

Tiere als Nahrung der Menschen

Doch da ist noch ein dritter Aspekt. Wenn ich mit Tierseelen in Kontakt trete, erfahre ich immer wieder, daß Tiere bis zu einem gewissen Grad bereit sind, uns Menschen zu dienen – auch als Nahrung. Es hat mich sehr gefreut, den gleichen Gedanken auch in Marlo Morgans *Traumfänger* wiederzufinden. Das mindeste ist aber, daß Tiere aller Arten und Rassen, auch Pelz- und Nutztiere, nur artgerecht gehalten und nur völlig human getötet werden dürfen.

Weniger Fleisch, mehr Lebensqualität für Nutztiere und Menschen

Massentransporte von Schlachtvieh zur Großschlachterei sind unmenschlich. Wenn ein Tier in einer angstfreien Umgebung völlig überraschend geschlachtet wird, ist das völlig in Ordnung. Eine wirklich artgerechte Haltung und ein humanes Schlachten ist natürlich nur über einen erheblichen Preisanstieg finanzierbar, und in dessen Folge könnten wir dann nur noch wenig Fleisch essen – das aber wäre unserer Gesundheit nur zuträglich: Gicht und andere Zivilisationskrankheiten wären dann nicht mehr notwendig.

Wie jeder Mensch damit umgeht, wie er in seiner Umgebung bestehen kann, muß er selbst entscheiden.

Visionen von Himmel und Hölle

Im frühen Mittelalter machten irische Augustinermönche in Donegal eine Höhle auf einer Insel in der Nähe ihres Klosters zum Schauplatz von Höllenqualen und Paradiesesfreuden – in Form von Visionen. Bei der Vorbereitung spielte das Fasten eine wichtige Rolle. Die Sache war für den Pilger nicht ungefährlich, denn wer nur aus Neugier hineinging, so eine Weissagung, werde darin bleiben müssen bis zum Jüngsten Tag. Mit einer denkbar intensiven körperlich-geistigen Vorbereitungsarbeit wurde dafür gesorgt, daß sich Visionen fast zwangsläufig einstellten. Erst mußte der Pilger sieben Tage lang fasten, den achten Tag verbrachte er in einer sargartigen Zelle, die keinerlei Bewegungsfreiheit bot, und am neunten Tag wurde er nach Empfang der Sterbesakramente zum Höhleneingang geführt. Nach einem Tag in der Höhle – sofern er den Ausgang wiederfand – hatte der Pilger in der Regel von Visionen zu berichten, die auch von den Mönchen ehrfürchtig aufgegriffen wurden, und meist fühlte er sich wie neugeboren.

Alle Kulturen kennen Rauschmittel und Drogen, die veränderte Bewußtseinszustände herbeiführen. Sie werden rituell eingesetzt und haben im Rahmen dieser Tradition sicher ihren Platz. Im Rahmen dieser Tradition, im Rahmen überlieferter Rituale, und in Maßen.

Ein Wort zum Thema Drogen

Dieser Drogeneinsatz ist nicht zu verwechseln mit Drogenmißbrauch einsamer Großstadtkinder. Ihm fehlt die spirituelle Komponente, das Ritual. Ein weiterer Unterschied besteht darin, daß diese Drogen der Naturvölker – überwiegend Pilze und Pflanzensäfte – sicher nicht süchtig machen. Dafür schmecken sie angeblich viel zu widerlich.

Von Pilzen und Pflanzensäften

Auch bei uns wachsen Pflanzen, die halluzinogene Wirkung haben. Es sind die klassischen Giftpflanzen, die in Hexensalben verwendet wurden. Eben: Giftpflanzen. Wenn Sie zuviel erwischen, wird es für Sie wirklich gefährlich. Auf das Essen von rohen Kartoffeln oder von Stücken roher Fliegenpilze verzichten Sie daher besser. Denn erstens ist es wirklich gefährlich, zweitens aber auch völlig unnötig.

Noch schlimmer wäre es, künstliche Drogen zu verwenden, die unter das Suchtgiftgesetz fallen. Die meisten sind mit der Gefahr schwerer körperlicher Schädigung verbunden, und es fehlt die Schwelle des widerlichen Geschmacks, das heißt, Sie laufen Gefahr, tatsächlich süchtig darauf zu werden.

Von Pillen aus dem Drogenlabor

Daher nochmals: Lassen Sie die Finger davon. Erstens ist das Zeug wirklich gefährlich, und zweitens ist es aber zugleich völlig unnötig. Mit den beschriebenen Meditationstechniken vom Rückwärtszählen bis zum Joggen sollten Sie auf viel gesündere Weise zum gleichen Ergebnis kommen.

Geistige Getränke für die Geister

Wenn ich mit einer guten Freundin gemeinsam in die Zukunft schaue, genehmigen wir uns bisweilen ein Gläschen Sekt. Alkohol hat eine entspannende Wirkung, und Geister lieben geistige Getränke. Hier ist es so: Die Menge regelt sich von selbst. Wenn Sie zu viel erwischen, ist es vorbei mit dem Hellsehen.

Sphärenklänge bei Meditationsmusik

Wenn Sie wollen, können Sie sanfte Meditationsmusik bei Ihrer Arbeit verwenden, wie ich sie entwickelt habe (s. S. 240). Auch dies kann Ihnen beim Loslassen aus dem rein materiellen Denken helfen.

Geduld

Es bleibt im Grunde Ihnen überlassen, für welchen Weg in die Trance Sie sich entscheiden. Jeder muß seinen eigenen Weg finden. Jeder sollte sich aber auch über die Konsequenzen seiner Wahl im klaren sein.

Zum Schluß noch eine Mahnung: Haben Sie Geduld.

Haben Sie an einem Tag lesen gelernt? Na also.

Haben Sie als Kind an einem Tag gehen gelernt? Oder lesen? Na also. Niemand ist bisher als Meister vom Himmel gefallen. Weder als Konzertpianist noch als Hellseher.

Hellsehen ist keine Hexerei, sondern eine Kunst, und die kommt bekanntlich von „können". Davor steht das Lernen.

Beim Hellsehen trainieren Sie bislang wenig benutzte Teile und Verbindungen Ihres Gehirns. Die Nervenbahnen müssen erst lernen, daß sie nun häufiger gebraucht werden, sie müssen sich erst aufeinander einspielen. Geben Sie ihnen diese Zeit – haben Sie Geduld.

Die erste gezielte Trance

Wenn Sie einige Zeit geübt haben und bereits wissen, welche Entspannungstechnik für Sie die ideale ist, dann machen Sie aus Ihrer ersten gezielt gesuchten Trance doch ein kleines Ritual. Legen Sie sich in einem Raum, in dem Sie sich sehr wohl fühlen, eine Decke zurecht, zünden Sie eine Kerze an, vielleicht auch ein Räucherstäbchen oder eine Duftlampe – kurz: Sorgen Sie für eine gute Atmosphäre, in der Sie sich entspannen können. Die kneifende enge Hose ziehen Sie vorher aus, und auch die Armbanduhr legen Sie besser ab.

Armbanduhr ablegen

Legen Sie sich also in dieser Atmosphäre hin, und machen Sie nun Ihre Entspannungsübungen, die Sie vorher geübt haben (das geht natürlich nur dann in dieser Form, wenn Sie nicht ausgerechnet beim Joggen am besten in Trance fallen).

Sobald Sie merken, daß Ihr Körper ruhig wird, stellen Sie sich ein Bild vor, eine Landschaft, in der Sie gern wären. Stellen Sie sich vor, wie es ist, dort zu sitzen, zu liegen, zu stehen, wie sich die Luft anfühlt, wie es riecht, wie sich das Licht spiegelt und welche Geräusche Sie hören. Wie fühlt sich der Boden unter Ihren Füßen an? Ist er feucht vom Tau? Ist es eine heiße, trockene Straße? Ist es harter Stein, fester Sand oder weiches Moos? Hören Sie Vögel? Einen Bach? Surrende Insekten? Das Rauschen der Wellen? Das Knistern von Flammen? Ist es windstill, oder spüren Sie einen lauen Wind? Oder weht Ihnen eine kräftige Bö Sandkörner gegen die Beine? Ist der Wind kalt oder warm? Was haben Sie an? Wie alt sind Sie? Wie finden Sie diesen Platz wieder?

Bilder für die Traumreise

Beim nächsten Mal nehmen Sie sich vielleicht vor, hier eine Antwort auf eine ganz bestimmte Frage zu bekommen. Viel Erfolg!

Tiere und Hellsehen

Hellsehen ist nicht etwas Unheimliches, sondern eine natürliche Gabe, wie sich auch daran zeigt, daß viele Tiere als hellsichtig gelten können. So wissen wir von

Hellsehen bei Tieren

den sprichwörtlichen Ratten, die das Schiff im Hafen verließen, ehe es auf seine letzte Fahrt ging. Oder Waldtiere flüchten bisweilen aus dem Wald, Stunden ehe darin ein Waldbrand ausbricht.

Jenseits des Instinkts

Solche Phänomene lassen sich nicht mit dem gewöhnlichen Instinkt als der Summe angeborenen Wissens und angeborener Fährigkeiten erklären. Für diese Dinge muß die Information von „jenseits des Zauns" kommen.

Die unheimliche Dohle

Ich konnte dies an einer zahmen Dohle erleben. Sie war mir eines Tages aus heiterem Himmel auf die Schulter zugeflogen, begleitete mich ins Haus und blieb in den folgenden Jahren mein Gast. Täglich besuchte sie mich durch die offene Verandatür. Das erstaunliche jedoch war, daß sie oft für Klienten bei mir die richtigen Karten zog – damals arbeitete ich noch mit den Biedermeier-Hellseherkarten. Den Leuten war das unheimlich. Mir auch, denn ich war mir damals meiner Begabung noch keineswegs absolut sicher. Fallweise hat sie mich damit zur Weißglut gebracht, daß sie die als nächstes benötigte Karte zog und damit auf den Schrank hinaufflatterte, sodaß ich aufstehen und sie holen mußte.

Eines Tages erschien sie nicht mehr – ich hatte das Gefühl, daß ihr ihre Vertrautheit mit Menschen zum Verhängnis geworden war, einen Tod an Altersschwäche spürte ich leider nicht.

Wenn Ihnen derartige Dinge passieren, kann ich Ihnen nur raten, sie als liebenswerte Hilfestellung aus der vierten Dimension anzunehmen, nicht etwa sich davor fürchten.

Kapitel 5

Karten, Katzen, Kaffeesatz ...

... für jeden das richtige Hilfsmittel

Die Bildersprache der Götter

Die Sprache der Götter hat einen Haken, der sich bei der Arbeit eines Mediums immer wieder bemerkbar macht: Sie ist bildhaft und symbolreich. Es ist immer eine Übersetzung nötig. Die erste besorgt unser Gehirn, damit wir sie überhaupt hören können. Die nächste Übersetzung betreibt das Medium selbst, mehr oder minder unbewußt, bei der Wiedergabe des Gehörten oder Gesehenen. Und nun kommt noch eine dritte Übersetzung hinzu: die des Gegenübers. Gleich, ob es der Priester ist, der die Worte der Pythia für den Fragesteller deutet, oder ob es mein Klient ist, der vor mir sitzt: Er hört und nimmt davon das auf, was bei ihm ein Echo macht.

Die Botschaft stimmt, die Übersetzung ist falsch

Diese Kette von Übersetzungen ist zugleich die größte Fehlerquelle beim Hellsehen: Die Botschaft stimmt immer. Die Übersetzung leider nicht.

Um nun die Botschaft auf möglichst vielen Ebenen gleichzeitig zu empfangen und möglichst deutlich zu sehen, gibt es einige Hilfsmittel.

Karten

Patiencen legen

Die einfachste Form des Wahrsagens mit Hilfe von Karten ist Ihnen sicher vertraut: die Patience. Dafür verwenden Sie ganz gewöhnliche Spielkarten. Von einer Patience können Sie sich ganz leicht einfache Ja-nein-Antworten holen, indem Sie sich vorher auf eine Frage konzentrieren, die sich mit „Ja" oder „Nein" beantworten läßt. Nun mischen Sie die Karten und legen sie aus. Wenn die Patience aufgeht, bedeutet das „Ja", wenn nicht, ist die Antwort „Nein". Dies allerdings, machen wir uns nichts vor, ist ein Gänseblümchenorakel. Mit außersinnlichen

Wahrnehmungen hat das nichts zu tun. Dennoch: Es gibt keinen Zufall, und daher wird die Antwort niemals sinnlos sein.

Die Karten, die Hellseher verwenden, sind meist ganz besondere Karten. Zwei Traditionen sind besonders verbreitet: Die Wahrsager-Karten und die Tarot-Karten. Über Tarot-Karten habe ich bereits im Abschnitt über die Tradition des Hellsehens einiges gesagt. Hier soll es nun um Hellseher-Karten gehen.

Hellseherkarten

Haller Hellseher-Karten

Neue Liebe

Meine Hellseherkarten – Sie finden sie in diesem Buch verstreut abgebildet – sind recht plakativ, fast wie Comiczeichnungen. Das ist Absicht. Die Bilder auf diesen Karten kommen ohne die Schichten mehrerer Bedeutungsebenen aus. Sie sollen auch nicht einzeln in einer meditativen Deutung erfaßt werden wie etwa die Karten des Crowley-Tarots. Nein, die Haller-Hellseher-Karten sind vor allem Anstöße zum Assoziieren. Wenn Sie sie auslegen, schauen Sie sie an, und fügen Sie die Bilder oder die Begriffe, die darunter stehen, zu einem Ablauf zusammen oder zu einem Satz. Tun Sie das rasch und spontan, ohne lange nachzudenken.

Bilder rasch zusammenfügen

Für mich schildern die Karten fast wie ein Zeichentrickfilm einen Ablauf, eine Phase im Leben eines Menschen. Und damit auch Sie diesen „Zeichentrickfilm" lesen können, habe ich die Karten so einfach und plakativ wie möglich gestaltet. Die Symbole sind so ausgewählt, daß sie die Intuition stärken.

Die Legetechnik ist denkbar einfach, und nach einigem Üben können Sie selbst mit diesen Karten zu zielführenden Ergebnissen geraten.

Über meine Legetechnik

Bevor Sie anfangen, für sich selbst die Karten zu legen, machen Sie sich bitte eines bewußt: Die Karten spiegeln keine unabänderliche Zukumft. Nichts ist ewig, alles kann sich verändern. Leben ist Bewegung, und Bewegung ist Veränderung.

Die Karten spiegeln eine Situation, zu der es kommt, wenn Sie auf der derzeitigen Schiene unverändert weiterfahren. Wenn Sie etwas Beunruhigendes darin finden, warten Sie einige Zeit, verändern Sie vielleicht auch Ihre Grundeinstellung zu einer Frage, die Sie beunruhigt, und befragen Sie die dann nochmals. Sie werden sehen, die Zukunft sieht dann ganz anders aus.

Entspannen Sie sich, ehe Sie die Karten fragen

Noch etwas. Entspannen Sie sich, ehe Sie die Karten befragen. Es hat gar keinen Sinn, daß Sie zwischen zwei Geschäftsterminen hektisch Karten mischen und auslegen. Die Spannungen des Alltags stehen einem aussagekräftigen Ergebnis im Wege, ganz abgesehen davon, daß Sie ohne innere Ruhe nur schwer eine befriedigende Deutung finden werden. Lassen Sie also den Alltag erst von sich abfallen, und entspannen Sie sich, kommen Sie zur Ruhe.

Wenn das nicht möglich ist, weil Sie gerade einen schweren Schock erlebt haben oder emotional aufgewühlt sind, kann es sein, daß Sie nicht richtig auf Ihr Unterbewußtsein hören können. In dieser Verfassung werden Sie auch kaum in der Lage sein, Ihre Karten richtig zu legen, und Sie erhalten höchstwahrscheinlich ein verfälschtes Ergebnis. In so einem Fall holen

Bitten Sie eine Freundin um Hilfe

Sie sich bitte Hilfe. Bitten Sie eine gute Freundin, eine Nachbarin oder sonst eine Person, die von dem Ereignis nicht betroffen ist, das Sie aufwühlt, sich auf Sie zu konzentrieren und für Sie die Karten zu legen.

Konzentrieren Sie sich jetzt auf die Frage, die Sie am meisten beschäftigt. Mischen Sie die Karten, und heben Sie das Päckchen dreimal zu sich hin ab.

Ereignisse der nahen Zukunft

Schauen Sie unter die drei Stapel: Die Karten, die dort liegen, zeigen bereits einige Bilder für Ereignisse in Ihrer nahen Zukunft. Das können Sie, wenn Sie mehrere aktuelle Fragen haben, mehrfach wiederholen. Legen Sie nun die Karten wieder zusammen, und mischen Sie sie mit Hinblick auf die gestellte Frage nochmals durch.

Legen Sie sie nun in Reihen zu je neun Karten von links nach rechts aus, die letzten drei Karten ganz unten spiegeln meist immer etwas, das Sie (oder Ihr Gegenüber, wenn Sie für andere legen – in diesem Fall mischt der andere) aktuell besonders beschäftigt.

Ausgehend von Ihrer Karte (das ist bei Frauen die Geliebte, bei Männern der Geliebte) sind es die Karten, die in den Diagonalen dazu liegen, die die größte Bedeutung für die Ereignisse der nächsten Zukunft besitzen. Auch die Vertikalen sind aufschlußreich: Wenn etwas unterhalb Ihrer Karte liegt, steht es für Vergangenes, darüber liegt Kommendes.

Auch die Karten der Horizontale sind für Sie wichtig, wenngleich nicht so schicksalshaft wie die der Diagonalen. Details verraten die Karten, die Ihre Karte unmittelbar berühren, und zwar jeweils die drei Karten, die mit der Ihren ein Quadrat bilden, in einem Bedeutungszusammenhang.

Weitere Details finden Sie in der Anleitung erklärt, die den Karten beiliegt.

Damit wir uns nicht falsch verstehen: Die Arbeit des Mediums ist nicht das Legen, sondern das Bild, das aus den gelegten Karten resultiert. Erst wenn sie vor Ihrem geistigen Auge zu laufen beginnen, fangen Sie an, mit Hilfe der Karten hellzusehen.

Plakat

Wer mich von Fernsehauftritten kennt, weiß, daß ich meist mein „Plakat" dabeihabe, ein 80 x 80 cm großes Stück Pergament. Ausschnitte davon finden Sie immer wieder in diesem Buch.

Es dient mir als Erdung, als Anhaltspunkt für meist gehörte Botschaften. Was heißt das?

Erdung für gehörte Botschaften

Während ich in der leichten Halbtrance, die für meine Arbeit charakteristisch ist, höre, fahre ich mit den Händen über den Text (das ist auch der Grund, weshalb es dieses besonders glatte, feste, pergamentartige Papier sein mußte – bei einem rauheren Papier reibt man auf Dauer die Oberfläche ab). Und nun setzt eine eigenartige Mischung aus Hören und Fühlen ein. Dort, wo ich etwas spüre, bleibe ich mit dem Finger kreisend stehen und frage zu diesem Begriff gezielt nach. Auf diese Weise ist es mir möglich, recht genaue Botschaften zu bekommen und die Übersetzungsfehler möglichst geringzuhalten.

Wie Sie ein Plakat selbst herstellen können

Wenn Sie sich so ein Plakat herstellen wollen, dann schreiben Sie es mit der Hand in Ihrer Ihnen vertrauten Handschrift. Beginnen Sie mit einem großen Ja und einem großen Nein, und gruppieren Sie dann andere Begriffe, die für Sie von Interesse sind, rundherum. Es wird im Laufe der Zeit wachsen und Ihnen immer besser nützen.

Die Größe von 80 x 80 cm hat sich deshalb bewährt, weil es fast mein gesamtes Blickfeld ausfüllt, während ich mich in Trance versetze. So ist das Plakat für mich zugleich Konzentrations- und Übersetzungshilfe.

Pendeln

Das Pendel ist ein gutes Hilfsmittel für Fragen an die eigene Zukunft. Für einen Einstieg in die andere Welt ist es ungeeignet, es führt nur ins eigene Unterbewußtsein. Die Empfehlung, das Paznauntal zu evakuieren, hätte ich mit dem Pendel nicht als Botschaft bekommen können.

Botschaften aus dem eigenen Inneren

Das Besondere am Pendeln ist, daß es nur auf Ja-nein-Fragen eine Antwort gibt. Bei Entscheidungen zwischen mehreren Möglichkeiten ist das wichtig. Fragen Sie das Pendel nicht, welches Kleid Sie heute anziehen sollen, so fragen Sie die Kleider einzeln ab.

Zum Empfangen von Schwingungen aus dem eigenen Innern ist das Pendel sehr hilfreich, und man kann damit kaum folgenschwere Fehler machen.

Ja oder nein?

Wie pendelt man nun? Hängen Sie das Pendel oder einfach einen Ring an einen Faden, setzen Sie sich ruhig hin, stützen Sie den Ellbogen auf den

Tisch, und halten Sie den Pendelfaden spitz zwischen Daumen und Zeigefinger. Lassen Sie es ruhig pendeln, und fragen Sie dann ruhig: „Was ist mein Ja?" Das Pendel wird in eine Richtung schwingen. Warten Sie ab, ob es sicher dabei bleibt. Fragen Sie dann: „Was ist mein Nein?" Es wird seine Schwingung verändern und Ihnen zeigen, wie es schwingt, wenn Sie Nein meinen.

Was ist mein Ja?
Was ist mein Nein?

Pendelskalen, Farben usw. sind als Hilfsmittel okay, aber nicht notwendig, denn wenn Sie die Fragen richtig stellen, kommen Sie mit Ja und Nein aus.

Wenn ich mir selbst die Karten lege oder für mich in die Zukunft schaue, erhalte ich manchmal ein überraschendes Resultat. Das Pendel kann mir helfen, die Unsicherheit zu beseitigen, ob ich die Botschaft aus der anderen Wirklichkeit richtig deute.

Katzen

Katzen gehören in das klassische Bild der Wahrsagerin – ein Medium ohne Katze ist in den Augen der Öffentlichkeit unvollständig.

Katzen gelten als magische Tiere. Im alten Ägypten waren sie heilig. Bei den Hexenverbrennungen sind fast ebenso viele Katzen wie Frauen verbrannt worden. Katzen als helfende Geister der „Hexen", als ihre Verbündete, als Wesen, die ihnen Kraft und Schutz gaben, wurden von der Männerwelt als Gefahr empfunden.

Die Energie meiner Katzen

Katzen sind für mich negativ gepolt, Menschen dagegen positiv. Wie beim elektrischen Strom fließt für mich die Kraft von Minus nach Plus.

Durch das Streicheln der Katze nehme ich ihre Energie auf, doch nehme ich ihr dabei keine Energie weg, sondern sorge für einen Energieausgleich. Ich gebe ihr von meiner verbrauchten Energie. Von diesem Energieaustausch, der wie der Sauerstoff-

Kohlendioxidaustausch zwischen Menschen und Pflanzen zu verstehen ist, profitieren wir beide, und das kann man auch an meinen Katzen sehen: Halbverhungerte Straßenkatzen sind bei mir schon zu wahren Schönheiten herangestreichelt worden.

Während ich arbeite, liegt immer eine Katze auf einem Sessel neben mir – und um diesen Lieblingsplatz raufen sie sich.

Kaffeesatz und anderes

Cappuccino-Schaum

Der Kaffeesatz oder der Schaum des Cappuccinos kann ebenso zum Ankerpunkt für Bilder aus der anderen Welt werden wie meine Karten. Wichtig ist, daß wir uns nicht auf eine schematische Deutung der Details beschränken, sondern das Bild des Schaums oder der Karten lebendig werden lassen.

Sternenhimmel bei Nacht

Ähnliches gilt für die Sterne. Ein nächtlicher Sternenhimmel ist eine wunderbare Konzentrationshilfe für den Blick in die Zukunft. Doch ich verwende Sterne hier als mentale, nicht als astrologische Informationsquelle.

Was nicht heißt, daß ich nicht ab und zu am Computer sitze und ein astrologisches Horoskop erstelle. Doch dies ist ein rein technisch-mathematischer Vorgang. Hellsehen arbeitet mit der Schwingung der Person. Ein Horoskop kann ein ergänzender Spiegel zu dem sein, was ich spüre und sehe.

Horoskope und die Zukunft

Zwar läßt sich auch mit einem Programm ein Zukunftshoroskop erstellen, doch zeigt dieses nur die Möglichkeiten und Aspekte, die aus den Charaktereigenschaften hervorgehen, nicht aber die tatsächliche Entscheidung, die ich häufig medial bereits erfassen kann. Auch hier gibt es Situationen, wo noch eine Gabelung erkennbar ist. In solchen Fällen soll man warten und zu einem späteren Zustand neu schauen – dann erkennt man das Ergebnis.

Kapitel 6

Vorsicht, Falle!

Die Verantwortung des Hellsehers

Hellsehen ist keine Spielerei

Hellsehen ist keine Spielerei. Es führt uns zur Wahrheit und an Grenzen, und dort tragen wir als Hellseher besondere Verantwortung – für unseren Klienten und für uns selbst.

Die Verantwortung für den Klienten

Der Klient kommt zu uns, wenn er ein Problem hat oder ihn eine wichtige Frage beschäftigt. Er ist also in einer höchst verwundbaren Stimmung und bereit, Ratschläge anzunehmen. Er möchte glauben. Und nun erlebt er, wie der Hellseher Antwort gibt auf seine innersten Fragen und Probleme. Das ist für viele Menschen eine ganz besondere Situation.

Die Verletzlichkeit des Klienten

Erstaunlicherweise sind Menschen, die von sich behaupten, daß sie mit beiden Beinen fest auf dem Boden stehen, umso erschütterter, wenn sie plötzlich ihr Innerstes auf dem Tisch eines Mediums wiederfinden. Menschen, die sich selbst häufiger die Karten legen oder regelmäßig kommen, nehmen dieses Erlebnis viel gelassener auf, denn sie haben bereits erlebt, wie genau Karten ihr Inneres spiegeln können.

Dennoch: In dieser Situation sind Menschen besonders verletzlich. Es ist daher unbedingt wichtig, daß der Hellseher sich seiner hohen Verantwortung bewußt wird, ehe er seinen ersten Klienten empfängt.

Die Wichtigkeit der Prophezeiung

Menschen zehren unheimlich von einer Prophezeiung, sie kann ihr ganzes Leben prägen. Einer Freundin von mir war gesagt worden, sie werde nie viel, aber immer genug Geld haben. Dieser Satz half ihr, gelassen alle Arbeitsplatzwechsel ihres Mannes zu überstehen, obgleich ein solches Leben mit drei Kindern normalerweise eher beunruhigend wäre.

Die Verantwortung für den Klienten

Die Sprache des Hellsehers darf niemals schnoddrig sein. Zwar rede ich mit den Menschen in ihrer Sprache, auch in ihrem Dialekt, doch ist es immer eine „salonfähige" Ausdrucksweise. Witzchen sind unangebracht, Humor „von drüben" jedoch erlaubt.

Die Sprache des Hellsehers

Blick ins Finstere

Wenn ich spüre, daß Dinge, die ich sehe, für den zu Beratenden zu dramatisch werden, verfalle ich automatisch in eine bildhafte symbolreiche Sprache. So überlasse ich es meinem Gegenüber, wieviel er daraus heraushören mag.

Den Klienten nicht beunruhigen

Ein Beispiel, das immer wieder vorkommt: Ich sehe den relativ nahen Tod meines Gegenübers. Niemals würde ich ihm sagen: „Sie sterben mit xx Jahren", sondern meine Bildersprache würde lauten: „Sie werden in eine neue Lebensform eingehen." Dabei ist es völlig offen, ob das eine neue Ehe, ein Umzug oder tatsächlich die Abreise ins Jenseits darstellt. So habe ich dem Klienten die Wahrheit gesagt, ohne ihn zu beunruhigen.

Formulieren Sie umsichtig

Glücklicherweise funktioniert dies bei mir automatisch, und ich muß gar nicht bewußt darauf achten. Ich denke aber, daß dies erst gelingt, wenn man viel Übung hat und mit höheren Führern in Kontakt ist. Daher möchte ich alle Anfänger dringend warnen, vorsichtig zu formulieren und auf keinen Fall mit der Tür ins Haus zu fallen.

Einmal fragte mich ein Klient, ein Hotelier, ob er das benachbarte Grundstück dazukaufen sollte, das am nächsten Tag versteigert werden würde. Ich sah ein klares Nein und gab dieses auch weiter. Er war verblüfft, und fragte nach der Begründung.

Ich antwortete: „Weil es Ihre Familie zu stark belasten würde." Ferner sagte ich ihm, er werde seine Frau und seine Freundin verlassen, worauf er sagte, das könne er sich besonders bezüglich der Freundin nicht vorstellen, und zu seiner Frau habe er ein klares Verhältnis.

Deutliche Warnung

Dann berichtete ich ihm noch, daß meine Führer mir herzlich lachend gesagt haben, ich solle ihn warnen, nicht so wild Auto zu fahren, sonst werde er noch mal an einem Baum kleben. – Für sie war ja der Tod nichts Schreckliches. – Seine Antwort lautete: „Ich fahre leidenschaftlich gern mit 200 km/h, und das werde ich auch weiterhin tun."

Eine Woche darauf rief mich seine Frau an. Sein Hirn klebte im wahrsten Sinne des Wortes am Baum. Das Schicksal hat es gewollt, daß er eben dies nicht herausgehört hat und die Warnungen in den Wind schlug.

Niemals wäre es jedoch in meinen Augen zu verantworten, ihm zu sagen, daß er nur noch acht Tage zu leben hätte.

Indirekte Aussagen

Auch wenn ich den nahen Tod des Ehemannes einer Frau sehe, die vor mir sitzt, sage ich ihr das nicht in dieser Form. Wenn ich weiß, daß sie mit drei Kindern nach seinem Tod unversorgt dasteht wird, rate ich ihr zur Vorsorge, zum Abschluß einer Versicherung usw., um ihr zu helfen. Wenn sie mich nach den Gründen fragt, sage ich etwa: „Sie werden Ihren Mann weit überleben." Diese Vorgehensweise hat mir schon manchen Blumenstrauß eingebracht.

Drei Todeszeitpunkte

Sehr häufig sehe ich, daß es für jeden Menschen drei Todeszeitpunkte gibt. Die ersten beiden müssen keineswegs den tatsächlichen Tod bedeuten, sind allerdings Zeitpunkte in seinem Leben, zu denen er sehr wenig Lebensenergie hat. Das kann eine schwere Krankheit sein, eine tiefe seelische Krise oder erhöhte Unfallgefahr.

Zurück aus dem Jenseits

Wer nun genügend Energie aufbringt, also Lebenswille und Lebensfreude mobilisiert, kommt über die ersten beiden Todeszeitpunkte möglicherweise hinweg – im Extremfall sogar über einen tatsächlichen klinischen Tod hinaus. Eine junge alleinerziehende

Mutter eines fünfjährigen Kindes kam zu mir. Sie erzählte, daß sie klinisch tot gewesen und bereits im Jenseits angekommen war. Ein so starkes Band der Liebe und Verantwortung verband sie jedoch mit ihrem Kind, daß sie von drüben die Erlaubnis bekam, ihrem Kind zuliebe wieder zurückzukehren. Ihr nächster Todeszeitpunkt war in den Karten noch nicht zu erkennen.

Diese junge Frau ist bei einem frühen Todeszeitpunkt gewissermaßen gestolpert, um im Bild zu bleiben, und da es noch nicht ihr letzter war, bekam sie die Chance, zurückzukehren.

Falls Sie also bei sich oder bei anderen einen Tod sehen, bedenken Sie bitte immer, daß die Frage, ob der Tod eintritt oder nicht, von der Energie der Person abhängt. Eine genaue Bestimmung des Zeitpunkts ist damit fast nicht möglich.

Wenn es zum Sterben noch zu früh war...

Nicht einmischen

Der Hellseher ist nur ein Kanal, ein Mittler zwischen der universellen Wahrheit und dem Menschen, der ihn befragt. Er sieht für ihn, da dessen Fähigkeit, mit dem inneren Auge zu sehen, mit dem inneren Ohr zu hören, nicht ausgeprägt genug ist, als daß er das selbst tun könnte. In gewisser Weise ist also der Hellseher so etwas Ähnliches wie ein Blindenhund.

Und so, wie ein Blindenhund nicht mit anderen Hunden raufen darf, während er seinen Herrn führt, darf auch ein Hellseher nicht seine eigenen Ansichten oder gar Probleme hineinbringen und sie mit dem Gesehenen vermischen. Er muß möglichst unpersönlich und ungefärbt als klarer, reiner Kanal dienen.

Die Neutralität des Hellsehers

Der klare, reine Kanal

Nicht urteilen

Als Außenstehender, und dazu braucht man gar nicht hellsichtig zu sein, sieht man manchmal die Probleme anderer ganz klar, findet spontan zahlreiche Lösungen und kann es gar nicht verstehen, was dem anderen da so zu schaffen macht.

Menschen sind nicht vollkommen, aber dennoch liebenswert

Ein Hellseher darf niemals verurteilen. Er muß sich bemühen, den anderen zu verstehen, und kann ihm eine Hilfe anbieten, die ihn auf seinen eigenen Weg bringen kann. Ein Urteil steht ihm nicht zu. Sehen Sie Ihre Klienten vielleicht wie eine Mutter ihre Kinder: sie sind nicht perfekt, und trotzdem kann man sie lieben.

Schweigepflicht

Diese Verpflichtung versteht sich eigentlich von selbst. Zum Glück fällt es meist relativ leicht, sich an sie zu halten. Ich merke mir nämlich nur ganz selten das, was ich jemandem prophezeit habe. Es muß schon etwas Besonderes dazukommen, so daß mir die Gesamtsituation in Erinnerung bleibt. In der Regel bin ich wirklich wie ein Kanal, und der merkt sich auch nicht, was alles durch ihn fließt.

Die Verantwortung für sich selbst

Jeder ist für sein Leben selbst verantwortlich

Immer wieder muß auch ich mich dagegen schützen, von meinem Gegenüber die Verantwortung aufgebürdet zu bekommen – für sein Leben, für seine Zukunft, denn „Sie haben doch gesagt …". Viele Klienten versuchen das bewußt oder unbewußt. Doch für sein Leben behält immer jeder selbst die Verantwortung. Lassen Sie sich nicht hinreißen, Guru spielen zu wollen.

Vom Umgang mit der Begabung

Man bekommt seine Begabung nicht, um einmal die richtigen Lottozahlen zu sehen, richtig abzusahnen und dann nie wieder arbeiten zu müssen.

Natürlich gehe ich auch ab und zu zum Vergnügen ins Casino. Allerdings geht es nur mit kleinem Einsatz. Wenn ich völlig locker hingehe und einen kleinen Einsatz zwanglos setze, gelingt mir manchmal auf Anhieb ein Volltreffer. Ihnen sicher auch.

Sie brauchen wirklich nicht neidisch zu werden. Wie das Schicksal hier für ausgleichende Gerechtigkeit sorgt, ist an einem netten Beispiel erzählt: Eines Abends war ich seherisch völlig sicher, daß im Casino ständig die Zahl 17 fallen würde. Ich ließ mich darauf ein und spielte an drei Tischen zugleich immer wieder die 17. Sie kam auch – doch an den anderen Tischen, an denen ich nicht spielte. Nach etlichen Versuchen hatte ich die Botschaft verstanden und ging um einiges Geld ärmer, jedoch um eine Lektion reicher nach Hause.

Auch wenn ein anderer mich um Lottozahlen bittet, selbst für einen karitativen Zweck, hätte das keinen Sinn. Ich darf nicht Schicksal spielen. Um fair zu sein, müßte ich sie jedem geben, der mich fragt. Das würde die Zahl derer mit richtigen Zahlen so sehr in die Höhe treiben, daß niemand einen hohen Gewinn davontragen würde.

Glücksspiele und Hellsehen schließen einander aus. Wenn Ihnen jemand etwas anderes verspricht, seien Sie mißtrauisch. Der einzige, der dabei gewinnt, ist der „Hellseher", der sich diese Prognose bezahlen läßt.

Sollte Ihnen das Schicksal einen Gewinn zuteilen, werden Sie die richtigen Zahlen auch ohne fremde Hilfe spüren, erfahren, träumen oder sonstwie finden und auf Ihren Lottoschein schreiben können.

Statistisch ist die Wahrscheinlichkeit größer, bei einem Verkehrsunfall ums Leben zu kommen als einen Haupttreffer im Lotto oder Toto zu landen. Es ist also besser, sich nicht auf diese Lösung Ihrer finanziellen Probleme zu verlassen. Krempeln Sie lieber die Ärmel auf, und fangen Sie an zu arbeiten. Dabei her-

Die Hellseherin im Casino

Haller Hellseher-Karten

Geld

Keine Lottozahlen

Vorsicht bei Glücksspielen mit hellseherischer Unterstützung!

auszufinden, was für Sie die richtige Arznei wäre, kann Ihnen ein Hellseher bedenkenlos helfen.

Die Grenzen der Hellseherin

Jeder sieht das, was Ihm selbst am nächsten ist. In meinen Kursen, in denen ich Kartenlesen unterrichte, merke ich das immer wieder ganz deutlich. Ein Tierliebhaber wird auch die Tiere im Leben seiner Klienten sehen. Jemand, für den die Liebe wichtig ist, wird dieses Thema auch bei seinen Klienten genau erfassen. Der seelische Zustand, der Charakter des Sehenden färbt also die Bilder immer etwas ein.

„Für andere sehen, wenn die eigene positive Grundhaltung stimmt ..."

Wichtig ist daher, daß man als verantwortungsbewußter Hellseher nur in einer ausgeglichenen Gemütsstimmung für andere sehen sollte, wenn die eigene positive Grundhaltung stimmt.

Hochwissenschaftliche Fragen meiner Kunden oder detaillierte Fragen nach Kapitalanlagen, die nicht in mein Fachgebiet fallen, kann ich indirekt beantworten. Wenn mir der Fragende eine Unterlage gibt – eine Liste mit möglichen Elementen der Lösung eines Problems oder Investmentfonds –, kann ich auf dieser Grundlage sagen, mit wie hoher Wahrscheinlichkeit die einzelnen Möglichkeiten auf der Liste für ihn geeignet oder die richtigen sind.

Spezielle Fragen richte ich auch an spezielle geistige Führer. Wie das Beispiel mit der Fußball-WM zeigt, stellen sich manchmal Profis selbst zur Verfügung. Besonders bei medizinischen Fragen habe ich einen guten Draht über den Zaun.

Grundsätzlich aber gilt: Wenn Sie sich sachlich überfordert fühlen, lassen Sie sich vom Kunden zusätzliche materielle Informationen geben, und fühlen Sie darauf nach, welche der Informationen in die richtige Richtung weist.

Kapitel 7

Der Tod ist kein Ende

Erfahrungen mit der anderen Welt

Haller Hellseher-Karten

Tod

Der Tod ist kein Ende

Oben hatte ich von der Frau erzählt, die zu mir kam und berichtet hat, daß sie wieder aus dem Jenseits zurückkehren durfte, um für ihr Kind zu sorgen. Elisabeth Kübler-Ross hat die Berichte von Sterbenden und Menschen gesammelt, die ein solches Erlebnis hatten und aus dem Jenseits wieder zurückkamen. Es ist erstaunlich, wie einig sich alle diese Berichte in einer Hinsicht sind: Der Tod ist kein Ende, und der Tod ist nichts Schreckliches.

Im Jahre 1487 erschien ein Buch, das als „erfolgreichstes Handbuch der Hexenjäger" traurige Berühmtheit erlangte: *Malleus maleficarum*, von Jakob Sprenger und Heinrich Institoris – zu deutsch: *Der Hexenhammer*. Es enthält alle Vorwürfe, die den als Hexen „verteufelten" Frauen von den Inquisitoren gemacht wurden. Einer davon lautet: „Über die Art, wie die Hexenhebammen noch größere Schädigungen antun, indem sie die Kinder entweder töten oder sie den Dämonen weihen."

Frauen, die den Tod nicht fürchten

Daß die Hebammen des Mittelalters über Leben und Tod entschieden, ja, den Tod liebevoll annahmen, machte ihnen die Inquisition zum Vorwurf. Hierin lag ja ein ungeheures Potential verborgen: Menschen, die sich nicht vor dem Tod fürchteten, waren nicht einzuschüchtern. Über Drohungen der Kirche konnten sie ruhig lachen, die Kirche hatte über sie keine Macht.

Die Inquisition sorgte während der folgenden 250 Jahre dafür, daß die Scheiterhaufen brannten, daß die seherisch begabten Frauen ausgerottet wurden, daß Medizin zur Männersache wurde. Als erste Folge kam es zu einer erheblichen Geburtensteigerung während der Jahre der Hungersnot in der Zeit des Temperaturrückgangs um 1500. Die Menschen lernten brav, sich vor dem Tod zu fürchten, und finanzierten mit ihrem Ablaß den Neubau des Petersdoms in Rom.

Und doch hatten diese Frauen recht: Der Tod ist kein Ende. Es gibt keinen Grund, sich davor zu fürchten...

| Keine Angst vor dem Jenseits

Ich selbst lebe absolut angstfrei, denn genauso gern wie ich lebe, nehme ich auch den Übergang ins Jenseits an, denn ich bin davon überzeugt, daß es dort wunderschön ist.

Das Leben nach dem Tod

Wie sieht es aus in der anderen Wirklichkeit?

Ich sehe keine Technik. Man braucht sie nicht mehr. Kein Flugzeug, kein Auto, kein Geld, ich sehe Wärme, Licht, friedvolle Stimmung, blühende Wiesen, klares Wasser, ausschließlich Wege, keine Straßen, keine hohen Häuser, Einzelhäuser im Grünen, keine Wohnblocks, keine Maschinen, nichts Derartiges. Sonnenschein, Wasser, kein Regenwetter.

| Eine Welt ohne Technik und ohne Streit

Die Menschen müssen keine Fremdsprachen lernen, denn sie sprechen nicht, sondern ihre Gedanken werden vom anderen gehört, sie verständigen sich in der universalen Form des Gedankenlesens. Entfernungen spielen keine Rolle, durch die Kraft der Gedanken können sie überall hingelangen – man denkt sich an den anderen Ort und ist in der nächsten Sekunde dort.

| Gedankenlesen

Es bilden sich große Gruppen, die zusammengehalten werden durch gemeinsames Vergnügen oder gemeinsame Tätigkeit. Diese Gruppen entstehen völlig unabängig von ehemaliger Verwandtschaft, Mutter und Kind können, müssen aber nicht zusammen sein. Es ist die Schwingung des Wesens, die darüber entscheidet. Nur bei gegenseitiger Anziehung werden Menschen beisammen sein. Sie können sich das vorstellen wie bei Magneten.

| Gruppen mit gemeinsamen Interessen

Charakterliche und geistige Weiterbildung

Veränderung des Bewußtseins

Mitteilungen mit Sinn für Humor

Haller Hellseher-Karten

Treue

Wenn zwei Gruppen nicht zusammenpassen, werden sie nicht zusammenkommen. Daher sind Kriege und Konflikte undenkbar. Die hauptsächlichen Lernprozesse der Wesen im Jenseits betreffen die charakterliche und die geistige Weiterbildung. Fallweise befassen sie sich auch mit Wissensfragen, mit technischen Problemen. Diese Beschäftigung dient aber nur zum Unterstützen von Wissenschaftlern auf der Erde, denen sie die Gedanken übersenden.

Das Hauptanliegen einer einzelnen Gruppe im Jenseits besteht darin, den Menschen eine bestimmte Denkweise zu übermitteln und sie zu einer Veränderung ihres Bewußtseins zu führen.

Die Wesen, die mir als Helfer zur Verfügung stehen, haben einen köstlichen, bisweilen für uns etwas makabren Sinn für Humor. Kürzlich hatte ich in einer Sitzung mit einer Klientin so eine Situation. Wie in einer Kinoreihe sind sie gesessen und haben sich den Bauch gehalten vor Lachen.

Für den Freund einer Dame erhielt ich die Mitteilung, er müsse ein Ersatzteil auswechseln, sonst werde er kaputt. Wörtlich kam das so: „Er wird kaputt, aber ich weiß nicht mehr, wie man bei uns dazu sagte." – Alle Wesen brachen in schallendes Gelächter aus. Ich wurde von dem Lachen angesteckt, mitten in der Sitzung. Das war mir zunächst peinlich, und ich sagte der Kundin leicht zweifelnd, was ich gehört hatte: „Er muß ein Ersatzteil auswechseln." Die Dame lachte jedoch gleich herzlich mit und sagte, sein Hobby sei das Rallyefahren, und das Bild stimmte somit. Als wir uns alle wieder beruhigt hatten, erhielt ich die ernsthaftere Meldung, er brauche einen Bypass, was dann auch stimmte.

Geliebte Tiere sehe ich ebenfalls im Jenseits. Durch die Liebe bekommen Tiere eine Seele, und man kann sie hinüberholen oder sie hinüberschicken. Nutztiere fehlen drüben allerdings; da keine Nahrung benötigt wird, sind auch keine Nutztiere erforderlich.

Essen und Trinken ist in der jenseitigen Welt nicht mehr nötig. Wir brauchen dennoch nicht auf sinnliche Genüsse zu verzichten. Stellen Sie sich vor, Sie haben die Nase im Rotweinglas – der Genuß ist da, auch wenn Sie den Wein nicht trinken.

Kein Essen, kein Trinken

Das Schönste am Hellsehen ist für mich aber, das Licht der Liebe im Jenseits zu sehen. Das ist die absolute Spitze des Hellsehens.

Das Licht der Liebe im Jenseits

Kontakte mit Toten

Das berühmteste Medium, das jemals einen Kontakt mit einem Verstorbenen hergestellt hat, war wohl die Hexe von Endor.

Die Hexe von Endor

Sie lebte im 11. Jahrhundert v. Chr., und eigentlich hätte es sie gar nicht geben dürfen. Der Herrscher des Landes, in dem sie lebte, ein gewisser König Saul, hatte nämlich nach dem Tode des Propheten Samuel alle Wahrsager und Zeichendeuter des Landes verwiesen.

Als die Philister ins Land einfielen, fürchtete sich Saul,

„und er ratfragte den Herrn; aber der Herr antwortete ihm nicht, weder durch Träume noch durchs Licht, noch durch Propheten. Da sprach Saul zu seinen Knechten: Sucht mir ein Weib, die einen Wahrsagergeist hat, daß ich zu ihr gehe und sie frage".

Ist das nicht herrlich formuliert? Das „Weib mit dem Wahrsagergeist" ist, mit heutigen Worten ausgedrückt, ein hellsichtiges Medium, das in der Lage ist, über den Zaun zu schauen und mit Toten Kontakt aufzunehmen. So meine Lutherbibel von 1904. In der neueren Einheitsübersetzung heißt es an dieser Stelle: „Eine Frau, die Gewalt über einen Totengeist hat." – Seine Knechte sagten ihm: „Zu Endor ist ein Weib, die hat einen Wahrsagergeist."

Ein Medium, das mit Toten Kontakt aufnimmt

Saul verkleidete sich und ging im Schutz der Nacht hin und bat die Frau, ihm denjenigen heraufzuholen, den er ihr nennen werde. Die Frau witterte eine Falle, denn Wahrsager und Zeichendeuter waren ja des Landes verwiesen worden. Saul schwor, es werde ihr nichts geschehen.

„Da sprach das Weib: Wen soll ich dir denn heraufbringen? Er sprach: Bringe mir Samuel herauf. Da nun das Weib Samuel sah, schrie sie laut auf und sprach zu Saul: Warum hast du mich betrogen? Du bist Saul."

<small>Hellsehen läßt die Wahrheit erkennen</small>

In dem Moment also, in dem die Frau in die andere Wirklichkeit einstieg und Kontakt mit dem Jenseits aufnahm, erkannte sie auch denjenigen, der vor ihr stand. Hellsehen *hat* mit Wahrheit-Sehen zu tun!

Der Rest der Geschichte ist eher enttäuschend knapp gehalten: Saul beruhigte die Frau erneut, Samuel erschien und weissagte Saul, daß sein Heer am nächsten Tag unterliegen und er selbst den Tod finden werde. Nach der Vision war Saul sehr erschöpft, und die Frau mit dem Wahrsagergeist bereitete ihm eine nächtliche Mahlzeit.

Mitteilungen von Toten

<small>Kontakte mit verstorbenen Verwandten oder Partnern</small>

Mit Toten habe ich oft Kontakt. Einerseits sind meine geistigen Führer natürlich Verstorbene. Andererseits werde ich häufiger von Klienten gebeten, mit dem toten Partner oder Elternteil Kontakt aufzunehmen.

Ich konzentriere mich mit Hilfe meines Plakats, nenne den Vornamen und das Sterbejahr des Toten und bitte dann dieses Wesen, mir zu antworten. Wenn es antwortet, findet der Kontakt so statt, daß ich seine Stimme höre.

Ist es nicht auffindbar, so bitte ich meine geistigen Führer um die Herstellung des Kontaktes mit diesem Wesen. Sie berichten mir dann, was es derzeit tut.

Vom Verstorbenen bekomme ich die Mitteilung, wie er drüben lebt, was er tut. Falls es unverarbeitete Dinge gibt, die zwischen dem Verstorbenen und dem Fragenden stehen, werden sie vom Verstorbenen angesprochen und mir als Botschaft für den Klienten mitgeteilt.

Oft äußern Verstorbene den Wunsch, daß man ihnen nicht nachweinen möge, weil es ihnen drüben sehr gut gehe. Sie seien gewissermaßen vorausgereist, oder nur in ein anderes Zimmer gegangen, und wir kämen dann nach. Wenn sie aber die Hinterbliebenen bei jeder Kontaktaufnahme weinen hören, nehme ihnen das viel von ihrem schönen Leben.

Sie möchten jedoch an unserer Lebensfreude teilhaben, sie spüren das und freuen sich darüber.

Verstorbene nehmen Gerüche wahr. Stellen Sie Ihrem geliebten Mann also ruhig zu seinem Bild ein Glas seines geliebten Rotweins. Er wird den Duft genießen und in seinem feinstofflichen Leben mindestens soviel davon haben, wie wenn er ihn hier trinken könnte. – In dieser Form dürften die Grabbeigaben vieler Naturvölker aus Speisen und Getränken zu verstehen sein.

Häufig sagen mir Menschen, die ins Jenseits gegangen sind: „Manchmal ist es schwer, uns zu sehen, aber wenn ihr horcht, könnt ihr uns hören."

Wie das geht? Stellen Sie ein Bild des Verstorbenen auf, setzen Sie sich hin, und stellen Sie eine kurze Frage. Ich bin überzeugt, nach einiger Übung können Sie die Gedanken des Verstorbenen in sich spüren und fühlen.

Begabteren kann es passieren, daß sie – speziell im Halbschlaf – bildhafte Erscheinungen des lieben Verstorbenen sehen. In meiner langen Praxis habe ich festgestellt, daß diese Bilder meist spontan erscheinen und nur schwer gezielt herbeizuführen sind. Meist haben sie die Aufgabe, die Hinterbliebenen zu trösten.

Keine Tränen, sondern Lebensfreude

Gerüche und Grabbeigaben

Witwer

Antwort vom Verstorbenen

Frisch Verstorbene also bitten darum, an unserem Leben teilhaben zu dürfen. Später verlieren sie immer mehr Intreresse am Leben ihrer Familie und widmen sich eher größeren Aufgaben, die vielen Menschen Gutes bringen. Ich empfinde dies wie einen Aufstieg in der Hierarchie, die es „drüben" gibt. Darauf komme ich gleich zurück.

In Notfällen sind auch bereits länger Verstorbene für ihre Angehörigen da, sie bekommen für sie nach längerer Zeit so etwas wie eine Schutzengelfunktion.

Die Ordnung im Jenseits

Beim Kontakt mit Toten ist eine große Gefahr gegeben. Anfangs kann es durchaus passieren, daß man an den Falschen gerät. Man muß stets genau hinhören und immer wieder prüfen, ob man mit dem Richtigen Kontakt hat. Manchmal gerät man an gerade frisch verstorbene, charakterlich noch nicht gereinigte Wesen, die einen mit Wonne auf den Arm nehmen und foppen. Aus diesem Grund ist mir die Halbtrance als Arbeitsweise so lieb: Sie erlaubt mir, zugleich die Kontrolle zu behalten.

Wenn es um Fragen von großer Tragweite für die Menschheit geht, übernehmen nicht charakterlich entwickelte, hochstehende Verstorbene, sondern Engel diese Aufgabe. Mit Alltagsfragen an Engel heranzutreten, halte ich fast für Blasphemie.

Je schwerwiegender die Probleme der Menschheit, desto höherrangig die Schutzengel. Bei der Warnung vor der Lawine im Paznauntal hatte ich den Eindruck, daß mich die Schutzengel der Menschen, die fünf Tage später von dem Unglück betroffen wurden, gerufen haben.

Engel sehe ich als hohe Wesen im Jenseits, die nie Menschen waren, sondern reine Geistwesen sind. Sie dienen gewissermaßen als Helfer für die göttliche Energie. Ich empfinde sie bildhaft als Lichtwesen.

Nicht ohne Grund steht der Satz „Es werde Licht" als Metapher für den Beginn der Schöpfung.

Lichtwesen und die Schöpfung

Grenzerfahrungen

Der Zaun ist gar nicht so undurchlässig, wie wir oft glauben. Oft genug haben Menschen Kontakte mit Wesen von der anderen Seite, ohne daß sie besonders hellsichtig begabt oder geschult wären.

Eine Klientin bat mich, Kontakt mit ihrer vor einiger Zeit verstorbenen Tochter aufzunehmen. Kurz vor ihrem Tod hatte das Mädchen laut gesagt: „Du bist daran schuld!", und sie klang dabei leicht vorwurfsvoll. Bald danach beruhigte sie sich aber und fügte hinzu: „Aber du hast es ja nicht besser gewußt."

Die Botschaft der toten Tochter

Die Mutter war durch diese letzten Worte ihrer Tochter sehr beunruhigt, da sie keine Schuld bei sich erkennen konnte, und bat mich daher, mit der Tochter Kontakt aufzunehmen. Ich setzte mich zu meinem Plakat, begab mich in Halbtrance und hörte auf meine Frage hin die Worte: „Ich habe meine kleine Schwester damit gemeint."

Als ich die Dame fragte, ob sie bereits vorher ein Mädchen im Kindesalter verloren habe, bestätigte sie das. Nach weiterer Konzentration fand ich heraus, daß die kleine Schwester die große freudig erwartet hatte. Die Sterbende aber hatte im Moment des Hinübergehens noch nicht verstanden, was vor sich ging, daher zunächst diese vorwurfsvolle Begrüßung. Sie sagte mir, daß sie nun sehr glücklich sei, mit ihrer kleinen Schwester zusammenzusein, die ihr als erwachsene Seele begegnet sei. Sie seien völlig zufrieden und wollten die Mutter nicht beunruhigen.

Der Übergang ins Jenseits dauerte bei diesem Mädchen einige Zeit. Als sie bereits seit 10 Minuten klinisch tot war, wie außer der Mutter auch der Arzt, eine befreundete Juristin und die geistliche Krankenschwester bestätigen konnten, die alle bei ihrem

Die Schönheit des Todes

Sterben dabei waren, veränderten sich die Gesichtszüge der Toten – sie wurden verklärt und sehr friedlich. Dieses Bild war es, das die Mutter von der Tochter mitnahm. Sie bezeichnete ihre eigene Tochter im Tod als wunderschön. Meine Botschaft von den Mädchen trug zusätzlich zu ihrer Beruhigung bei.

Die Botschaft des toten Bruders

Die Schwester eines tödlich verunglückten Motorradfahrers kam zu mir, unter dem Eindruck des kürzlich erfolgten Todes ihres Bruders noch ganz erschüttert. Sie erzählte:

„Stellen Sie sich vor, ich saß neulich abends versonnen mit einem Bleistift in der Hand am Tisch und spürte plötzlich den Impuls zu schreiben. Ich gab diesem Impuls nach und fand dann zu meinem Erstaunen auf dem Blatt den Vornamen meines Bruders und dann die Worte Haller gehen, Haller fragen."

Der Name Haller hatte ihr nichts gesagt, und erst nach einigem Herumfragen hatte sie mich gefunden.

Alles, was der Verstorbene seiner Schwester vor seinem plötzlichen Tod nicht mehr mitteilen konnte, kam bei diesem Termin zur Sprache.

Die Botschaft des ungeborenen Kindes

Eine ganz andere Art der Grenzerfahrung machte ich bei der Beratung eines Ehepaars. Sie hatten um einen gemeinsamen Termin gebeten.

Zunächst „sah" ich quer durch ihr Leben in die Zukunft. Dabei kristallisierte sich heraus, daß da ein Kind im Raum stand, das ich jedoch nicht hier auf Erden sah.

Zu diesem Zeitpunkt hatte mir die Frau noch nicht erzählt, daß sie schwanger war. Erst als ich sie danach fragte, gab sie zu, daß das der eigentliche Grund ihres Besuchs gewesen war. Sie fühlte sich bei dieser Schwangerschaft anders als bei der ersten und hatte ein eigenartiges Gefühl. Und sie bat mich, herauszufinden, ob bei diesem Kind alles in Ordnung war.

Ich ging wieder in Trance und erfuhr von Behinderungen – am Bein, an den Augen und leichter geistiger Behinderung. Nun nahm ich Kontakt mit dem Kind auf und hörte etwas Erstaunliches. Das Kind wünschte sich gar kein längeres Dasein auf dieser Erde.

Vom Jenseits her sei für die Seele die Erfahrung einiger Wochen im Mutterleib völlig ausreichend, es müsse nun nicht 10 oder 20 Jahre lang mit der Behinderung leben. Es wolle lieber wieder zurück ins Jenseits, seine Lernaufgabe sei auch so bereits erfüllt.

Der Wunsch nach Rückkehr ins Jenseits

Diese Botschaft gab ich so an die Eltern weiter. Wie sie sich entschieden haben, weiß ich nicht.

Mir selbst ließ diese Geschichte jedoch keine Ruhe, und ich hörte mich daraufhin um, ob auch andere so etwas kennen. In Ute Schirans *Menschenfrauen fliegen wieder* fand ich dann einen ganz wunderbaren Bericht von einer alten Seele, die eine junge Frau bei ihrem Beruf von drüben unterstützen wollte. Da die junge Frau sie nie wahrgenommen hatte, wußte sie keinen anderen Rat, als durch eine Schwangerschaft auf sich aufmerksam zu machen. Auch sie bat förmlich darum, zurückgeschickt zu werden.

Von drüben erhielt ich die Meldung: In den ersten zwölf Schwangerschaftswochen gilt das Kind noch nicht als beseeltes Wesen, sondern als Verbindung menschlicher Zellen. Nach dem dritten Monat tritt die Seele ein, und dann sollte man sich sehr gute Gründe für eine Abtreibung überlegen. Bei einer Entscheidung gegen das neue Leben vor diesem Zeitpunkt, so sagten mir die Seelen im Jenseits, sei es, als ob man ein Samenkorn mit so viel Erde bedeckt, daß kein Licht darauffällt und es derzeit nicht austreiben kann.

Von Zellen, Seelen und Samenkörnern

In so einem Fall rate ich jedem Medium, die eigene Färbung zu prüfen und vielleicht den Klienten zu einem unbefangenen zweiten Ratgeber schicken. Hier ist es besonders wichtig, nur wiederzugeben, ohne den anderen zu beeinflussen.

Die Verantwortung des Mediums

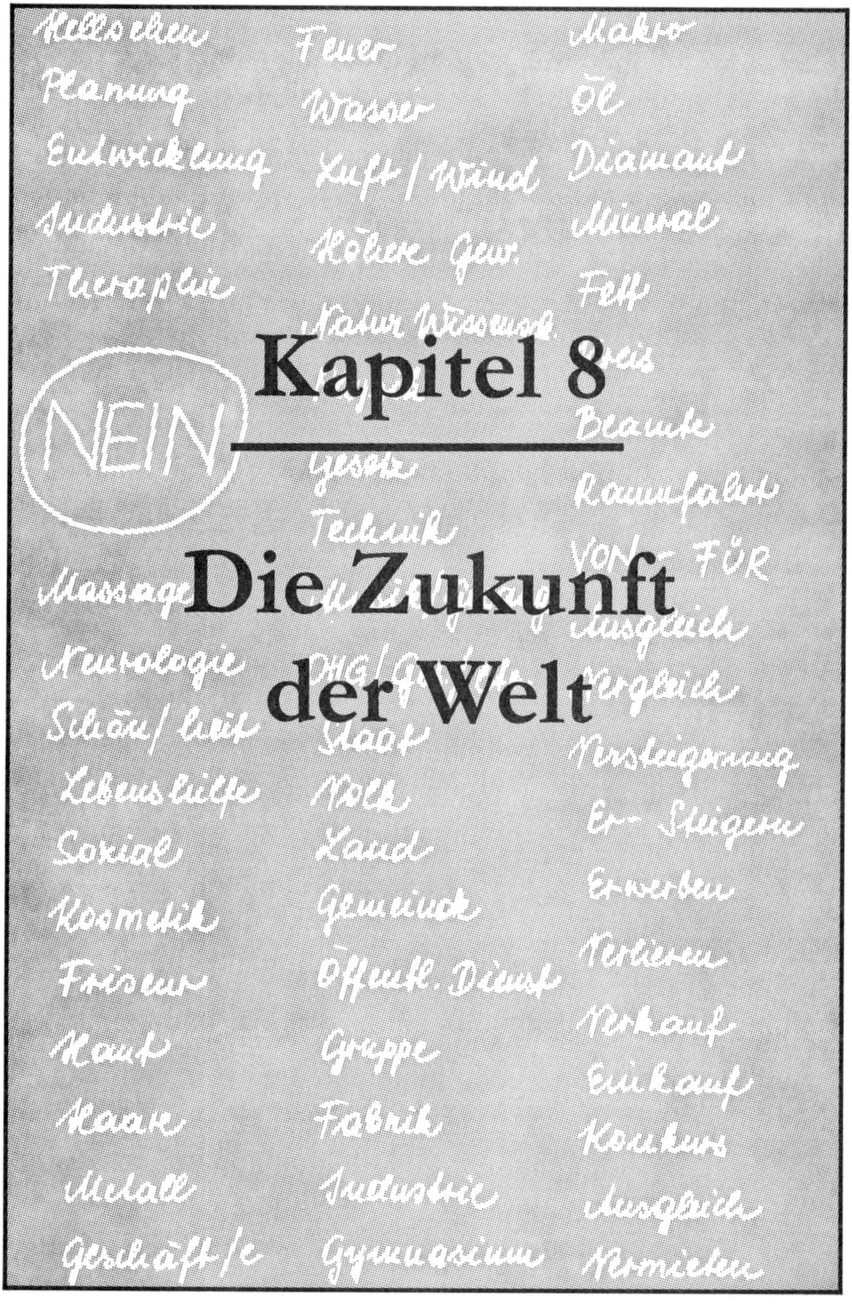

Kapitel 8

Die Zukunft der Welt

Meine wichtigsten Vorhersagen

Mein Buch übers Hellsehen wäre nicht vollständig, enthielte es nicht auch einige Prophezeiungen für die Zukunft der Welt.
Neben unspektakulären Themen wie unserer Familienstruktur und Gesellschaftsordnung behandle ich auch die zahlreichen Weltuntergangsprophezeiungen für die Jahrtausendwende.

Männer, Frauen und die Ehe

Während ich in meiner Praxis früher hauptsächlich von ihren Männern verlassene Frauen vor mir hatte, die deswegen verzweifelt waren, sitzen hier heute immer mehr Männer, die von ihren Frauen verlassen worden sind. Manner können mit dieser Situation sehr schlecht umgehen und wirken dann auf mich sehr kraftlos.

| Die Schwäche der Männer

Durch die gesellschaftlichen und partnerschaftlichen Umstellungen werden viele Männer depressiv werden. Sie verkraften den Abschied von ihren traditionellen Rollen und Wertigkeiten nur schlecht. Fallweise flüchten sie sich in das Verhalten kleiner Kinder.

Frauen werden psychisch immer stärker. Ich sehe eine permanente Entwicklung der Weiblichkeit bis hin zu einem modernen Wiedererstehen des Matriarchats. Dieses wird allerdings in ganz anderer Form bestehen als das alte. Es drängt sich mir der Begriff der „modernen Priesterin" auf.

| Das neue Matriarchat

Dieses Matriarchat hat den segensbringenden Effekt, daß es die Welt friedlicher machen könnte. Keine Frau will ihre Söhne in den Krieg schicken, und so wird irgendwann Frieden auf Erden kommen.

Die moderne Priesterin

Moderne Priesterin heißt: Die starke selbständige Frau hat heute durch die Auflösung gesellschaftlicher Zwänge usw. in neuer liebevoller Zuwendung zum Manne die Chance, zur modernen Priesterin der Zukunft zu werden. Dies ist keine emanzipatorische, männerhassende Zukunft. Dies ist eine Chance für die Geschlechter, wieder in mehr Harmonie zueinander zu finden. Die Menschen werden dies in naher Zukunft erreichen.

Zeitlos schöne Frauen

Die Frau der Zukunft altert optisch erst sehr spät. Immer mehr Frauen sind zeitlos und bleiben lange jung. Frauen wie Tina Turner können hier als Vorreiterin betrachtet werden.

Lebensabschnittsgemeinschaft

Ich sehe für die Zukunft, daß die Ehe in der jetzigen Form als Institution abgelöst wird. An die Stelle der lebenslänglichen Verpflichtung tritt zunehmend die Lebensabschnittsgemeinschaft. Das heißt nicht, daß zwei Menschen nicht ihr ganzes Leben miteinander verbringen können, das muß und wird aber nicht mehr die Regel sein.

Vertrag auf Zeit

Die Ehe wird durchschnittlich etwa zehn Jahre dauern. Der Vertrag kann verlängert werden, läuft aber von sich aus automatisch ab.

Viele Frauen, denen ich davon zum ersten Mal erzählt habe, waren schockiert. Doch diese Möglichkeit birgt viel Gutes: Wenn Sie einen Partner haben, der etwas lax wird, würde er sich spätestens ab dem neunten Jahr sehr anstrengen, um die Verlängerung seines Vertrages zu bekommen. Auf erschlaffte Beziehungen würde dieser Druck sehr belebend wirken. Sollte einer der Partner bereits sehnsüchtig auf den nächsten Verlängerungstermin warten, um mit Nein antworten zu können, würde Ihnen auch die derzeitige Form der Ehe nichts nützen, da es auch hier in einem solchen Fall zur Scheidung kommen würde.

Haller Hellseher-Karten

Heirat

Keine Scheidungsprozesse mehr

Viele Scheidungsprozesse werden sich von selbst erübrigen, was der Harmonie zwischen den Partnern sehr zuträglich sein wird.

Wenn man Kinder hat, wird es so sein, wie wenn zwei Vögel ihre Jungen im Nest gemeinsam füttern. Die Eltern werden diese Aufgabe immer mehr gemeinsam übernehmen, sie werden gemeinsam die Verantwortung für die Kinder tragen.

Sobald die Kinder ausgeflogen sind und sich selbst versorgen können, wird die Freiheit der Partner wieder größer werden. Auch hier wird ein neues Bewußtsein die derzeitigen Auffassungen ablösen. Anregungen von außen werden in der Ehe der Zukunft zugelassen und in sie einbezogen werden. Die abgegrenzte Einsamkeit zu zweit hat ein Ende.

<small>Neue Freiheit der Partner, neues Bewußtsein in der Partnerschaft</small>

Solange zwei Menschen aufrecht nebeneinander gehen können, hat die Ehe einen Sinn. Sie ist dann wie ein Zug, der auf zwei Gleisen läuft. Wo sich die Gleise auseinanderbewegen, muß der Zug zwangsläufig entgleisen. Es findet einfach eine Auseinanderentwicklung statt. Keine der beiden Schienen trifft dabei irgendeine Schuld.

Bei Beratungen in Eheproblemen versuche ich daher immer wieder, die Schuldfrage auszuklammern und jedem der beiden Betroffenen seine positive Zukunftsperspektive aufzuzeigen. Diese kann mit dem Partner gelebt werden, muß es jedoch nicht.

<small>Keine Quälerei mit Schuldzuweisungen</small>

Wo sich zwei Menschen wie Kranke mit den Schultern gegeneinanderlehnen, kommt krankhafte Unselbständigkeit und vielleicht sogar Hörigkeit zum Tragen. Jeder der beiden Partner meint, der andere müsse nur für ihn leben. Auf einer solchen Basis kommt aber keine tragfähige Beziehung zustande. Sobald einer der Partner einen Schritt macht und sich weiterentwickelt, muß das Gebäude einer solchen Beziehung ganz zwangsläufig zusammenfallen.

Wenn ich jemanden beraten soll, der mit dieser Empfindung in eine Ehe geht oder bereits darin steckt, gebe ich ihm den dringenden Rat: „Lebe für dich – wenn es gut ist, *mit* dem anderen, niemals aber *durch* ihn."

Wenn Mütter zu sehr lieben

Eine gewisse Gefahr besteht darin, daß Mütter speziell Söhne im Kindesalter mit Liebe erdrücken. Indem sie von der Mutter übermäßig geliebt werden, fühlen sie sich gerade deshalb in einem zu zarten Alter für das seelische Wohlergehen der Mutter verantwortlich. Dies setzt sie einem enormen seelischen Druck aus, den die Jungen nicht bemerken.

Söhne sind kein Partnerersatz

Daher immer wieder der Appell an die Mütter: Sehen Sie in Ihrem Sohn nicht den Ersatzpartner. Sonst gehört er womöglich als Erwachsener zu jener Gruppe von Männern, die zwar immer nach Liebe suchen und kurzfristig auch Beziehungen eingehen, die aber, sobald auch Verantwortung auf sie zukäme, aus dieser Liebe wieder flüchten. Hier holt sie ihr Unterbewußtsein aus der Kindheit ein, sie bekommen Angst vor dem Funktionieren-Müssen und der Verantwortung in bezug auf beständige Liebe. Dies sind dann die ständig die Partnerin wechselnden, ewig suchenden, beziehungsunfähigen Männer.

Beziehungsunfähig und ewig suchend

Haller Hellseher-Karten

Krankheit

Spiegelung in den Karten

Häufig werden diese Männer von den Frauen verlassen, weil ihr Verhalten für die Partnerin unerträglich ist. Sobald eine Frau einen solchen Mann verlassen hat, begehrt er sie wieder zurück, denn nun ist ja der Druck der Verantwortung von ihm genommen.

Ein derartiges Hin und Her kann so lange dauern, bis die Partner den Mechanismus erkennen. Wenn Sie einen solchen Mann wirklich lieben, besteht die einzige Chance in einer gemeinsamen Therapie.

In den Karten erkennen Sie diesen Mechanismus daran, daß neben oder in der Diagonale der Beziehung die Krankheit liegt.

Unsere Umwelt zur Jahrtausendwende

Vor einigen Jahren entdeckte ein Professor Galvieski in den Archiven des KGB unter den religiösen Texten eine Handschrift, die er ins 14. Jahrhundert datierte. Sie soll aus einer jüdischen Bibliothek in Polen über

Unsere Umwelt zur Jahrtausendwende

den Führerbunker der Nazis in Berlin nach Rußland gekommen sein. Ihr Inhalt: die Prophezeiungen des Johannes von Jerusalem.

Über Johannes selbst ist nur wenig bekannt, Galvieski hält ihn für einen möglichen Begründer des Templerordens. Anderen Quellen zufolge war er einer der Söhne des Xenophon, eines römischen Senators von Konstantinopel, der in Beirut studierte und in ein Kloster eintrat. In der Moskauer Handschrift heißt es von ihm, daß er „lesen und dem Himmel lauschen konnte" und daß er „Auge und Ohr des Menschen war, durch den sich die Kräfte Gottes sehen und hören lassen". Modern ausgedrückt heißt das: Er war ein Medium.

Seine Prophezeiungen beginnen zum größten Teil mit den Worten: „Wenn das Jahrtausend beginnt, das nach dem Jahrtausend kommt ..." Da er bereits in unserem Jahrtausend lebte, ist damit augenscheinlich der Beginn des 21. Jahrhunderts gemeint.

Auffällig viele Prophezeiungen sprechen Zustände an, die sehr detailliert und genau aus unserer Zeit abgeleitet sein könnten. Da diese Prophezeiungen aber fast tausend Jahre alt sein sollen, erweckt diese Detailgenauigkeit Argwohn.

Doch trotz dieser Bedenken greife ich hier eine dieser Prophezeiungen auf. Ich glaube, daß sie nicht unwidersprochen bleiben sollte. Es geht darin um unsere Umwelt:

Die angeblichen Prophezeiungen des Johannes von Jerusalem

Haller Hellseher-Karten

Geistlicher

Auffällige Detailgenauigkeit bei Zuständen unserer Zeit

„Wenn das Jahrtausend beginnt, das nach dem Jahrtausend kommt, werden die Krankheiten des Wassers, des Himmels und der Erde den Menschen treffen und ihn bedrohen. Er wird das, was er zerstört hat, wiedererstehen lassen, und das, was geblieben ist, bewahren sollen. Er wird vor den Tagen Angst haben, die vor ihm liegen. Doch es wird zu spät sein. Die Wüste wird die Erde überziehen, und das Wasser wird tiefer und tiefer werden, es wird an

bestimmten Tagen fließen und alles mit sich reißen, wie eine Sintflut. Seinetwegen wird es für die Erde kein Morgen geben, und die Luft wird die Körper der Schwächsten zerfressen."

Dem möchte ich energisch widersprechen. Es wird nicht zu spät sein. Es wird zwar fünf vor zwölf sein, doch nicht zu spät. Immer mehr Menschen werden ein neues Bewußtsein entwickeln und erkennen, daß weiter, schneller, höher und mehr keine Werte an sich sind. Miteinander, anders, das sind die Werte der Zukunft, die helfen werden, unseren Planeten zu retten.

Wasser stärker achten

Das Wasser wird in den nächsten Jahren tatsächlich noch zu wenig geachtet. Der Wasserpreis wird stark steigen, und die Leute werden auf dem Weg über den Preis zum Sparen gebracht werden.

Luftverschmutzung

Bei der Wasser- und Luftqualität werden endlich die Hauptverschmutzer zur Rechenschaft gezogen, wenngleich gegen ihren massiven Widerstand. Vor allem der Flugverkehr und Raketenflüge werden unter Druck geraten. Dies wird aber noch einige Zeit dauern – aus finanziellen und politischen Gründen traut man sich in den nächsten Jahren noch nicht.

Revolution der Autoindustrie

Innerhalb der nächsten 100 Jahre sehe ich eine völlig veränderte Autoindustrie. Es wird nur noch kleine bis mittelgroße Fahrzeuge geben. Auf den Hauptverkehrsstraßen wird so etwas wie ein Netz von Magnetbändern installiert sein. Der Fahrer klinkt sich ein, stellt den Motor ab und gleitet auf diesem Band dahin. An allen Ausfahrten kann er sich ausklinken, und nur für die Strecken bis zum Wohnsitz wird noch Eigenenergie benötigt.

Kosmische, saubere Energie

Die Eigenenergie sehe ich nur wie in einem kleinen Kästchen, das im Armaturenbrett sichtbar ist und aus kosmischen Strahlen gespeichert wird.

Mit dieser kosmischen Energie betrieben sehe ich auch alle anderen Maschinen, Heizungen usw. Es ist eine saubere, völlig abfallfreie Energie, die jedermann zur Verfügung steht und nach der Anschaffung des kleinen Geräts praktisch nichts mehr kostet. Aufgrund dieser Erfindung verlieren Großkonzerne ihre Macht über Menschen und Staaten.

Leider wird es von jetzt an noch etwa 20 Jahre dauern, bis man den Start dieser Energie überhaupt zuläßt, da sehr viele Mächtigen dieser Erde um ihren Einfluß fürchten.

Die Menschen werden sich verändern und mit Energie richtig umgehen; keiner wird sich freiwillig mehr nehmen, als ihm zusteht, und das wird die Rettung für die Menschheit bedeuten.

Selbstbeschränkung beim Einsatz der Energie

Sie glauben das nicht? Nun, das Bewußtsein der Menschen ändert sich so sehr, daß all dies durchaus nicht unwahrscheinlich ist. Vor etwa 30 Jahren wurde eine Schauspielerin mit einem Ozelot- oder Gepardenmantel noch bewundert – heute würde sie angefeindet oder mit Farbe besprüht werden. Ein ganz ähnliches Umdenken sehe ich auf der Ebene der Energie: Wer mehr nimmt, als er braucht, wird nicht bewundert oder beneidet, sondern verachtet werden. Der Mensch wird sich selbst helfen, indem er eine andere Bewußtseinsebene erreichen wird.

Die von „Johannes von Jerusalem" angesprochenen Naturkatastrophen werden ausbleiben. Erdbeben werden sich im üblichen Rahmen halten und in den üblichen Zonen abspielen: zwei bis drei Beben im europäischen Bereich, Erdbeben in Japan. San Francisco wird zwar von einem großen Beben betroffen, jedoch nicht untergehen und nicht ins Meer brechen. Dazu kommen vier bis fünf stärkere Stürme.

Naturkatastrophen zur Jahrtausendwende

In der nahen Zukunft wird durch die Wetterveränderung auch die Polschmelze fortschreiten, deren Ausmaß ist aber für die nächsten zig Jahre nicht gefährlich. Die Pole schmelzen erst in 1000 Jahren so weit, daß es gefährlich werden könnte. Die Menschen, die dann noch leben, können bis dahin auf andere Planeten ausweichen.

Polschmelze

Berufsleben und Mobilität

Das „große Kreuz" am Himmel

Im Jahr 1999 kommt es zu einer eigenartigen und seltenen Planetenkonstellation. Am 18. August werden Sonne und Planeten als großes Kreuz am Himmel stehen. Bereits 1980 äußerte ein führender japanischer Raketenfachmann, seinen Berechnungen zufolge sei eine globale Katastrophe für die Erde durch diese Konstellation nicht auszuschließen.

Erdbeben und Vulkanausbrüche

Die Beobachtung von Erdbeben und Vulkanausbrüchen in den letzten 30 Jahren führte zu besorgniserregenden Ergebnissen. Die Aktivität der Sonnenflecken und die Stellung der anderen Planeten wirken sich offenbar auf die Tätigkeit des Erdinnern aus. Amerikanische Wissenschaftler hatten für das Jahr 1982 verstärkte Erdbebenaktivität vorhergesagt, da dann alle Planeten außer Erde und Mond auf der anderen Seite der Sonne stehen würden. Und die starke Erdbebentätigkeit jenes Jahres schien ihnen recht zu geben. Mehr noch: Sie war der Aktivität der Erde im Jahr 1803 vergleichbar, als die Planeten zuletzt in der gleichen Stellung waren.

Totale Sonnenfinsternis

Hinzu kommt eine in Europa sichtbare totale Sonnenfinsternis etwa eine Woche vorher. Schon immer wurde zwischen Sonnenfinsternissen und dem Geschehen auf Erden ein Zusammenhang gesehen. Die berühmteste Sonnenfinsternis war wohl jene, die während der Kreuzigung Christi stattfand.

Astronomisch-astrologischer Super-Gau?

All diese Zeichen scheinen auf einen astronomisch-astrologischen Super-Gau zu verweisen. Wie steht es damit?

Auf meine Frage: „Was ist bei uns in Europa im Juli/August 1999?" antworteten meine Wesen mit „Niere" und „Galle".

Niere und Galle

Diese Organe stehen für „sauer" und „bitter", bezogen auf das Wesen der Menschen. Es ging dann wörtlich weiter mit: „Menschen zu wenig Fröhlichkeit, zu wenig aufeinander eingehen, neu unterwegs sein, moderne Völkerwanderung, mehr unterwegs sein, die Leute müssen mehr hin und her." – Das ließe sich leicht (und hoffentlich zutreffend) deuten als: Auf den steigenden Zwang zur Beweglichkeit reagiert der seßhafte Europäer ein wenig sauer.

Mittlere und kleinere Betriebe werden in Europa so sehr mit Auflagen belastet, daß sie aufgeben, wobei man das aber lange Zeit sehr geschickt verbirgt. Diese Entwicklung ist nicht gut. In 14 bis 18 Jahren sehe ich den Mittelstand aufgrund dieser Entwicklung verarmen, wobei der europäische Mittelstand immer noch einen guten Bildungsdurchschnitt haben wird.

Handwerklich begabte Kinder sollte man nicht in die Hochschule zwingen, denn gute Handwerker werden gesucht sein.

Der Weg in die Selbständigkeit ist fast nur im technologischen Bereich (Handy, Computer) für Spezialisten zu empfehlen, die dann am besten auch noch dem Normalverbraucher Kurse anbieten, wie er mit seiner Hauselektronik umgehen muß. Diese Leute werden Erfolg haben,

Für die nahe Zukunft sehe ich direkt eine Art Zweiklassengesellschaft auf uns zukommen: Ein Teil der Gesellschaft wird mit Computern und Technik umgehen können, der andere Teil nicht. In etwa 20 Jahren wird allerdings die Technik so einfach sein, daß alle sie nutzen können.

In einigen Jahren greift man nach den Pensionen, sie werden zwar nicht ganz abgeschafft, doch immerhin gewaltig reduziert. Gelder konzentrieren sich auf Förderungen, die zwar kommen, doch mit der anderen Hand nimmt man sie den Menschen wieder weg.

Die EU ist nicht fähig, starke Entscheidungen zu treffen. Einige wirtschaftliche Entscheidungen sind nicht gut, da sie keine wirkliche Lösung der Probleme bedeuten, die Arbeitslosigkeit bekommt man nicht in den Griff, die Leute werden nach alledem zunehmend unzufriedener, „sauer" sein.

Moderne Völkerwanderung

Niedergang des Mittelstandes

Handwerker werden gesucht

Haller Hellseher-Karten
Neue Arbeit

Griff nach den Renten und Pensionen

Entscheidungsschwäche der EU

Selbsthilfegruppen und Revolution

Daher werden sich unter den offiziellen Regierungen langsam Gruppen bilden, die zur Selbsthilfe schreiten. Fast im gesamten EU-Raum wird es bürgerkriegsähnliche Zustände geben, und die Regierungen, die nicht auf die Forderungen der neu entstandenen Gruppen eingehen, werden, teilweise sogar blutig, abgesetzt werden.

Politik für Menschen

Die neuen politischen Führer, die dann das politische Geschick leiten werden, werden eine Politik für die einzelnen Menschen betreiben. Die Privilegienwirtschaft hat in dieser Zeit keinen Raum mehr.

Der elektronische Mensch

Ein weiterer Krisenherd wird die Totalüberwachung des einzelnen durch die Elektronik sein. Der Datenschutz ist nicht wirklich gegeben, und auch wenn die Abhörsicherheit des Telefons versprochen wird, finden doch Kontrollen bei bestimmten Gelegenheiten statt. Jede Zahlung, die man tätigt, ist total überwacht und nachvollziehbar. Nur wenn Sie weiterhin bar zahlen, entziehen Sie sich der elektronischen Verfolgbarkeit all Ihrer Schritte. Auch dagegen werden sich die Menschen erheben.

Abwertung des Euro

Im europäischen Bereich sehe ich eine Abwertung des Geldes in zwei Etappen um zweimal gut 30 Prozent, insgesamt also um etwa 70 Prozent. Auch eine Anlage in der Schweiz bietet diesmal keinen Schutz. Die Weichen für den Geldverfall werden zur kritischen Zeit des Jahres 1999 zumindest gestellt, da passieren Dinge, die ihn auslösen.

Menschen mit Sicherheitsbedürfnis könnten eventuell kleinere Wohnungen zum Vermieten erwerben. Großobjekte allerdings werden durch die zunehmende Armut der Menschen nicht mehr gut vermietbar sein. Daher empfehlen sich hier kleinere Objekte.

Wer dem finanziellen Verfall ausweichen möchte, könnte eventuell kurzfristig noch nordamerikanische und kanadische Fonds kaufen, nach dem ersten Geldcrash in Europa sollte er diese aber gegen südamerikanische und südostasiatische Fonds umtau-

Haller Hellseher-Karten
Haus

Berufsleben und Mobilität 227

schen. Nach dem zweiten Crash könnte man Anlagen teilweise wieder nach Europa transferieren.

Eine kleine Möglichkeit, Bargeld zu retten, wäre auch, auf einigen kleineren Inseln anzulegen, die über eine gewisse Autonomie verfügen und daher erst einige Tage nach einem Crash abwerten werden, so daß man die Möglichkeit hat, in der Zwischenzeit das Geld zu transferieren. Malta bietet sich hier an.

Übergangslösungen zum Retten der Ersparnisse

Nach der Abwertung des Euro wird es am besten sein, auch aus dem Dollar auszusteigen, denn auch der wird nicht so stark bleiben, wie er derzeit ist.

Nach dieser Krise werden die EU-Räte endlich mit qualifizierter Mehrheit entscheiden können, wo sie bislang nur in Detailfragen stimmberechtigt waren. Die Minister müßten die Gesetze in aller Öffentlichkeit beschließen. Wenn das passiert, wird die EU handlungsfähig. Auch die kleinen Staaten werden angemessenes Gewicht erhalten.

Reform der EU

Bis wir begriffen haben, wie das geht, kommt es zu einem Ende der sicheren Arbeitsplätze mit bezahltem Krankenstand, es kommt fast zur vielzitierten Rückkehr der Tagelöhner, bis die Leute umdenken.

Ende der sicheren Arbeitsplätze

Erst nach den kommenden Völkerwanderungszeiten mit den modernen Tagelöhnern werden die neuen Energien zugelassen, dann kostet die Energie weniger, und dann geht es uns auch mit weniger Arbeit gut. Dann beginnt das oben beschriebene Umdenken: Derjenige ist ein Schwein, der sich mehr nimmt als die anderen.

Moderne Tagelöhner

Europas Absinken in eine relative wirtschaftliche Bedeutungslosigkeit heißt nicht, daß wir nichts mehr zu essen haben werden. Es wird auch sein Gutes haben, weil wir vom Materialismus abgehen und andere Werte hochkommen. Für diese Zeit sehe ich den Start in das neue goldene Zeitalter, in dem sich die Menschen einander wieder näherkommen.

Absinken und Umdenken in Europa

Nach diesem Reinigungs- und Umdenkprozeß, zu dem auch die Beachtung von Umwelt und Erde im

Sinne indianischen Gedankenguts gehört, wird unsere Erde strahlender und schöner als je zuvor, ich sehe sie dann wie eine schöne, renovierte alte Antiquität.

Die Globalisierung führt verschiedenartigste Menschen zusammen. Letztlich wird es zu einem Umdenken und einem Miteinander kommen. Bis dahin aber wird es noch etwa 20 mühsame Jahre dauern.

Der drohende Weltuntergang

Jede Jahrtausendwende wird mit dem Anbruch eines neuen Zeitalters verbunden. Stärker als jede Jahreswende steigert die Wende zum neuen Jahrtausend unsere Ängste und macht uns unsere Sterblichkeit bewußt. Zu brisant sind die Schäden, die wir unserer Erde im Laufe des letzten Jahrhunderts zugefügt haben. Zu real ist die Bedrohung durch das Treibhausklima. Und zu bedrohlich klingen einige Prophezeiungen, die zwischen 1999 und 2005 große Katastrophen oder gar den Weltuntergang heraufbeschwören. Vielleicht endet der Kalender der Maya nicht ohne Grund im Jahr 2012, und die Prophezeiungen der Cheops-Pyramide 2001.

Eine typische Endzeitstimmung sehe ich in Fernsehshows, in denen immer mehr Leute sich für Dinge outen werden, die man kaum für möglich gehalten hätte. Kulturelle Auswüchse dieser Art sind stets mit einem Umbruch verbunden; man denke nur an den Gladiatorensport im alten Rom. Bei uns ist es halt die Schamlosigkeit in Talkshows.

Die Apokalypse des Johannes

Die wohl bekannteste Weltuntergangsprophezeiung finden wir in der Bibel. Ebenso wie die Erschaffung der Welt schildert die Bibel auch das Ende der Welt.

Wie man sich das im einzelnen vorzustellen hat, steht in der Offenbarung des Johannes: Das Lamm

Gottes erbricht die Siegel des „Buchs mit den sieben Siegeln". Die Apokalyptischen Reiter erscheinen und dürfen die Welt verwüsten. Bald darauf blasen Engel nacheinander sieben Posaunen. Auf jeden Posaunenstoß hin wird unter gräßlichen Umständen ein Drittel des Landes, des Wassers, der Lebewesen, des Sonnenlichts und so weiter zerstört – wahrlich eine beunruhigende Vorstellung.

Das Buch mit den sieben Siegeln

Theologen stellten sich seit jeher die Frage, wann dieses Ende der Welt kommen werde. Diese Frage wird am Ende des Buchs Daniel beantwortet, wenngleich zunächst sehr unverständlich:

Das Ende der Welt

„*Es dauert noch eine Zeit, Zeiten und eine halbe Zeit.*"

Das verstand Daniel natürlich ebensowenig, wie wir das heute tun, doch er nutzte die Gelegenheit, fragte nach und erhielt die Antwort:

„*Von der Zeit an, da man das tägliche Opfer abschafft und den unheilvollen Greuel aufstellt, sind es zwölfhundertneunzig Tage. Wohl dem, der aushält und dreizehnhundertfünfunddreißig Tage erreicht!*"

Nun wurde heftig gerechnet, und das erstaunliche Resultat: Im Jahr 2005 hätten wir mit dem Ende der Welt und mit der Wiederkunft des Messias zu rechnen. Auf diese folge die Auferstehung der Toten, das Jüngste Gericht und die Erlösung der Gerechten.

Wiederkunft des Messias im Jahr 2005

Vor allem die Mormonen, die Angehörigen der „Kirche der Heiligen der letzten Tage". glauben tatsächlich an das Eintreten des Weltendes im Jahr 2000. – Vorab ein Trost: Der Historiker Heribert Illig wies nach, daß zu Beginn des Mittelalters fast genau 300 Jahre erfunden worden sind. Demnach hätten wir in jedem Fall noch beruhigende 300 Jahre Zeit bis zum Ende der Welt.

300 Jahre erfundene Geschichte

Doch seien Sie beruhigt: Das „Ende der Welt" sieht ganz anders aus, als wir es uns heute vorstellen.

Was ist im August 1999?

Meinen Wesen stellte ich die Frage: „Geht die Welt 1999 im August unter?" Die klare Antwort: „Nein."
Ich fragte weiter: „1999 gibt es eine etwas wilde Konstellation am Himmel, noch dazu eine Sonnenfinsternis – wird es Unruhen geben?" – „Ja." – „Was? fragte ich unwillkürlich zurück. Und dann erfuhr ich folgendes, was ich hier ziemlich genau so wiedergebe, wie es mir gesagt wurde:

Protokoll einer Prophezeiung

„Es gibt Probleme, vorwiegend im Osten. Zunächst sind es noch keine Umweltprobleme, am Schluß jedoch ja. Nicht auf den Tag genau, doch rund um diese Zeit werden sich großteils im chinesischen Bereich Probleme ergeben. Luft, Sturm, Wind, Orkane, durch höhere Gewalt auch Wasser. Im Endeffekt Wasser, etwas, was wächst, kehrt zurück, befreit sich, nicht vermeidbar. Man plant noch etwas Größeres, Unsicherheitsfaktor, unnatürliches Anwachsen, etwas, was nicht von der Natur ist, von Menschenhand angelegt, wächst, kehrt dann zurück in die Freiheit.
Beginnend mit Sturm sucht Wasser sich seinen freien Lauf, falsche Berechnungen, Fehler. Kein Berg, kein Stein, also offenbar in einer großen Ebene, die danach nicht fruchtbar, sondern verwüstet sein wird, Atmosphäre nicht gut, Tote, viele Tote, große Anzahl von Tausenden.

Eine Zeitlang ist das Land verwüstet, durch Hochwasser, Muren usw., am Ende ist die Atmosphäre aber wieder gut und bereinigt. Daher wäre eine neue Arche gut.

Katastrophe von Menschenhand erschaffen. Kein Erfolg, zu schwach, zu dünn, EDV, Computer nicht gut, Fehler, neu anfangen in der Zukunft, es wird neu errichtet werden, kleiner. Wieder mehr Land zulassen. Landstriche Familien ausgerottet."

Meine Übersetzung ist überraschend kurz: Ich erwarte ab Sommer 1999 im chinesischen Bereich, wo die Menschen zuviel wachsen, eine Umweltkatastrophe, bei der Wasser eine entscheidende Rolle spielt.

Auch nördlich von China, in Sibirien, sehe ich ein Problem, möglicherweise eine Atomkatastrophe. Von jetzt bis etwa 2006 werden Atomversuche oder ein Atomkraftwerk in Sibirien Probleme bereiten, das im Endeffekt geschlossen wird, weil es in Rußland und den USA große Ängste auslöst, besonders die Angst vor Naturkatastrophen und Krankheiten bei Mensch und Tier. Die USA werden mit der Einstellung der Wirtschaftshilfe drohen, ohne jedoch ihr Ziel zu erreichen. Zwischen Amerika und Sibirien wird es eine Krise geben, und es wird Tote geben.

Sibirien und die Atomkrise mit den USA

Europa hat in dieser Zeit Angst, muß aber seine Einstellung zu Amerika und dem Osten ändern und sich heraushalten. Die Russen wollen zunächst mehr Unterstützung von Europa, die Europäer fühlen sich jedoch nicht stark genug, um etwas zu tun, und finden die Entwicklung eher nicht gut. Zur Atomverseuchung kommt es dabei am Anfang nicht, am Ende örtlich begrenzt ja. Nach der Krise wird es trotz der gestörten Atmosphäre auch wieder friedlich.

Europa geht auf Distanz

Dieser Störfall wird in der Region etwas ändern, es kommt zu einem wertmäßigen Aufstieg. Rußland lebt keinen Kommunismus in der alten Form mehr, sondern einen geführten Kapitalismus, in dem die Menschen nicht besonders reich werden, es wird eine geführte Oberschicht entstehen.

Aufstieg Rußlands

Innerhalb der nächsten zehn Jahre wird sich Rußland an China anlehnen, einige afrikanische Länder werden sich anschließen, zwei nordafrikanische, zwei südafrikanische, vielleicht auch Südafrika. Auch Indien wird wirtschaftliche Verbindungen mit Rußland und China beginnen, und diese Region wird die größte Wirtschaftsmacht der Welt, gefolgt von Amerika und Europa auf Rang 3.

Russisch-chinesische Wirtschaftsmacht

Kein dritter Weltkrieg

Auch im Jahr 2000 wird es kleine Kriege geben, wie immer, jedoch keinen Weltkrieg. Das hörte ich mehrmals: Es wird keinen dritten Weltkrieg geben.

Geographische Reise durchs Weltgeschehen

Südamerika und die Umwelt

Südamerika plant alternative Anschaffungen auf dem Gebiet der Natur. Innerhalb der nächsten zehn Jahre findet es neue Wege, mit der Erde und unserer Umwelt anders umzugehen. Politische Veränderungen im südamerikanischen Bereich werden die Landflucht der Menschen verhindern. Die landwirtschaftliche Nutzung wird wieder bewußter betrieben, die Politik wird sich ändern, die Großgrundbesitzer im Zaum gehalten werden.

Brasilien

Brasilien erlebt noch eine Zeitlang mit Tourismus Erfolge, dann wegen Umweltstörungen einen Mißerfolg. Man wird sie in den Griff kriegen, sonst verliert man Reisepartner. Nach den Unruhen, die uns weltweit betreffen, wenn der Euro schwach wird, wird es gut sein, nach Mexiko oder Brasilien sein Geld zu retten.

Mexikos Aufschwung

Mexiko wird aus politischen Gründen starke Schwankungen erleben, jedoch keine Katastrophe; allerdings werden beunruhigende Entscheidungen das Land behindern. Erst nach dem Ende eines starken Staatsmannes wird es einen Vertrag geben, der das Land aus der Armut herausführt, und dann wird es dort hell, es eröffnen sich Wege und Angebote, die Wiederkehr eines liberalen Staats mit neuer Entwicklung im landwirtschaftlich-medizinischen Bereich und gesteigertem Fremdenverkehr. Dieser gute neue Anfang wird anfangs Hilfe brauchen, dann sind die Probleme des Landes beendet, eine junge Führungsspitze führt zu Erfolg. Der liberale Weg ist fruchtbar, ich sehe Schulen, Firmen, Aufstieg.

Paraguay

Für einen geschäftlichen Neubeginn bietet sich Paraguay an – nicht als Geldanlage, sondern um dort

Der drohende Weltuntergang 233

Geschäfte aufzubauen. Von dort aus hätte man für die Zukunft im südamerikanischen Geschäftsbereich gute Möglichkeiten.

Argentinien wird nach einem Umbruch eine neue Staatsform erhalten, auch dort kann man gut in den Neuaufbau investieren.

Als Wirtschaftsmacht wird Südamerika anfangs noch Nr. 4 der Weltrangliste sein, wird aber in der Wertung aufsteigen und in 20–30 Jahren auch Amerika wirtschaftlich überflügeln, wenn der Amerikaner nicht auf seine Umwelt aufpaßt. Andernfalls bleibt Südamerika hinter Nordamerika zurück, wird aber wesentlich erstarken.

Australien wird vom Handel und Austausch mit den chinesischen Kontinenten profitieren, was auch für China sehr gut ist. Für Australien sehe ich Glück und Geschäfte, man muß nur achten auf die Sonnenstrahlung, doch im Endeffekt wird man das in den Griff kriegen.

Indien wird gegen seine Überbevölkerung ein Umdenken bei seiner Bevölkerung fertigbringen und wird dann in Verbindung mit den östlichen Staaten ein durchaus nicht zu unterschätzender Partner. Wir werden das noch erleben, das wird nicht erst in ein paar Jahrhunderten sein.

China wird nicht mehr total in den Kommunismus zurückfallen, das Massendenken bleibt aber bestehen. Die chinesische Öffnung für den Welthandel verändert die Situation. Dem Durchschnitts-Chinesen wird es in den nächsten zehn Jahren um bis zu 50 Prozent besser gehen – vergleichbar dem Aufstieg Europas nach dem Krieg –, ohne daß damit eine Umweltgefahr verbunden wäre. China wird eine starke Wirtschaftsmacht, gerade durch den kommunistischen Gedanken. Es wird die Europäer als relativ minderwertig einschätzen, auch unsere Sprache und Schrift gegenüber ihren Tausenden Schriftzeichen. Der chinesische Markt wird nicht zu unterschätzen

Argentinien im Neuaufbau

Australien und China

Indien

China

sein. Für junge Leute, die einen sicheren Job in der Zukunft suchen, ist es ein guter Rat, Chinesisch zu lernen. Wer bei uns Chinesisch kann, wird sofort eingesetzt und gebraucht. Allmählich werden wir auch mehr Chinesen bei uns im Straßenbild sehen.

Korruption in Asien

Im asiatischen Raum wird sehr viel Korruption herrschen, von unserem Standort aus sind die Leute noch sehr weit entfernt: Während in Europa die Staatsmacht mehr auf Private und multinationale Konzerne zurückgedrängt wird, besteht sie in Südostasien noch mehr in Form der Staatsbetriebe.

Entspannung in Arabien

Im arabischen Bereich werden sich die Fundamentalisten wohl noch eine Zeitlang stark machen, das ebbt dann aber ab und nimmt wieder normale Formen an. Dieser Bereich wird eher versöhnlich gestimmt und bereit sein, mit uns in Frieden zusammenzuleben. Auch Libyen wird nicht eskalieren. Auf lange Sicht werden die Libyer sich nicht mit arabischen Brüdern überwerfen wollen, daher droht von dort kein Weltbrand in den nächsten Jahren.

Innenwirtschaft in der Türkei

Die Türkei wird in der ganz nahen Zukunft unruhiger, es wird jedoch nicht eskalieren, sie wird es aber über die Tourismuswirtschaft spüren. Die Türkei besinnt sich im Land eher auf eine wirtschaftliche Autonomie und beginnt, im Land Arbeitsplätze fern des Fremdenverkehrs zu schaffen und die Leute besser auszubilden. Einen Krieg mit der Türkei sehe ich nicht, sie wird auch kein reiches Land werden, doch langsam, aber sicher ansteigen. In späteren Jahren wird sie sich etwas mehr dem Handel mit Rußland und der östlichen Seite der Welt öffnen. Ich sehe ein starkes Wachstum der Binnenwirtschaft.

Afrika weiterhin unruhig

Afrika bleibt noch jahrelang ein armer Kontinent der Unruhe und des Umbruchs. Ich sehe keinen Ausgleich, keine Ruhe und noch sehr viel Korruption. Afrika schließt als letztes auf, sei es wirtschaftlich, sei es geistig. Einerseits herrscht dort eine ungeheure Medialität, andererseits Korruption und

Lethargie. Dies läßt Afrika eher als Schlußlicht in der Entwicklung dastehen. Medizinische Maßnahmen werden in Afrika erst spät greifen, die Bevölkerung wird sich weiter dezimieren. Erst die, die dann übrigbleiben, werden in die feinstofflichere Art zu denken übergehen. Ein Staatsmann von Zaire wird einen Impuls für eine gemeinsame afrikanische Entwicklung setzen, für gewisse Einigungsbestrebungen. Von dort geht ein positiver Impuls aus für eine positive Entwicklung. *(Impulse aus Zaire)*

Für Kanada sehe ich Frieden und Ruhe, keine nennenswerten Umbrüche. *(Kanada)*

Der „Herrscher des Schreckens"

Auch Nostradamus hatte für die Jahrtausendwende eine höchst beunruhigende Prophezeiung gemacht. Das läßt sich deshalb so genau sagen, weil sie erstaunlich genau datiert ist – eine echte Ausnahme unter Nostradamus' Texten. In der 10. Centurie heißt es im 72. Vierzeiler, möglichst wörtlich übersetzt: *(Eine datierte Vision)*

> *„Im Jahr 1999 sieben Monate*
> *vom Himmel wird kommen ein großer König des Schreckens,*
> *den großen König von Angoulmois wiedererwecken.*
> *Vorher und hinterher Mars herrschen durch Glück."*

Mars ist der antike Kriegsgott. Wer der große König von Angoulmois ist, der da wiedererweckt wird, ist nicht weiter erklärt.

Alles in allem ist dieser Vierzeiler nicht gerade beruhigend. Es gibt eine neuere Deutung, die darin sogar die Verkündigung des ersten globalen Atomkriegs sieht. Die letzte Zeile mit der Nennung des Kriegsgottes Mars sei ein Hinweis darauf, daß er sich aus einem lokalen Krieg entwickeln werde; der „große König des Schreckens" sei der präventive Atomschlag, der diesen Krieg zum Eskalieren bringen *(Atomkrieg? Eskalation eines lokalen Konflikts?)*

werde, und der „König von Angoulmois" sei eine Anspielung auf die Mongolen; da deren Reich heute von den Chinesen beherrscht wird, sei hierin ein Hinweis auf deren Verwicklung in die Auseinandersetzung zu sehen. – Nun, auf die Ereignisse ab dem Sommer 1999 bin ich bereits eingegangen.

3797 – das Ende der Welt

Doch es kommt noch schöner. In einem Brief an seinen Sohn César schrieb Nostradamus, die Welt werde 3797 enden. Der 65. Vierzeiler der 10. Centurie beschreibt das mögliche Ende der Welt und gibt zugleich einen Datierungshinweis:

„Das Beben so stark im Monat Mai,
Saturn, Steinbock, Jupiter, Merkur im Stier:
Venus auch, Krebs, Mars in Jungfrau,
Hagel wird dann fallen, größer als ein Ei."

Planeten und Erdbeben?

Astrologen haben berechnet, daß diese Planetenkonstellation erst wieder im Jahr 3755 eintritt.

Also ein Weltende im Jahre 3797, dem ungeheure Erdbeben und Hagelgewitter vorausgehen?

Ich kann Sie beruhigen. Ich habe hierzu folgende Durchsage erhalten:

Die Menschheit der Zukunft

Die Menschheit wird in einigen hundert Jahren in der klassischen Form nicht mehr existieren. Kinder werden nicht mehr innerhalb des Körpers erzeugt. Es wird Retortenkinder mit Geschlecht nach Wunsch geben, die mit Zellen der Eltern „gezeugt" werden. Auf normalem Weg werden die Menschen nicht mehr so richtig fruchtbar sein. Da sie nicht mehr normal geboren werden, werden die Menschen in ein- bis zweihundert Jahren zwischen 20 und 30 cm größer sein als heute. Das ist ein ähnlicher Sprung wie zwischen mittelalterlichen Ritterrüstungen und heute.

Kontakt zum Weltall

Die Ehe wird es nicht mehr geben, Freundschaften hingegen sehr wohl. Auch die Erde wird es noch geben. Wir werden Kontakt zum Weltall haben, innerhalb der Grenzen unseres Sonnensystems, aber noch nicht mit anderen Systemen. So weit werden wir noch nicht sein.

Fleisch und Tierfelle werden ebenfalls aus der Retorte stammen, ohne daß dafür ein Tier sterben muß. Aus kleinen Stücken wird Fleisch, werden Felle und Leder im Reagenzglas erzeugt.

Tiere dienen in dieser Zeit hauptsächlich als Haustiere und als Partner für den Menschen.

Natürlich habe ich nach der Gentechnologie gefragt, ob sie von der göttlichen Vorsehung erwünscht oder erlaubt sei. Die Antwort ist ein klares Nein. Höheres Wissen lehnt sie ab. Sie nimmt den Menschen die Fröhlichkeit, zu viel wird reglementiert werden. Sollte das Ende der Lebensfreude bis hin zum Sex gemeint sein?

Ich fragte nach und erfuhr: Für den Geist des Menschen sei sie nicht gut, sie macht ihn eher schwieriger und alles andere als klüger. Die Gefahr dabei ist, daß unser Saatgut, unser Gemüse nach Katastrophen nicht mehr fortpflanzungsfähig ist. Es wird nur noch gentechnisch vorbehandeltes, aber kein keimfähiges Getreide mehr geben. Sie widerspricht der Natur und kann dazu führen, daß die Menschen die Fähigkeit zur Fortpflanzung auf natürlichem Wege verlieren.

Retortenfleisch

Gentechnologie

Gefahren für die Zukunft

Und dennoch geht eine Welt unter

Grob gerechnet alle 2000 Jahre beginnt ein neues Zeitalter: Wir merken das daran, daß die Sonne bei Frühlingstagundnachtgleiche wieder ein Sternzeichen weitergewandert ist.

Etwa 4000 v. Chr. ging sie von den Zwillingen in den Stier. Es war die Welt der alten Götter und Hochkulturen.

Um 2000 v. Chr. wanderte die Sonne in den Widder. Die Stimmen der Götter gingen verloren, es ist die Zeit der großen Völkerwanderungen der

Die Zeitalter des Sonnenjahres

Antike, der antiken Religionen, und der Widder ist ein Symbol der Kelten.

Kurz vor Christi Geburt wanderte die Sonne bei Frühlingstagundnachtgleiche in die Fische. Die Fische wurden zum Wahrzeichen des Christentums, es ist die Zeit der Hörigkeit, des Untertanseins, der Gruppenbildungen.

New Age, das Zeitalter des Wassermanns

Um das Jahr 2000 n. Chr. beginnt das vielbesungene Wassermann-Zeitalter. Es steht für Wissen, geistige Freiheit, Selbsterkenntnis, das Finden eigener Werte, Eigenverantwortlichkeit. Wir leben in einer Phase des Umdenkens.

Das Ende eines platonischen Jahres

Unsere Sonne vollendet zugleich ihren elliptischen Umlauf um die Zentralsonne unseres Milchstraßensystems, wir treten jetzt ein in das „Goldene Zeitalter" unseres Planetensystems und zugleich in die belebenden Strahlen des Wassermann-Sternbildes, dessen gesteigerte Schwingungen alles Lebendige und alle Lebensvorgänge auf Erden aktivieren. Das ist allerdings ein großer Umbruch.

Erhöhte Schwingung

Die Schwingung ist so erhöht, daß sich die Menschen verändern werden – das ist die Rettung der Erde, das ist zugleich der Weltuntergang. Die niedrigen Kräfte werden untergehen, und die höheren geistigen Kräfte werden sich entfalten.

Untergang der niedrigen Kräfte

Menschen, die dann nicht gut handeln, werden das zu spüren bekommen, denn sie werden bereits auf dieser Erde die Früchte ihres Tuns ernten. Auch Gutes fällt auf uns zurück, wenn die Früchte unserer Taten nicht mehr erst im Jenseits, sondern schon hier spürbar werden. Dies ist die große Chance für die Entwicklung der Menschen.

Hellsehen und Wissenschaft

Zusammenarbeit

Ich sehe, daß Hellseher und Wissenschaftler immer mehr zusammenarbeiten, so wie bereits in Amerika, doch in Europa wird es noch einige Jahre dauern.

Hellsehen und Wissenschaft

Diese Zusammenarbeit hätte nach meiner Prophezeiung des Lawinenunglücks im Paznauntal wie folgt aussehen können: Ein Geologe oder jemand, der mit den Verhältnissen im Tal vertraut ist, wäre mit einer Karte des Tals zu mir gekommen, hätte mir auf der Karte gezeigt, welches die lawinengefährdeten Hänge sind, und ich hätte spüren können, wo die Gefahr am größten ist. Dann hätte man gezielt evakuieren können. – Auch bei der Suche nach den Opfern hätte ich in dieser Form helfen können, wenn mir jemand eine Karte des Tals mit den Stellen gebracht hätte, wo die Lawinen niedergegangen waren.

Bei dem großen Grubenunglück im Sommer 1998 in Lassing wurde ich aus dem Ort kontaktiert und gefragt, wo nach Überlebenden zu suchen sei und ob es überhaupt noch Überlebende gebe. Ich befand mich damals im tiefsten Afrika, konnte aber immerhin zutreffend angeben, daß noch einige Bergleute lebten und in welcher Richtung vom Einstiegsort aus man sie suchen müsse. Für genauere Informationen hätte ich auch hier eine (zutreffende!) Karte der Grube gebraucht – die konnte aber so schnell nicht in den Busch geflogen werden.

Traurig stimmt mich das jüngste Eintreffen einer Prophezeiung vor laufender Kamera: Am 19. 2. 1999 hatte ich gesagt: Es wird Luftangriffe der Nato im Kosovo geben, keine Bodentruppen, Milosevic wird spektakulär von der politischen Bühne verschwinden. Während ich dies schreibe, fallen die Bomben.

Gefahrenherde auf Karten spüren

Verschüttete finden

Lassing-Hilfe aus dem tiefsten Afrika

Luftangriffe der Nato

Schlußwort:

Meine schönste Prophezeiung bildet den Abschluß dieses Buches, und ich denke, jeder von uns kann schon heute dazu beitragen, daß sie eintrifft:

Der Mensch wird wieder fähig werden, sich selbst anzunehmen und den Nächsten zu lieben – und das wird die wahre Rettung der Menschheit sein.

Haller Hellseher-Karten

Höchster Erfolg

Weiterführende Literatur

Bewußtsein und Visionen	Adrienne von Taxis, Traumdeutung, Tosa 1997 Julian Jaynes, Der Ursprung des Bewußtseins durch den Zusammenbruch der bikameralen Psyche, Rowohlt 1988
Schamanismus und Hexenwesen	Leo Rutherford, Schamanismus, Goldmann 1998 Nevill Drury, Der Schamane und der Magier, Sphinx 1989 Ute Manan Schiran, Menschenfrauen fliegen wieder, Knaur 1988 Luisa Francia, Die 13. Tür, Frauenoffensive 1991
Entspannung und Trance	Paul Wilson, Wege zur Ruhe, rororo 1996 Franz Bardon, Der Weg zum wahren Adepten, Bauer ^{14}1994 Raymond A. Moody, Paul Perry, Blick hinter den Spiegel. Botschaften aus der anderen Welt, Goldmann 1994
Körpersprache	Louise Hay, Gesundheit für Körper und Seele, Heyne 1984 Thorwald Dethlefsen, Rüdiger Dahlke, Krankheit als Weg, Goldmann 1982
Tarot	Sergius Golowin, Die Welt des Tarot, Sphinx 1975 Luisa Francia, Hexentarot, Stechapfel 1984
Seth	Jane Roberts, Gespräche mit Seth, Ariston 1979
Traumfänger	Marlo Morgan, Traumfänger, Goldmann 1995
Johannes v. Jerusalem	Johannes von Jerusalem, Das Buch der Prophezeiungen, Heyne 1995
Haller-Hellseherkarten Meditationsmusik	Haller-Hellseherkarten, Informationen über Seminare zum Kartenlesen, die CD Seelenklang – Karma nova und Termine erhalten Sie über das Büro von Rosalinde Haller unter der Telefon- und Faxnummer 07472-62901 (bzw. 0043-7472-62901 aus Deutschland und der Schweiz).

Geistes-krank	Krankenhaus	Herbst
Wünsche	Kur/Anstalt	Winter
Vertrag	Nürnberger.	Jetzt
Brief / Tel / etc.	Schlaf	Vergangen.
Mündlich	Geschenk	Zukunft
Schriftlich	Dunkel	Spät. Leben
Amt / Behörde	HELL	Erde
Vorüber	Schwarz/Weiß	Wasser
Falle	Farbe	Feuer
Kennen	Neid	Luft
Vermögen	Kalt	Atmosphäre
Handel/n	Warm	Elemente
Gewissen	Sauber	Stern
Weg	Schmutz	Kosmos
Angebot	Rasch	Zeichen
Durchführ.	Vor- Leben	Druck
Gedanken	Symbol	Taten
Unbewußt	Bewegung	Warten
	Wellen	Wach
	Gerade	Neugier